RG

JACQUES HARSTRICH
avec FABRIZIO CALVI

RG

20 ans de police politique

CALMANN-LÉVY

ISBN 2-7021-1978-6

SOMMAIRE

Introduction

UNE POLICE DE L'OMBRE?

S'il est du devoir des Renseignements généraux d'observer la société française et le monde politique, leurs pratiques ne sont pas pour autant celles d'une quelconque police politique latino-américaine. Vingt ans d'activité aux RG m'ont permis de forger cette conviction. Ayant traversé les heures les plus noires de la Ve République, je puis affirmer que, pour discutable qu'elle puisse sembler, notre panoplie (manipulation d'informateurs, écoutes téléphoniques, perquisitions sauvages, interception de courrier...) se trouve toujours à la hauteur de l'adversaire, qu'il s'agisse des tueurs de l'OAS ou des aspirants terroristes du gauchisme.

Que des policiers incompétents, mal formés ou dévoyés aient recours à de telles méthodes de manière fort inappropriée, et voilà que l'on tire à boulets rouges sur les RG. Comment ne pas donner raison à l'ancien ministre de l'Intérieur Christian Bonnet quand il déclare qu'il est scandaleux de salir les RG? Comment ne pas se trouver consterné comme lui, quand un ancien ministre, ancien dirigeant de parti politique, François Léotard, suggère la disparition d'un corps de police auquel lui et ses amis doivent tant? Comment ne pas rappeler à Jacques Chirac que ses gouvernements ont usé et abusé des RG, lui qui parle de « dévoiement » de l'État français en évoquant l'emploi des Renseignements généraux par la gauche au pouvoir?

Différentes affaires – la disparition et l'assassinat du pasteur Joseph Doucé, mais aussi les écoutes clandestines pratiquées par la société de gardiennage Century et les « révélations » fracassantes de l'inspecteur Dufourg – ont fait la une des quotidiens nationaux à l'automne 90, attirant l'attention de l'opinion publique sur les Renseignements généraux. Des élus du peuple – dont les représentants de l'opposition – ont demandé la création d'une commission d'enquête. Que l'opposition gaulliste, giscardienne, voire centriste, après une vingtaine d'années de pouvoir, puisse s'insurger contre l'existence de ce corps de police invite à quelques rappels.

Au temps de la IIIe République et jusqu'en 1940, existait un contrôle de la police administrative et des chemins de fer au sein duquel œuvraient les commissaires et les inspecteurs de la police spéciale. Ces fonctionnaires devaient rendre compte tant à leur direction qu'aux préfets de leur résidence des événements politiques, économiques et sociaux, surveiller les groupements suspects et contrôler les étrangers. Vichy ne trouva rien à redire à cette organisation de la Police nationale, maintenue à la Libération sous l'appellation de Renseignements généraux. Les dirigeants de la IVe République surent utiliser avec profit les informations centralisées par les RG en métropole aussi bien qu'en Algérie. Le retour du général de Gaulle ne changea pas l'institution et la Ve République gaullienne, pompidolienne, giscardienne et mitterrandienne conserva la direction des Renseignements généraux.

Comment entre-t-on aux Renseignements généraux? Pourquoi préférer cette branche baptisée par les journalistes « les grandes oreilles du gouvernement »? La police est un métier où, en principe, chacun est libre de trouver sa voie. Influencé par des critères aussi différents que le goût personnel ou le lieu de résidence, le choix s'effectue entre quatre grandes directions : Surveillance du territoire, Police judiciaire, Police urbaine ou Renseignements généraux, et quatre services (les voyages officiels, les CRS, la Coopération technique internationale de Police, la Police de l'air et des frontières). Pour avoir travaillé dans les quatre directions, je témoigne de ce que les techniques policières y sont pratiquement identiques à quelques variantes près.

Au lendemain de l'affaire Doucé, la presse et quelques responsables politiques ont fait semblant de découvrir l'existence des RG. Certains ont même écrit que c'était une spécialité bien française, affirmant à tort qu'il n'existe aucun autre service de ce genre en Europe, et qu'en Grande-Bretagne comme en Italie, le renseignement politique est confié au contre-espionnage, voire à la Police judiciaire. C'est faire peu de cas de la Special Branch britannique, des « affari reservati » transalpines, de la « Gendarmerie nationale » belge ou de la « Défense de la constitution » allemande. En fait, tous les pays disposent d'un service de renseignement.

En outre, confier le renseignement politique au contre-espionnage ou à la Police judiciaire ne change pas sa nature. En principe, ces deux spécialités sont placées sous le contrôle de la justice. Malgré la qualité des magistrats et leur éclectisme, qui peut le mieux apprécier le renseignement politique, si ce n'est un politique ? A cet égard, le ministre de l'Intérieur paraît le plus apte à juger de l'opportunité d'exploiter les informations recueillies. Pour ce qui est du contrôle, pourquoi changer les structures actuelles : IGPN (Inspection générale de la Police nationale) ou IGS (Inspection générale des Services de la Préfecture de Police), qui font régulièrement leurs preuves ?

Il n'entre pas dans les fonctions de la DST de s'occuper de politique intérieure. La France est un pays de droit où le peuple exerce sa souveraineté. Hormis des moments cruciaux pour la République (lutte contre le FLN, l'OAS ou le terrorisme), le service de contre-espionnage limite ses objectifs à la recherche des agents étrangers dans l'Hexagone et dans les départements d'outre-mer. La DST ne s'occupe de ressortissants français que lorsqu'ils sont susceptibles de travailler pour une puissance étrangère.

Il paraît indispensable qu'un gouvernement ait à sa disposition un instrument lui permettant de tâter le pouls de la population et de mener des enquêtes à la fois sur les citoyens qui concourent d'une façon active à la vie publique du pays ou sur ceux qui entreprennent une lutte armée contre les institutions. C'est le rôle des Renseignements généraux.

Comment peut-on comparer les RG à la STASI est-allemande, à la Sécuritate roumaine, au KGB soviétique ou même aux tontons-macoutes haïtiens, qui entretenaient ou entretiennent encore la terreur dans leurs pays respectifs ? Si ces organisations sont qualifiées de « police politique », peut-on vraiment dire que leurs dirigeants ou leurs exécutants sont des policiers au service d'un État de droit ?

Un inspecteur des Renseignements généraux Jean-Marc Dufourg – qui pratique le recrutement d'informateurs en se servant de techniques d'intimidation aussi stupides qu'inacceptables (tirer dans leur porte) scandalise. Outre cette curieuse façon de procéder, il a dérogé à la règle d'or qui fait obligation de rapporter fidèlement les éléments de son enquête au fur et à mesure des investigations. Il est évident que sa formation sur le plan professionnel laisse à désirer. Il semble également que ce fonctionnaire dévoué et disponible devait penser qu'il figurait parmi les meilleurs après avoir réussi quelques affaires. Enquêteur, il a été promu, inspecteur, au choix, c'est-à-dire sans concours, au titre de la promotion sociale. Petit à petit, il s'est affranchi de l'autorité hiérarchique, ne rapportant que ce qu'il voulait, omettant de mentionner ses manquements à la déontologie du métier et masquant fautes et erreurs.

De là à crier haro sur les RG... Le ministre de l'Intérieur socialiste Pierre Joxe a raison de faire remarquer, en 1990, que dérapages et erreurs individuelles ne peuvent servir de prétexte à incriminer tout un service. Un inspecteur de la Police judiciaire vole un billet de Loto lors d'une perquisition, des fonctionnaires de la Police urbaine de Lyon montent une association de malfaiteurs : doit-on pour autant remettre en cause l'existence de ces deux grandes directions où la quasi-totalité des commissaires, inspecteurs et enquêteurs exercent leur métier avec beaucoup de courage et une grande honnêteté ?

Dire des Renseignements généraux qu'ils sont une « police de l'ombre » semble quelque peu exagéré; 95 % de leurs interventions se déroulent en milieu ouvert. Ils ne devraient inquiéter que les adeptes de la lutte armée, les politiciens corrompus par l'argent ou les étrangers qui abusent du droit d'asile que leur accorde la France et s'en servent pour monter des actions armées. En revanche, l'important réservoir d'informations détenues par les RG ne doit en aucun cas troubler les citoyens. Qu'il s'agisse de renseignements obtenus dans le cadre d'enquêtes individuelles ou d'ordre plus général.

Le travail des RG en France est largement méconnu. Sait-on qu'ils enquêtent sur chaque candidat qui se présente à une élection politique, sur les patrons d'entreprises fonctionnant avec l'aide financière de l'État avant leur nomination, ou encore sur tout comité ou organisme qui se crée ? Après tout, les préfets doivent informer le gouvernement sur ce qui se passe dans leur département. Comment feraient-ils sans les informations des RG ? De même, sommes-nous tenus d'enquêter sommairement sur tout journaliste ou simple citoyen qui souhaite rencontrer un haut fonctionnaire : c'est aux RG d'établir un *curriculum vitae.* Le tout consiste à placer de solides garde-fous. Ainsi me suis-je toujours interdit de faire apparaître dans mes notes, des renseignements d'ordre privé, ou des condamnations amnistiées sauf rappels d'événements évoqués dans la presse. Et encore, il est d'usage de les faire figurer sur des papillons volants susceptibles d'être retirés à tout moment par les préfets. J'ose espérer que tous mes collègues agissent de même.

Bien exploités, les renseignements d'ordre général peuvent être d'une importance cruciale. Il appartient en effet aux RG d'informer le gouvernement sur les grandes mutations politiques, économiques ou sociales qui guettent le pays. L'usage qu'en font ensuite leurs destinataires ne permet pas de condamner rétroactivement le travail accompli. La nature des renseignements fournis et l'utilisation des synthèses sont deux problèmes distincts. Je me souviens par exemple qu'en 1967, la section sociale de la direction des RG avait communiqué au ministre de l'Intérieur et partant, sans doute au Premier ministre et au président de la République une note intitulée : « Les étudiants sur le chemin de la violence; les éléments sont réunis pour créer une situation révolutionnaire. » En vain. A l'époque, seul le directeur des RG Henri Boucoiran semblait avoir conscience des événements qui se préparaient puisqu'il me confia toutes affaires cessantes, la surveillance des mouvements révolutionnaires. Quant au pouvoir politique, on mesurera plus loin sa carence, voire sa déliquescence, lors des événements de Mai 68.

La police évolue avec son temps. En raison du nombre croissant de chômeurs, de plus en plus de jeunes tentent de passer les concours de la Police nationale. Nombreux sont les universitaires titulaires d'une licence parmi les candidats. En raison de la limite des effectifs, la plupart se rabattent sur le concours d'inspecteur après avoir échoué aux épreuves de commissaire. Des diplômés se trouvent ainsi gardiens de la paix ou enquêteurs. Ce qui provoque chez certains un complexe de « déclassement » susceptible d'alimenter aigreur et ressentiment. Ils sont enclins à penser qu'une autre conception du commandement est préférable à celle de leurs aînés, sans se rendre compte que leur inexpérience les pousse à toutes les erreurs. Cette frustration de la base se double d'une crise de légitimité au sommet. A mon sens, la hiérarchie n'exerce plus pleinement son rôle et tolère des débordements inacceptables.

Débutant dans l'administration, j'ai rencontré une hiérarchie certes un peu paternaliste. Mais au moins, les chefs de service attachaient-ils un grand prix à ce que chaque inspecteur leur confie difficultés et erreurs. Aujourd'hui, dans bien des services, la confiance ne règne plus entre patrons et collaborateurs; le chef de service ne sait plus conseiller et la porte s'ouvre à tous les dérèglements.

La preuve ? Le déferlement de confidences provenant de policiers de tous grades, rapportant des faits souvent erronés ou « démarqués » pour ne pas se « griller » ou exposer leurs sources. Cette attitude choque. Jusqu'à peu, il n'y avait d'informations provenant des RG que celles inspirées par la politique du moment, et encore émanaient-elles du cabinet du ministre de l'Intérieur. L'excès inverse autorise toutes les affabulations. Car enfin, comment croire l'inspecteur Dufourg quand il affirme que sa hiérarchie l'a chargé de compromettre un ministre en lui offrant des prostitués mâles ? A défaut d'un minimum de scrupules, une prudence évidente empêcherait chefs de service, directeurs et préfets de donner de telles instructions de manière autonome. Et quel est le ministre de l'Intérieur qui tolérerait de semblables agissements à l'encontre d'un membre du gouvernement choisi par le chef de l'État et le Premier ministre ?

Loin de faire toute la lumière sur les Renseignements généraux, de telles allégations ne font qu'entretenir le mythe d'une police de l'ombre toute-puissante. Même si le fonctionnement de certaines directions des Renseignements généraux, comme les RGPP (les RG de la Préfecture de Police), pose parfois des problèmes, on ne peut parler de police au-dessus des lois.

Cette campagne de dénigrement m'a conforté dans le choix d'écrire mes souvenirs en m'efforçant d'éviter deux écueils : celui de l'exhibitionnisme tapageur et mensonger contre lequel je m'insurge, comme celui du maquillage hypocrite et des fausses pudeurs déplacées. Si j'ai décidé de ne rien celer des méthodes que j'ai été amené à employer au service de ministres de l'Intérieur aussi dissemblables que Roger Frey ou Raymond Marcellin, en révélant précisément la manière dont j'ai manipulé des informateurs, procédé à des perquisitions et à des écoutes, c'est pour que l'on puisse enfin comprendre la vérité des RG au quotidien. Les noms que je dois ici taire ou travestir sont ceux d'hommes que la plus élémentaire prudence m'oblige à ne pas mettre en péril. Pour le reste, je suis convaincu que les fantasmes se nourrissent du secret qu'on leur oppose : dévoiler de première main les affaires où je me suis trouvé directement impliqué me paraît être la réponse la plus honnête et la plus efficace à l'offensive dévastatrice de la rumeur. Ceux qui seront choqués par les méthodes et les moyens utilisés par les RG réaliseront ainsi que seuls des fonctionnaires scrupuleux et républicains pourront les mettre au service de l'ordre public. L'instrument RG n'est pas maléfique en soi : tout dépend de la manière dont on encadre les hommes qui le manipulent...

I

LES ANNÉES OAS

1

LA TAUPE

Le BDL

Le ministère de l'Intérieur étant – pour d'obscures raisons bureaucratiques – constamment en train de déménager, la création d'un nouveau service, au début des années 60, devait entraîner des bouleversements logistiques conséquents. Surtout si le service en question, parmi les plus clandestins, allait être appelé à jouer un rôle décisif dans la défense d'une toute jeune Ve République, empêtrée dans son dernier conflit colonial, menacée par le spectre de la guerre civile, la sédition d'une frange de l'armée et l'implantation de groupes clandestins en métropole.

Nous sommes au mois de décembre 1961. Décolonisation de l'Algérie oblige, la France est secouée par les attentats. La menace n'est plus algérienne : elle est métropolitaine. Suite à la semaine des barricades en Algérie (24 janvier-1er février 1960), une vague de plasticages frappe de plein fouet la métropole. Les Français se sont certes prononcés massivement, le 8 janvier 1961, en faveur de l'autodétermination du peuple algérien lors d'un référendum sans précédent. Mais les groupuscules favorables à l'Algérie française redoublent leurs actions violentes. Au mois d'avril, un putsch manqué propulse sur le devant de la scène un « quarteron de généraux »

– Salan, Jouhaud, Challe et Zeller. Son échec radicalise la situation. Les groupes terroristes opèrent sous une même structure : l'Organisation de l'Armée Secrète (OAS). Conçue par des professionnels de la clandestinité, l'OAS compte trois branches : l'Organisation des masses (OM), l'Organisation Renseignements Opérations (ORO, divisée en Bureau des actions opérationnelles et Bureau central de renseignement) et l'Action psychologique et propagande. Déchirée par des rivalités de personnes et de commandement, l'OAS n'a rien d'une organisation monolithique. Le groupe des Espagnols, qui rassemble une partie des activistes réfugiés dans la péninsule Ibérique, les commandos chargés de semer la terreur en Algérie et ceux tapis en métropole n'arrivent pas à se mettre d'accord. Malgré tout, les attentats redoublent de violence et d'intensité : consignes piégées dans les gares et les aéroports parisiens, déraillements de trains.

Aux pourparlers d'Évian entre Algériens et Français, l'OAS répond par l'assassinat du maire de la station balnéaire le 20 mai. Pis : le général de Gaulle est désormais la cible de plusieurs commandos. Le 8 septembre 1961 à 21 h 40, il échappe de peu à un attentat sur la nationale 19 à Pont-sur-Seine. Le sang-froid de son chauffeur, joint au hasard et à la maladresse des tueurs de l'OAS, déjoue une embuscade pourtant fort élaborée. Le général sait que d'autres tentatives se préparent. Si aucune mesure n'est prise, l'OAS arrivera à ses fins.

L'entourage du Président de la République semble davantage s'inquiéter de la menace que l'intéressé lui-même. Ses proches parviennent enfin à convaincre le général de réagir. De Gaulle gourmande le Premier ministre, Michel Debré. Ainsi se trouve créé dans le plus grand secret un organisme chargé de démanteler les réseaux métropolitains de l'OAS. Les deux corps les plus discrets de la police française sont mis à contribution. Outre quelques dizaines d'inspecteurs, la DST fournit moyens techniques et matériels. Les Renseignements généraux mettent dans la corbeille de la mariée leurs archives et un personnel restreint en service actif. C'est la première et unique fois que les RG et la DST sont mélangés au sein du même organisme. Le nouveau service est appelé Bureau de liaison : BDL.

Pourquoi la DST, direction active de la Sûreté nationale chargée plus spécialement du contre-espionnage, est-elle engagée dans la lutte contre l'OAS? Parce que les Renseignements généraux, responsables entre autres de la surveillance des organisations subversives, ne sont pas outillés pour lutter seuls contre une organisation armée. Il leur manque l'expérience que leurs collègues de la Direction de la Surveillance du territoire ont acquise sur le plan répressif.

Aucune loi, aucun décret, pas le moindre arrêté ou ordre écrit n'atteste la création du BDL. Une instruction orale donnée par le ministre aux directeurs des RG et de la DST tient lieu d'acte de naissance. L'urgence seule n'explique pas ce souci de discrétion. Il s'agit certes d'éviter le noyautage mais aussi de ne pas désigner des fonctionnaires de police à la vindicte de leurs propres camarades. N'oublions pas que l'OAS recrute aussi à l'intérieur de la police française. Le secret est bien gardé puisque les journalistes n'apprendront la création d'un nouvel instrument de lutte contre l'OAS qu'une fois l'affaire pratiquement terminée.

Organisme autonome, le BDL n'a de comptes à rendre qu'au directeur de la DST Daniel Doustin, et à celui des RG Jules Plettner. Son budget ne figure sur aucune comptabilité officielle : il est alimenté par les fonds secrets du ministère de l'Intérieur, provenant indirectement de l'argent saisi dans les caches du FLN ou de l'OAS en Algérie.

Pour diriger le BDL, un responsable de la DST et un des RG sont choisis. Deux des meilleurs commissaires principaux formeront la direction bicéphale du nouvel organisme de lutte anti-OAS.

La DST désigne Gaston Boué-Lahorgue. Fils d'un administrateur des colonies, pilote de chasse pendant la guerre, Boué-Lahorgue est affecté au service de contre-espionnage dès son retour en France au lendemain de la décolonisation du Sud-Est asiatique. Son directeur, Daniel Doustin, est un camarade de la faculté de droit. Mais ce n'est pas par népotisme qu'il pense à lui pour diriger le BDL : Gaston Boué-Lahorgue possède toutes les qualités d'un chef. Intelligent, cultivé, dynamique, doté d'une santé de fer, il sait alterner gentillesse et ferme autorité dans le commandement. Nous le trouvons présent à toute heure du jour et de la nuit aux moments les plus sombres de la République. L'homme est courageux, efficace et habile sur le terrain. Il est vénéré par son personnel qui lui obéit aveuglément. Gaston Boué-Lahorgue possède parfaitement son métier. Chacun lui reconnaît une honnêteté scrupuleuse aussi bien vis-à-vis des « clients » (les personnes arrêtées ou interpellées) que de ses collaborateurs – entre autres lors des répartitions de frais de mission ou de primes. En plus, il a de la chance. Ce qui, dans ce métier, n'est pas négligeable, même si, comme chacun sait, la veine ne sourit qu'aux esprits préparés.

Comme pour tous les services de police relativement importants, chaque patron a son adjoint. Après un essai malheureux d'un fonctionnaire dont on oubliera le nom, Antonin Duranton est chargé de seconder Boué-Lahorgue. Ancien de la Police judiciaire, il a pratiquement toujours exercé à la DST. C'est un fonctionnaire réservé, qui connaît parfaitement les rouages et les ficelles du métier. Il est l'exemple type du policier de grande qualité.

Pour les RG, le préfet Jules Plettner porte son choix sur Jean-Paul Guépratte, ancien résistant arrêté par la Gestapo à Lyon avant d'être déporté. C'est l'homme de la situation; lors de son séjour en Algérie, il est affecté à la mission C chargée de traquer les activistes de tout poil. Il doit sans doute sa nomination à un autre ancien déporté, le directeur adjoint des RG Henri Boucoiran.

L'adjoint de Guépratte, le commissaire principal Élie Cabane, est un esprit fin et subtil. Ce licencié ès lettres et d'allemand est un homme d'analyse doublé d'un grand spécialiste des dossiers. Quoique possédant une bonne connaissance du milieu activiste de l'OAS, il connaît mal les arcanes du service actif. Il manifestera pourtant beaucoup de courage et même de mérite lors de la manipulation d'informateurs.

Reste à trouver les locaux pour loger les dizaines de policiers et autres personnels administratifs affectés au BDL. Pourquoi pas, tout simplement, au ministère? Il suffit de débarrasser de ses occupants le quatrième étage du 11, rue Cambacérès, de vider la petite cour des voitures autorisées à stationner et le tour est joué. La documentation de la section politique des RG (la IVe) est adjointe au BDL. Elle s'installe dans une aile du bâtiment. Sous la direction du commissaire principal Raymond Cham, 35 archivistes des RG et de la DST accumulent fiches et dossiers constitués soit en Algérie, soit en métropole ou traitent les documents saisis dans les caches de l'OAS. Un travail essentiel, effectué au seul bénéfice du service action du BDL.

Quelles seront les attributions de ce nouvel instrument de lutte anti-OAS? La question est délicate; il s'agit de ne pas froisser les susceptibilités des autres corps de la Police nationale.

Au BDL reviennent les informations et les arrestations. Nous sommes également chargés de constituer les dossiers rassemblant les éléments de l'enquête concernant les suspects : notices individuelles, rapports de filature, notes de manipulation d'informateurs, photographies prises lors des surveillances, écoutes téléphoniques. Ensuite, l'ensemble est transmis à la IVe section de la direction de la Police judiciaire chargée des interrogatoires et de la mise en forme de la procédure en vue de déférer les inculpés devant la Cour de Sûreté de l'État.

Reste à établir les modalités en matière de répression. A partir de quand faut-il arrêter les suspects? Quelle rémunération doit-on donner aux informateurs? Jusqu'où continuer écoutes, surveillances et filatures? Seule une réunion au sommet de tous les directeurs de la police concernés par la lutte contre l'OAS peut permettre de répondre à ces questions. Tous les soirs, sauf le dimanche, vers 18 h 30, le directeur de la DST, le gouverneur Daniel Doustin reçoit dans son bureau le préfet Jules Plettner, des RG, son directeur adjoint Henri Boucoiran ainsi que le directeur de la Police judiciaire Michel Hacq, le chef de la IVe section de la PJ, le commissaire principal Honoré Gévaudan, un représentant du cabinet du préfet de Police, le commissaire principal Roger Chaix et le directeur de cabinet du directeur de la Sécurité militaire, le commandant Henri Louet. Ils entendent Boué-Lahorgue et Guépratte rendre compte des événements de la nuit précédente et de la journée en cours. En leur absence, Cabane et Duranton assurent la maintenance, rôle qui revient, pour la PJ, aux officiers de police principaux Jean Pouzol et Jacques Delarue. La réunion de 18 h 30 terminée, les directeurs de la DST, des RG et de la PJ vont quotidiennement informer le ministre de l'Intérieur avant de retourner à leurs services.

Le personnel du BDL attend ses responsables avec impatience. Les opérations sont soigneusement préparées pour le lendemain de bonne heure, quand elles ne débutent pas immédiatement.

Rien ne me prédestinait à entrer au BDL, où je suis affecté en juin 1962 par le plus grand des hasards. Commissaire de police, j'avais été nommé après mon stage à l'école de police de Saint-Cyr-au-Mont-d'Or (Rhône), à la circonscription de Sécurité publique de Halluin-Neuville-en-Ferrain (Nord), le poste le plus septentrional de l'Hexagone, situé à la lisière de la frontière belge.

J'ai fait la connaissance de l'OAS en décembre 1961, au commissariat de Kouba, sur les hauteurs d'Alger où je me trouvais en Sécurité publique pour une période de trois mois. Agé de 36 ans, j'étais fonctionnaire de la Sûreté nationale depuis 1945. Mes collègues m'enviaient : il s'agissait, en cette époque troublée, d'un poste relativement paisible. Pourtant, au lendemain de mon arrivée, un tract m'attendait sur mon bureau : « L'OAS veille. » Par la suite, je découvrirai qu'il avait été déposé par le planton du commissariat qui s'en sortira avec une légère réprimande après m'avoir confessé sa faute. Quinze jours de tranquillité puis les premiers attentats commencent. On me tire dessus par deux fois, mon adjoint l'officier de police Robert Lamielle est ensuite assassiné devant le commissariat. Contrairement à la règle, il était sorti seul. Moi-même, je me trouvais à l'autre bout de la ville pour assister aux obsèques d'un gardien de la paix.

Les temps étaient durs pour les policiers d'Alger; depuis l'assassinat du commissaire central de la ville, René Gavoury, poignardé à son domicile le 31 mai 1961, la liste des victimes des commandos Delta de l'OAS s'est rapidement allongée : les commissaires Ouamri (31 août) et Alex Goldenberg (30 septembre), l'inspecteur Rety (26 octobre), les commissaires Pelissier (31 octobre) et Joubert (10 novembre). Jugeant ma situation à Kouba intenable, mon patron, le contrôleur général Gustave Rocher, me fait alors venir au commissariat central d'Alger où je passe mes journées en opérations de maintien de l'ordre, accompagnant des CRS, des escadrons de gendarmes mobiles et parfois des unités de l'armée face à des manifestants galvanisés par l'OAS et ou le FLN.

De retour en France le 19 mars 1962, je présente ma candidature au Service des voyages officiels chargé de la protection du Président de la République lors de ses déplacements en province. Mon but est de revenir à Paris. Le directeur du service, Georges Albayez, se souvient du temps où, inspecteur à l'Identité judiciaire, j'assurais les reportages photographiques des visites du chef de l'État. En outre, Georges Albayez connaît bien mon père, Arthur Harstrich, pour avoir servi avec lui, avant guerre, au Contrôle judiciaire de la Sûreté générale, ancêtre de la direction centrale de la Police judiciaire. Par ailleurs, son premier poste avait également été Halluin!...

Hélas pour moi, Georges Albayez quitte l'administration. Il ne peut que me faciliter une rencontre avec le chef du Service des courses et jeux à la direction des RG, qui accepte de me recevoir par amitié... pour mon père. Sur sa recommandation, je vais voir le chef du personnel des RG, Albert Villanova, un autre ami de mon père. Ce dernier m'explique qu'en raison de la situation politique actuelle, il n'apparaît pas indispensable d'embaucher de nouvelles recrues pour le Service des courses et jeux. En revanche, il me propose un poste au BDL, à condition que mon père soit informé des risques que j'encours. Exigence renouvelée par d'autres responsables de la police lors de mes démarches successives. A croire que tout le monde, me voyant mal parti, redoute les foudres d'Arthur Harstrich! Pourtant, mon père ne trouva rien à redire à ce nouveau poste, à condition que je prenne bien garde de ne pas m'immiscer sur le terrain politique. Tout le monde avait encore à l'esprit la piteuse image donnée par la police de Vichy, dont les brigades spéciales travaillaient avec un zèle qui forçait l'admiration des nazis.

Sans même avoir effectué de demande de mutation, fait extrêmement rare dans l'administration, je reçois l'arrêté me nommant le 6 juin 1962 à la direction des RG avec prise de poste deux jours plus tard. Me voilà donc à la date prévue au 11, rue Cambacérès, devant le chef du 1er bureau du personnel qui procède à mon installation.

Je connais bien cet immeuble du ministère de l'Intérieur. Mon père occupait un bureau au troisième étage à la direction du personnel, alors que je me trouvais à l'Identité judiciaire, deux étages au-dessus. Le temps semble ne pas avoir de prise sur les parquets disjoints, usés aux endroits stratégiques et pénétrés de l'odeur de cire, sur les couloirs encombrés d'armoires métalliques entre lesquelles il faut « slalomer », sur les murs uniformément gris sale. On trouve encore du mobilier laissé sur place, dans les bureaux, par les anciens occupants allemands!...

Je connais presque tous les fonctionnaires de la DST ou des RG affectés au BDL. Officiellement en poste à la direction des RG, je ne m'y rends que pour toucher mes émoluments et percevoir mon arme de service, un pistolet que j'abandonnerai rapidement au profit d'un Manurhin plus moderne récupéré lors d'une perquisition. Les temps étant peu propices au respect scrupuleux du règlement, la modernisation de l'arsenal policier est parfois sauvage. Respectant les instructions, nous portons en permanence notre arme, même le dimanche, lorsque nous quittons le bureau ou notre domicile.

L'adjoint de Boué-Lahorgue, Duranton, est un bon camarade. Ancien de la DST, il a passé le concours de commissaire avant moi. En l'absence de son chef, c'est lui qui m'accueille et m'explique le fonctionnement du BDL. Le responsable des RG au BDL, Jean-Paul Guépratte, a reçu une autre affectation. Il est chargé de créer la section Exploitation et liaison qui s'occupe des relations avec les polices des pays de l'Europe occidentale. Élie Cabane le remplace. Je deviens son adjoint.

Le BDL est formé de petits groupes. Le service action emploie 50 des 80 fonctionnaires du BDL. Il comprend une dizaine d'équipes de trois ou quatre policiers, chargés de suivre leurs propres affaires de bout en bout. La spécialisation n'empêche nullement la circulation de l'information : chacun est régulièrement tenu au courant de ce qui se passe lors de réunions. Tous les jours, de 8 heures du matin à 20 heures, attend un groupe opérationnel : un OPJ (officier de Police judiciaire), deux adjoints, un chauffeur et une voiture.

Ce groupe opérationnel est chargé des arrestations à chaud, le « saute-dessus » dans notre jargon. Il occupe une pièce surnommée le « casino »; en effet, quand ils ne sont pas sur le terrain, les fonctionnaires jouent toute la journée au jeu le plus prisé par la police et la gendarmerie nationale parce qu'il peut se terminer rapidement sur une donne : le tarot. A côté du « casino » se trouve le PC du pool de chauffeurs, pour la plupart issus de la DST. A chacun sa voiture, garée dans la cour de l'immeuble. Ils ont les qualités des bons « filocheurs » et savent travailler ensemble. Véritables as de la poursuite, ils peuvent tourner autour de leur objectif, le suivre en le précédant, le devancer quand il y a un itinéraire encombré pour l'attendre au carrefour suivant. Tous ont une bonne pratique et une très bonne connaissance de Paris et de la banlieue. Ce sont des vaillants.

Je fais figure de cadet au BDL. La plupart des fonctionnaires, chauffeurs inclus, sont mes aînés. En tête : l'officier de police principal Jean-Claude Masson. Entré dans la police durant les années 30, il connaît la musique. Trop, peut-être. Désormais, il rechigne à sortir. Mais c'est un bon policier, intelligent, avec de la personnalité et de l'ascendant sur les autres fonctionnaires. Quel meilleur partenaire pour Duranton et moi-même ? Tandis que nous menons nos affaires à l'extérieur, Masson reste dans notre bureau et assure les relais téléphoniques. Nous sommes ses « mômes ».

L'escroc aux footballeurs

L'année 1962 est terrible. Le 26 mars à Alger, rue d'Isly, l'armée française tire contre des manifestants français pro-OAS. Bilan : 100 morts et 200 blessés. Le général de Gaulle décide d'en finir aussi bien avec la décolonisation de l'Algérie qu'avec l'OAS. Du 11 au 18 février, des pourparlers secrets ont eu lieu aux Rousses entre des émissaires du FLN et des représentants de l'État français. Le 18 mars, les accords d'Évian sont signés. Le lendemain, le cessez-le-feu est proclamé. L'arrestation des généraux Jouhaud (le 25 mars à Oran) et Salan (le 20 avril à Alger) et la proclamation imminente de l'indépendance algérienne renforcent l'OAS dans sa détermination : la terreur doit régner en métropole.

La menace plane sur Paris et le gouvernement impose un quasi-état de siège. A chaque jour son lot d'attentats : le 1er février, sept explosions secouent Paris; le 7, une bombe, destinée au ministre de la Culture André Malraux, défigure une fillette de 4 ans : Delphine Renard; et le lendemain, la gauche descend dans la rue. La police charge; 8 personnes trouvent la mort contre les grilles du métro Charonne. Le 16, une grenade explose dans un restaurant du quartier des Champs-Élysées. Plus tard, plus loin, des trains déraillent tandis que de l'autre côté de la Méditerranée, l'OAS préconise une politique de terre brûlée. C'est dans ce contexte que je fais mon entrée au BDL.

Quelques jours après mon arrivée, alors que je n'ai pas encore vu mes patrons, Boué-Lahorgue et Cabane, je suis associé à une affaire.

Le BDL a reçu les confidences d'un informateur : un commando de l'OAS s'apprête à passer à l'action. Le correspondant fournit une dernière précision : les terroristes doivent se retrouver dans un café de la Porte Maillot vers 18 heures.

Boué-Lahorgue, qui se trouvait en vacances, est rappelé d'urgence. Je fais sa connaissance peu avant le début de l'opération. Il approuve le plan mis au point par Duranton.

Branle-bas de combat au BDL. Une demi-douzaine de véhicules, une camionnette de surveillance et des motards se dirigent vers l'avenue de la Grande-Armée. Les motocyclistes auront pour mission de bloquer la circulation aux alentours du café, au moment de l'intervention. Le dispositif se met en place aussi discrètement que faire se peut afin de ne pas alerter les tueurs de l'OAS. Les voitures prennent position autour du café et les inspecteurs se déploient. La camionnette s'y trouve déjà depuis une heure. Quelques minutes plus tard, les policiers repèrent les suspects. Ces derniers s'engouffrent dans le café. Tout le monde converge vers l'établissement.

J'étais chargé de couvrir les alentours et d'intercepter

une éventuelle équipe de couverture. Duranton et Boué-Lahorgue assument l'interpellation. A peine sont-ils entrés dans le café que je fais signe aux motards qui m'accompagnent d'interrompre le flot des voitures.

A l'intérieur du café, rien à signaler : les arrestations se déroulent sans anicroche.

– Il y en a deux qui s'échappent en direction de l'Étoile, signale une de nos voitures radio.

Je me précipite à la poursuite des suspects accompagné d'Émile Joffrin, un inspecteur de la DST surnommé le « Mort Vivant » pour avoir échappé miraculeusement à un peloton d'exécution allemand en gare d'Athis-Mons. Nous n'avons aucun mal à repérer nos clients que nous rattrapons après une brève course-poursuite. On les braque, face au mur. Ils sont armés : l'inspecteur Joffrin les déleste de leurs revolvers.

– C'est bon, on les embarque!

– Faites pas les imbéciles, halètent-ils, on est de la police.

Maldonne : ce n'étaient que deux gardiens de la paix qui venaient de dîner au mess du ministère de l'Intérieur, boulevard Gouvion-Saint-Cyr! Voyant qu'une opération de police était en cours, les deux courageux avaient pris leurs jambes à leur cou et se dirigeaient... dans la direction opposée.

Le commando est conduit dans les cellules de la 1re brigade de Police judiciaire (dite le « SRPJ de Versailles à Paris ») au 127, rue du Faubourg-Saint-Honoré, pour être mis à la disposition de la IVe section de la Police judiciaire en charge des affaires politiques. Les premiers interrogatoires font ressortir que la cible des tueurs était un Corse nommé Chiaramonti. L'homme avait soutiré des fonds à l'organisation sous prétexte de lui procurer des armes; avec cet argent, il avait financé une sombre escroquerie consistant à acheter des joueurs de football argentins pour les revendre plusieurs fois à divers clubs dont le Racing de Paris.

Les membres du commando étaient des militaires

déserteurs. Leurs auditions se déroulèrent donc, comme de coutume, en présence d'officiers du bureau Missions de la Sécurité militaire. Tous nos contacts avec l'armée passaient par la SM, devenue par la suite DPSD. Nous travaillions rarement avec les agents du SDECE chargés de traquer les trafiquants d'armes du FLN et encore moins avec les équipes de barbouzes anti-OAS dirigées par l'avocat Pierre Le Marchand. La rumeur, que je n'ai pu vérifier, faisait état des visites de ce dernier au ministre de l'Intérieur Roger Frey. Pour nous, ces hommes étaient des aventuriers... et la police n'aime pas les marginaux.

La troïka

L'OAS rêve de guerre civile. En Algérie, ses exactions, conjuguées à celles du FLN, entraînent l'exode de 600 000 Français en trois mois. Une sorte de record. Le capitaine Curutchet, chef d'une des trois branches du mouvement, l'ORO (Organisation Renseignements Opérations) veut faire régner en France « un climat d'inquiétude tel que les gens n'osent plus sortir de chez eux une fois la nuit tombée ». Il parle d'abattre des personnalités influentes du communisme et du gaullisme, de harceler les véhicules circulant la nuit, de fusiller les passants, de grenader les sorties de cinéma, d'incendier les parkings [1]. Pour l'heure, heureusement, l'OAS n'a pas les moyens de sa politique sanguinaire. Mais nous savons qu'elle dispose en métropole de réseaux structurés, bénéficiant de solides complicités et prêts à tout. Ces groupes nous inquiètent d'autant plus que, jusqu'à présent, nous n'avons pu sauf exception les pénétrer. Il ne nous reste plus qu'à attendre et à prier pour que la chance se mette de notre côté.

1. Cité par Jacques Delarue dans *L'OAS contre de Gaulle*, Fayard, 1981.

Un samedi, le téléphone sonne.

– C'est l'équipe de lutte anti-OAS?, dit la voix.

– Oui.

– Je voudrais rencontrer quelqu'un de chez vous. Je vous attends à Auteuil, à la terrasse du Sully.

L'homme fréquente les beaux quartiers. Impossible d'obtenir plus de précisions. Autant aller voir. J'emmène avec moi l'équipe des « saute-dessus » du « casino » pour assurer ma protection, photographier la rencontre et vérifier que l'homme n'est pas accompagné. Une fois le dispositif en place, je vais au contact.

Dans le café m'attend un homme de petite taille, âgé de 34-35 ans. Il est habillé correctement, la voix un peu rauque, porte moustache et conserve la tête rentrée dans les épaules. Il s'appelle Pierre Ayçaguer. Ancien pilote de l'aviation légère de l'armée de Terre (ALAT), il se montre discret sur les raisons qui l'ont amené à quitter la vie militaire. Par la suite, j'apprendrai qu'il a été cassé pour avoir puisé dans les caisses. Doté d'une faconde toute bordelaise, l'homme a du talent et une certaine audace. Son entregent lui assure encore de solides amitiés dans l'armée. Il intéresse les sergents recruteurs de l'OAS.

– J'ai déjà participé à des bombages et à des distributions de tracts de l'OAS, me dit-il. Je progresse dans l'organisation. Ce soir, je vais sur une troïka.

Organisation de base du bras armé de l'OAS (les redoutables commandos Delta), la troïka est composée, comme son nom l'indique, de trois hommes : un tueur, son assistant et un chauffeur. Nous savons que des dizaines de troïkas sont opérationnelles en métropole. Elles ont déjà pris pour cible des trains, des gares, des personnalités gaullistes et des cafés arabes, lieux de rencontre supposés de sympathisants du FLN. Jamais jusqu'à présent nous n'en avions approché une d'aussi près. Il convient d'être prudent.

– Quel est l'objectif?

– Je ne sais pas. On doit mitrailler un lieu public. Ils

ne m'ont rien dit de plus. Je ne sais qu'une chose : le fils d'un avocat est de la partie. Je veux bien vous informer, mais il faut que vous assuriez ma protection.

– Ce n'est pas possible; si vous vous faites prendre, je ne peux rien vous garantir.

– Je suis bien placé pour grimper dans l'organisation. Par la suite, il faudra m'assurer l'impunité.

– Vous me demandez là une chose impossible. Je ne peux rien vous promettre. Toutefois, un conseil : si vous décidez de participer à l'opération, arrangez-vous pour conduire la voiture ou, à défaut, faites le deuxième porte-flingue. Mais dans tous les cas, évitez de tirer!

L'homme veut être rétribué. Combien peut-il espérer?

– On appréciera en fonction de votre production. Progressez d'abord dans l'organisation. Si vos tuyaux valent quelque chose, nous verrons bien, sinon ne vous attendez pas à en vivre.

Prétextant un besoin pressant je m'éloigne pour téléphoner à Duranton. Je lui explique la situation :

– Il s'appelle Pierre Ayçaguer, je n'ai pas encore déterminé son domicile. Normalement, on a dû le photographier sous toutes les coutures. Il serait peut-être bon que tu viennes. Tu as plus d'expérience que moi. Je vais te présenter comme mon chef.

La présence de Duranton sécurise-t-elle notre taupe? Lui prouve-t-elle que nous le prenons au sérieux? Toujours est-il qu'en nous quittant, Ayçaguer semble encore plus fermement résolu à trahir les siens. Pourtant, Duranton lui a seulement répété les mêmes conseils que moi. Avant de se séparer, nous lui laissons le numéro de téléphone d'une de nos lignes directes.

Notre équipe de surveillance le prend en filature. Pas pour longtemps : il pénètre dans un restaurant situé en face de l'église d'Auteuil. Son épouse y travaille comme serveuse. Les filocheurs décrochent pour ne pas se faire repérer.

A ce stade, il nous est difficile d'intervenir. On ne possède aucun détail sur l'opération. Après tout, il peut très bien s'agir d'une provocation. Mais si Ayçaguer est de bonne foi, nous courons le risque de le griller en le suivant. Mieux vaut ne pas bouger et laisser l'opération suivre son cours.

Dimanche matin, la ligne directe sonne.

– Ici Pierre. L'opération a bien eu lieu. Je vous indique où trouver la voiture qu'on a employée. Dans le coffre, il y a le fusil-mitrailleur qui a servi à l'attentat. On a attaqué un bistrot arabe du Bourget. On a tiré dans le tas. Il y a un mort, deux blessés. Je crois qu'un chien a également été tué. A bientôt. Vous aurez de mes nouvelles.

Un coup de fil au commissariat du Bourget nous prouve la véracité de ses dires : un café arabe a bien été mitraillé. La nouvelle n'émeut pas grand monde. Ce n'est pas le premier et ce ne sera pas le dernier : une dizaine d'attaques similaires se sont déjà produites dans l'indifférence de la grande majorité de la population métropolitaine. Mais cette fois, les choses apparaissent différentes. Nous contrôlons le jeu. En laissant se commettre l'attentat, je viens de recruter mon premier informateur à l'intérieur de l'OAS! L'homme fera du chemin. Il en a l'étoffe. Reste à savoir jusqu'où il consentira à aller. En attendant, il me reste à faire mon rapport. Je dois rendre compte à ma hiérarchie comme il est de coutume chaque fois que l'on rencontre un informateur. Les notes témoignent du travail : elles ne seront détruites qu'une fois l'affaire classée.

La PJ relève des empreintes sur le fusil-mitrailleur saisi dans la voiture de la première troïka d'Ayçaguer. Elles ne correspondent à aucune des personnes de l'OAS recherchée ou connue. On ne pouvait pas savoir qu'elles appartenaient à Ayçaguer. Malgré tous nos conseils de prudence, il a tiré contre le café. Nécessité? Bravade? A-t-il agi sous la contrainte ou s'est-il porté volontaire pour se faire mieux voir de ses chefs? Je l'ignore. Toujours est-il que le voilà en cavale, pour peu de temps puisque personne ne le recherche.

Comme bien des escrocs, Ayçaguer est redoutablement habile et intelligent. Sympathique, joyeux, truculent, il allie une malignité indiscutable à des qualités certaines. La décision de passer quelque temps dans la clandestinité sert en tout cas ses projets. Elle le fait grimper plus vite au sein de l'OAS.

– Je leur ai raconté que j'étais recherché, me dit-il. Je leur ai montré les coupures de journaux relatant l'attentat en leur disant que j'avais l'impression d'être surveillé. Je leur ai demandé de rencontrer le chef. « Pas question pour le moment », m'ont-ils répondu, mais désormais mon crédit est au plus haut.

Nous ne pouvions que nous féliciter des talents d'Ayçaguer et souhaiter qu'il progresse le plus rapidement possible dans une organisation dont nous étions loin de saisir les divisions. Il faut dire que même les chefs d'Alger avaient du mal à faire le point sur la branche métropolitaine de leur organisation.

Pour « chapeauter » les différents groupuscules, le général Salan envoie dans l'Hexagone un industriel spécialisé dans la vente de métaux, vétéran des complots de l'OAS, André Canal dit « le Monocle » en référence à la prothèse opaque destinée à masquer l'énucléation de son œil gauche. Sa mission baptisée « Mission France III » commence le 2 décembre 1961, jour de son arrivée à Paris : il est porteur d'un ordre signé de Salan afin de coordonner les réseaux existant sous le sigle OAS. Mais les responsables de l'OAS-métro ignorent France III, Sergent par exemple lui refuse toute collaboration : on est à deux doigts d'en venir aux armes. France III devient néanmoins à son tour un groupuscule terroriste aussi redoutable que les autres. L'arrestation du Monocle au mois de mai 1962 par Gaston Boué-Lahorgue laisse ses tueurs dans la nature. A noter qu'après s'être battu comme un chiffonnier avec le récupérateur de métaux, Boué-Lahorgue, qui ne portait pas de menottes sur lui, emprunta une grosse corde à un camionneur et ramena son prisonnier au ministère... ainsi entravé. Les enragés ne deviennent pas inoffensifs pour autant. On leur doit les deux attentats qui menacèrent le plus sérieusement la vie du général de Gaulle. Ils avaient échoué à Pont-sur-Seine (8 septembre 1961) et je les retrouverai par la suite dans le cadre de l'enquête sur la fusillade du Petit-Clamart (22 août 1962). Fait inquiétant, nous courons le risque de les voir renforcer le groupe de Sergent. Mais notre informateur vient de gagner en importance. Lui seul peut nous aider à démanteler l'ORO et arrêter ses chefs, à commencer par son supérieur hiérarchique, le mystérieux Bourgogne, ultime relais avant d'arriver à Curutchet et Sergent.

Le chanoine se fâche

Ayçaguer rend compte régulièrement. Je ne suis pas le seul à le manipuler. Duranton, Boué-Lahorgue ainsi que divers chefs de groupes font tour à tour sa connaissance si bien qu'il finit par connaître pratiquement tous les officiers de Police judiciaire du BDL qui vont au contact. L'homme est précieux. Une prise en entraînant une autre, il permet de nettoyer Paris de pratiquement tous les réseaux de l'ORO.

Ayant appris très tôt son adresse, nous l'avons immédiatement fait mettre sur écoutes. Précisons sur ce point que le processus bureaucratique qui les réglemente en limite singulièrement l'emploi. Les premiers comptes rendus de réception parviennent en général trois jours après avoir été sollicités. Une demande est adressée au chef de service qui transmet au directeur général de la Police via la direction de la DST ou des RG, puis c'est au tour du ministre de l'Intérieur d'apposer sa signature avant d'envoyer le dossier à son collègue de la Défense. A chacune des étapes, la demande peut être rejetée. Classées « Secret Défense », les écoutes interministérielles sont réalisées par les « orioneurs » de l'armée secondés de quelques policiers des RG et de la DST au

2 *bis* de l'avenue de Tourville, à Paris. Sauf urgence, les transcriptions sont transmises à la DST et aux RG une fois par jour. Nous sommes donc totalement dépendants des services d'écoutes de l'armée. Une entente cordiale avec leur directeur, le colonel Eugène Caillot, nous permet parfois de court-circuiter la lourde machine administrative ainsi qu'on le verra.

Ayçaguer a besoin d'argent. Il doit donc fournir un maximum d'informations. Je suis sidéré par ses capacités. Il a toujours un homme ou un réseau à vendre. Grâce à lui, nous venons facilement à bout de l'OAS-jeunes, une bande d'adolescents en mal de guéguerre tout juste capables de manifester et de bomber les murs, mais dotés tout de même d'un petit arsenal.

– J'ai quelqu'un pour toi, me dit-il peu après l'affaire de l'OAS-jeunes. C'est le premier vicaire du Sacré-Cœur, l'abbé Arnette. Il est en relation avec une équipe composée de pompiers. Ils vont bientôt passer à l'action.

Certes, la prise ne s'annonce pas de taille. Mais elle nous permettra de marquer des points en montrant à quelques centaines de Français de la métropole tentés de rejoindre les réseaux de l'OAS que la police française veille au grain. L'abbé Arnette n'est pas, à proprement parler, un inconnu de la police. Il avait déjà eu des problèmes alors qu'il exerçait dans la banlieue Sud. L'abbé avait une curieuse conception des patronages dont il était censé s'occuper notamment en les transformant en petits arsenaux. Il avait oublié que les enfants ont la manie de fouiller partout. Un jour, ses jeunes ouailles trouvèrent des armes sous une estrade. La police fut alertée. Perquisitions, fouilles, enquête. L'abbé s'indigne, prétend ne rien savoir des armes et n'être que la victime d'une provocation. L'affaire fut classée. L'abbé ne semblait pas dangereux. La police l'oublia; ses supérieurs le mutent au Sacré-Cœur où il continue d'exercer ses coupables activités qui ne se limitent pas seulement au soutien logistique des terroristes de l'OAS.

Les écoutes téléphoniques, que nous installons chez

l'abbé, nous révèlent que son amour pour les enfants l'entraîne plus loin que la morale et les bonnes mœurs ne le permettent. Nous apprenons surtout qu'une réunion doit avoir lieu au cours de laquelle des armes seront distribuées.

– S'il y a des armes, décident nos directeurs, on arrête tout le monde.

Aussitôt dit, aussitôt fait. Au préalable, nous prévenons néanmoins le chanoine du Sacré-Cœur en ne manquant pas de l'informer de tous les écarts de conduite de son premier vicaire.

Comme le veut la procédure, l'abbé Arnette est mis à la disposition de la PJ. Quelques minutes plus tard, son supérieur débarque dans les locaux de la PJ, rue Cambacérès.

– Où est-il? hurle le bon chanoine.

– Dans ce bureau.

Il s'y précipite, bouscule l'abbé et lui allonge une paire de claques retentissantes. L'abbé porte encore la marque des coups quand le médecin requis par la PJ l'examine, ainsi qu'il est de règle.

– Vous avez été battu par des policiers?, demande le docteur redoutant le pire.

– Non, c'est mon chanoine, il n'était pas content de moi.

– Ah bon, si c'est entre confrères, je n'ai rien à dire...

Je n'ai pas souvenir du montant des émoluments d'Ayçaguer dans cette affaire. L'abbé et les pompiers n'ont pas dû lui rapporter grand-chose. Comme tous les informateurs, Ayçaguer est payé au rendement. Le prix de vente n'est jamais fixé par avance. Ce sont nos directeurs qui décident du montant de la rémunération, elle-même fonction de l'importance de la prise. Dans notre jargon, on dit qu'il est « payé au crâne ». « Il n'y a pas de fainéants pour faire un crâne », précise le dicton policier. Dans le cas d'Ayçaguer, c'est particulièrement vrai.

L'arrestation de « Bourgogne »

Ayçaguer progresse d'autant plus vite dans l'organisation qu'il fait le vide au-dessus de lui. Grâce à ses informations, nous arrêtons peu à peu tous ceux qu'il rencontre. Nous opérons avec parcimonie en faisant très attention aux modalités des interpellations afin de protéger notre informateur. Après avoir identifié les différents membres de l'ORO qui travaillent avec Ayçaguer, nous commençons par arrêter les petits, les obscurs... Les rangs se clairsèment. Ayçaguer rencontre de plus en plus de responsables de l'ORO. Par la force des choses, il devient indispensable. Il a de l'autorité et n'hésite pas à jouer les agents provocateurs.

La plus mouvementée des arrestations est celle d'un des compagnons de la troïka du Bourget, Raynal. Ayçaguer lui avait donné rendez-vous boulevard du Montparnasse, en face de l'église. Malgré notre dispositif, il réussit à s'échapper en collant son poing dans la figure de Jean-Claude Masson. Pauvre Jean-Claude, pour une fois qu'il se trouvait sur le terrain! Je le reverrai toujours le derrière au sol, sortant son arme pour la décharger en l'air tout en hurlant : « Halte, police! » Nous rattraperons Raynal quelque temps plus tard...

Ayçaguer est un malin. Il sait s'arranger pour que les soupçons de ses camarades ne se portent pas sur lui. De notre côté, nous devons faire très attention à la manière dont nous le manipulons. Un renseignement fourni par un informateur n'est jamais net, il faut toujours le travailler. En général, un indicateur ne donne pas de renseignement précis. Le plus souvent pour ne pas se griller, plus rarement par ignorance. Après, nous devons organiser planques, surveillances et filatures. Nous savons jusqu'où nous pouvons aller. Généralement, nous laissons mûrir la situation pour pouvoir repérer le maximum de membres du réseau jusqu'au jour où nos directeurs décident de lancer les filets, une fois les principaux suspects identifiés.

Malgré les arrestations en chaîne, les chefs de l'OAS semblent ne pas se douter de la trahison d'Ayçaguer.

– « Bourgogne » veut me voir, annonce triomphalement Ayçaguer.

« Bourgogne », l'adjoint de l'ex-capitaine Curutchet est un gros gibier. Derrière ce pseudonyme se cache le chef de l'Organisation Renseignements Opérations (ORO) de l'OAS. Il a sous ses ordres 16 commandos. Pour le moment, nous lui attribuons 17 attentats à l'explosif, une dizaine d'assassinats, autant de tentatives d'homicides et 35 blessés. Un palmarès qui ne tient compte que des actions dont nous sommes presque sûrs. En réalité le bilan peut se révéler plus impressionnant.

– Tu sais ce qu'il te veut ? C'est peut-être un piège.

– Je ne crois pas. Après les arrestations, il veut restructurer son organisation. Je crois qu'il va me confier de nouvelles responsabilités.

Ayçaguer paraît satisfait : de nouvelles responsabilités, cela veut dire d'autres terroristes à nous livrer. Peut-être rêve-t-il secrètement de faire arrêter tout l'état-major de l'OAS. Sans aller jusque-là, il faut reconnaître que l'occasion est belle d'augmenter notre tableau de chasse. Peut-être est-elle trop belle ? Quoi qu'il en soit, la décision ne m'appartient pas.

– J'en réfère à mes supérieurs, demain je te dis ce qu'il faut faire.

Le soir même, lors d'une réunion avec les directeurs de la police, Boué-Lahorgue leur apprend que notre informateur doit rencontrer le fameux « Bourgogne » que la police recherche depuis de longs mois. Les responsables de la lutte anti-OAS n'hésitent pas : décision est prise d'arrêter « Bourgogne ». L'homme représente un grand danger. La plupart des autres chefs clandestins sont désormais à l'étranger. Il est un des derniers résidant encore en France.

Le lendemain, comme convenu, Ayçaguer se manifeste à nouveau. Il est encore plus excité que la veille. Les choses se précipitent. Son chef vient de le contacter :

– J'ai rendez-vous avec « Bourgogne » dans quelques heures. A Auteuil, dans la rue, avenue Mozart.

Impossible de lui cacher la vérité :

– On va l'arrêter.

– Comment ça, l'arrêter ? Ce n'est pas possible, ne me faites pas ça ! Je vais être brûlé. Ils vont comprendre que c'est moi qui ai balancé « Bourgogne ». C'est ma mort que vous voulez ? Je risque ma peau dans cette histoire. Ce sont des tueurs. Ils ne plaisantent pas.

Difficile de lui expliquer qu'il ne sert plus à rien. Nous connaissons désormais pratiquement tous les membres de l'organisation. L'heure est venue de ramener nos filets, quitte à griller notre informateur qui, avec cette ultime information, nous a donné tout ce qu'il pouvait. Pris de pitié, j'essaie de le rassurer :

– On arrêtera « Bourgogne » loin du rendez-vous. Tu ne seras pas là. C'est tout ce que je peux faire. Et encore, je ne te promets rien. S'il se sent surveillé et se sauve, on intervient tout de suite. Mes chefs ont décidé d'agir. Pour nous, l'affaire est mûre.

Terrifié, Ayçaguer avance un ultime argument :

– Plus j'ai de responsabilités, plus je peux donner.

Ou ne plus donner. Mieux vaut ne pas être trop gourmand. Quoi qu'il en soit, et même si je pouvais me trouver en accord avec lui, les ordres sont les ordres. Il n'y a plus rien à faire. Je coupe court à la discussion; Ayçaguer doit obéir s'il ne veut pas se retrouver en prison. Il faut faire vite et préparer notre piège.

En moins d'une heure, Boué-Lahorgue coordonne la mise en place de notre dispositif. Il ne nous reste plus qu'à attendre.

« Bourgogne » arrive enfin. Il ne se doute de rien et il se dirige vers Ayçaguer. Les deux hommes se parlent. Ils arpentent l'avenue dans un sens, puis dans un autre. De notre côté, personne ne bouge. « Bourgogne » ne remarque pas qu'il est entouré par les hommes du BDL. Nous sommes dix, prêts à intervenir dès le début du rendez-vous. Je surveille la rencontre de dos, dans le reflet d'une vitrine. Mes collègues s'occupent de leur mieux : certains attendent dans des boutiques, d'autres achètent des journaux au kiosque du coin de la rue.

Un quart d'heure plus tard, les deux hommes se séparent. Ayçaguer s'éloigne. Duranton le suit. Il le rejoint une fois hors de vue et commence à l'interroger. « Bourgogne » part à son tour et remonte l'avenue Mozart.

Dès qu'il se met en marche, nous lui emboîtons le pas et nous optons pour la tactique suivante : un inspecteur le précède, un second le suit. Le troisième et moi-même empruntons le trottoir d'en face.

Au début, le gibier paraît ne prêter aucune attention à ces manœuvres. En bon professionnel rompu aux règles de la clandestinité, il ne tardera pas à s'apercevoir de la présence soutenue de ses suiveurs.

Je ne veux pas courir le risque de le laisser échapper.

– Allez, on y va!

Si les moindres phases de cette arrestation sont restées à tout jamais gravées dans ma mémoire, c'est qu'elle prouve que, loin des polars et des films noirs, il arrive que les opérations de police, soumises aux caprices du hasard, prennent un tour rocambolesque qui défie l'imagination des meilleurs scénaristes.

J'accélère le pas en traversant la rue. Je me retrouve devant « Bourgogne ». L'inspecteur qui m'accompagne est légèrement en retrait. J'aperçois, non loin de là, l'officier de police principal Émile Curutchague. Il me regarde. Je lui fais signe qu'il peut y aller. Curutchague se retourne. Au même moment, « Bourgogne » s'engage sur la chaussée pour la traverser. Curutchague n'a pas vu que des travaux le séparent du chef de l'ORO. Il se précipite et s'étale de tout son long. Entre-temps, je m'étais mis à courir et je suis obligé de sauter par-dessus mon collaborateur qui se tord de douleur, une entorse à la cheville.

Réalisant la situation, « Bourgogne » s'adosse contre la porte d'un immeuble. Il ne semble pas goûter le spectacle de la souffrance de l'officier de police. On comprend qu'il ait d'autres soucis en tête. L'homme est réaliste, il se sait perdu et fait la seule chose que lui dicte sa raison : il lève les mains en l'air et ne bouge plus. Quelques secondes plus tard, je lui passe les menottes. Il ne nous reste plus qu'à l'embarquer. Je fais signe aux voitures de venir nous chercher.

Il y a toujours dans ce type d'arrestation deux ou trois voitures qui nous suivent en roulant au pas. Elles sont à trente ou quarante mètres de la cible de sorte qu'il lui est impossible de les voir. Leurs conducteurs savent accélérer, ralentir au milieu des protestations des autres automobilistes. A l'instar des chauffeurs de taxi, ils occupent le milieu de la chaussée, toujours prêts à déboîter à gauche ou à droite.

« Bourgogne », de son vrai nom Henry d'Armagnac, était un ancien sous-officier d'Algérie qui fit ses premières armes dans le réseau clandestin Résurrection et Patrie. Le visage marqué, l'allure autoritaire, il ne dit rien lors de son arrestation. Les papiers contenus dans sa sacoche se révèlent plus bavards. D'abord ils nous fournissent l'adresse de son domicile où l'on saisit une partie des archives de l'organisation (tracts, comptabilité, listes d'armes, etc.) qui seront exploitées par le service documentation du BDL. L'homme n'est pas aussi prudent que l'on pourrait croire : nous découvrons aussi une feuille avec une adresse : « “ Capitaine André ”, 13, rue du Gros-Chêne. Brunoy. »

Le « capitaine André » n'est autre que Jean-Marie Curutchet, un capitaine déserteur nommé chef de la branche Action de l'OAS-métro par Pierre Sergent. Sa description, rédigée selon les canons de l'identité judiciaire, est connue de tous les policiers : massif, cheveux ras, front dégagé, yeux marron, nez rectiligne, visage ovale. Selon nos sources, Jean-Marie Curutchet est un exalté qui tente de lancer l'OAS dans une croisade anticommuniste « primaire ». Adjoint de Pierre Sergent réfugié en Belgique, il est l'homme des opérations. Il s'occupe des attentats et organise les actions sur le territoire national sous son contrôle.

Boué-Lahorgue informe nos directeurs de l'évolution de la situation. Pour la première fois, Curutchet semble à portée de menottes. Les chefs de la lutte anti-OAS n'ont pas d'état d'âme : il faut s'engouffrer dans la brèche et s'emparer de Curutchet. Nous voici partis pour Brunoy. Une équipe est déjà sur place lorsque Boué-Lahorgue, Duranton et moi-même parvenons sur les lieux. Nous sommes sûrs de notre fait : nos collègues ont pris position quelques minutes seulement après avoir été alertés. Le dirigeant de l'OAS ne peut plus nous échapper. Dans la rue, tout a l'air calme. Depuis la mise en place du dispositif policier, personne n'est entré ni sorti du pavillon occupé par Curutchet. Et pour cause : le lieu est désert. Mais notre information était bonne. La piste est encore chaude : sur une cuisinière éteinte, une casserole de soupe tiédit. Nous trouvons les vêtements de Curutchet, de sa femme et de son enfant. Visiblement, ils n'ont pas eu le temps de faire leur valise et encore moins de dissimuler un véritable dépôt d'armes – de quoi équiper toute une compagnie – que nous trouvons dans le garage du propriétaire du pavillon, un gendarme à la retraite. Les occupants ont quitté les lieux en toute hâte. Ils ont été alertés de notre venue. Peut-être un informateur bien placé au ministère de l'Intérieur. Qui ? Mystère.

Par la suite, nous nous sommes dit qu'au moment de son arrestation, « Bourgogne » devait sans doute bénéficier d'une protection à vue, à savoir une personne chargée de le surveiller de loin. Nous étions trop nombreux pour que la personne en question intervienne, mais elle a pu alerter un correspondant qui, à son tour, a prévenu Curutchet.

Nous ne pouvions détecter une assistance de cette sorte. Ayçaguer ne connaissait sans doute pas l'ange gardien de « Bourgogne ». Il devait y avoir d'autres personnes en couverture, mais nous ne les avons pas détectées. N'importe qui peut servir de « couverture » : par exemple une ménagère qui, son filet à provisions au bras, passe d'un magasin à un autre avant de s'attarder dans une cabine téléphonique. Tout comme leur gibier, les policiers des RG savent qu'il existe de nombreuses façons de dissimuler sa présence. C'est le métier des filocheurs. Avec un peu d'expérience, tout le monde peut en faire autant. Une protection n'est détectable qu'au prix d'une gymnastique relativement compliquée. Personnellement, pour en venir à bout, il m'arrivait souvent de faire passer mes informateurs par des immeubles à double issue. A Paris, j'en connais plus d'une dizaine que je collectionne au gré des filatures brisées par plus retors que moi.

La fin d'un informateur

Pierre Ayçaguer s'est habitué à l'argent facile. Il boit beaucoup et devient trop sûr de lui. Il n'y a pourtant pas de quoi. Après l'arrestation de « Bourgogne », son rendement se met brusquement et logiquement à baisser : il n'a plus personne à donner. A chacune de nos entrevues, il se lamente. Je sens que l'inactivité lui pèse. Sans travail ni argent, l'homme dérive. Il faudrait lui octroyer une sorte de prime de licenciement. Je ne peux malheureusement pas grand-chose d'autre pour lui : comme une banale affaire sentimentale, la fin de la liaison manipulateur-informateur est souvent pénible. Boué-Lahorgue rend compte à nos directeurs qui décident de lui allouer 5 000 F pour solde de tout compte. Une somme, pour l'époque! Ravi, il les prend et jure ses grands dieux que l'on n'entendra plus parler de lui.

Le temps passe. Un jour d'ivresse, voilà Ayçaguer place de la Madeleine en train d'apostropher le policier qui règle la circulation. Propos d'ivrogne pourtant non dénués de fondement. Plus que quiconque, les informateurs détiennent des secrets qui, ils en sont convaincus, ont de quoi passionner sinon l'humanité, en tout cas leurs interlocuteurs.

– Je m'appelle Pierre Ayçaguer, je travaille pour la police.

Perplexité du gardien de la paix qui le voit extraire de son veston un pistolet.

– Cette arme m'a été confiée par le commissaire Harstrich des Renseignements généraux.

Pourquoi le nier, cette arme, je la lui avais effectivement confiée. Non pour qu'il en fasse usage mais pour le tranquilliser. Ne disait-il pas alors craindre pour sa vie? Conscient de la légèreté de mon geste – un fonctionnaire des RG n'est pas censé armer ses informateurs – j'avais essayé en vain de la récupérer. Pour rentrer en possession de l'objet, il aurait fallu que je perquisitionne chez lui. Ce qui n'est pas à faire, on en conviendra, pour qui souhaite conserver des relations sereines, sinon normales, avec la personne manipulée.

– C'est moi qui suis l'auteur d'un attentat contre un café maure du Bourget, poursuit Ayçaguer sur sa lancée.

Médusé, le gardien prend l'arme que lui tend Ayçaguer et quitte son service pour l'emmener au commissariat de la Madeleine. Quelques minutes plus tard, mon collègue m'appelle pour me prévenir. Heureusement, c'est un ami.

– L'arme, tu la lui retires et tu me la gardes.

– Et lui, qu'est-ce que j'en fais?

– Conserve-le au frais; je sollicite des instructions.

Essayer d'étouffer l'affaire de ma propre initiative eût été une erreur que j'aurais payée cher. Il me fallait rendre compte. Seule ma hiérarchie pouvait me sortir de ce mauvais pas. Ayçaguer devenait encombrant. Il fallait, d'une manière ou d'une autre, régler son cas. Mais ce n'était ni de mon ressort ni de celui de mon supérieur direct. C'est pourquoi Boué-Lahorgue m'emmène voir nos directeurs. Les responsables de la Police nationale réagirent avec sécheresse. Je ne devais plus m'occuper d'Ayçaguer.

– On lui a donné de l'argent, me dirent-ils avant de me demander : vous lui avez bien dit que c'était fini ?

Il me semblait avoir été très clair lors de notre dernière rencontre mais je voulais bien recommencer.

– Je vais le lui notifier à nouveau.

– Non, ne bougez pas. Dites à votre collègue du commissariat de la Madeleine qu'il le mette à la porte.

Il était dit que je n'en aurais pas fini avec mon ancien informateur. Sans ressources ni travail, Ayçaguer commet escroquerie sur escroquerie et finit tout naturellement par se retrouver en prison. Il m'écrit un vibrant appel au secours : « Viens me sauver. Au nom du passé, tu dois me délivrer ! » Prudent et malgré toute ma sympathie pour lui, je transmets à ma hiérarchie. De manipulateur, je ne veux pas devenir manipulé, ce qui ne manquera pas de se produire si je me laisse entraîner par mon ancien protégé. Mes chefs m'ordonnent de ne pas lui répondre. Ayçaguer ne se donne pas pour vaincu; après les supplications, il en vient aux menaces. Le ton monte : « Si vous me laissez tomber, je vais me venger ! » Il en a les moyens. Je fais encore le mort. Alors, décidé à m'entraîner dans sa chute, il écrit au juge Braunsweig de la Cour de Sûreté de l'État pour l'informer de nos relations, en insistant, je présume, sur les quelques illégalités que nous aurions laissé faire.

Séparation des pouvoirs oblige, Ayçaguer s'est adressé sans le savoir à l'un des rares fonctionnaires susceptibles de porter l'affaire à son terme. Le président Braunsweig est un homme redoutable qui a fort bien compris l'avantage politique qu'il peut tirer de la situation. Peu après, le magistrat nous convoque, Duranton et moi-même.

S'appuyant sur le témoignage d'Ayçaguer, il a décidé de reprendre l'affaire de l'attentat contre le café du Bourget. Il menace de nous poursuivre comme « coauteurs et complices » pour n'avoir pas empêché la tuerie. Il a, certes, formellement raison, mais ne nous voilons pas la face : à l'époque, un attentat contre un café maure, soupçonné d'héberger des réunions du FLN, compte moins que le démantèlement d'un réseau de l'OAS. A l'évidence, Braunsweig n'est pas mû uniquement par le désir que justice se fasse. Son propos est plus retors. Il a l'intention de se servir de cette affaire pour marquer des points face à la hiérarchie policière. Il se rend compte que seul notre témoignage peut lui permettre d'aller de l'avant.

Braunsweig sait, par expérience, que j'ai rendu compte à mes supérieurs. Il devine aussi que des notes existent et compte utiliser cette documentation pour compromettre notre hiérarchie. C'est pourquoi, dès le début de l'interrogatoire, Braunsweig essaie de nous mettre au pied du mur. Il nous demande de prouver que nous avons informé nos supérieurs. C'est, nous dit-il, la seule chance de vous en sortir.

A malin, malins et demi. Ce n'est pas à deux vieux policiers qu'il va apprendre à faire des grimaces lors de ses interrogatoires. Ne pouvant appliquer la tactique des grands bandits – nier tout et en bloc – il ne nous reste plus qu'une solution : faire les idiots. Rôle dont nous nous acquittons à merveille. Nos mémoires étant ce qu'elles sont, nous avançons qu'il nous est impossible de nous souvenir des noms de ceux de nos supérieurs placés dans la confidence. L'histoire, faisons-nous valoir, est ancienne, tous les dossiers ont été détruits. Qui ira prouver le contraire ? Sûrement pas Braunsweig. Face à notre obstination, force lui fut de clore l'affaire par un non-lieu.

Je retrouvai Ayçaguer à la sortie du procès devant la Cour de Sûreté de l'État. Ce que j'avais à lui dire tenait en quelques mots :

– Si un jour tu me vois dans la rue, change de trottoir, parce que je ne serai pas de bonne humeur.

Depuis, je n'ai plus jamais entendu parler de Pierre Ayçaguer. Des années plus tard, passant devant un chantier à la Défense, je l'ai aperçu un casque sur la tête, hurlant des ordres aux ouvriers. Je n'eus même pas la curiosité de m'arrêter pour prendre des nouvelles de mon premier grand informateur : celui dont j'ai appris, à mes dépens, que toute manipulation, même réussie, possède ses limites.

2

BDL CONTRE OAS-CNR

L'attentat du Petit-Clamart

Nous avions rapidement compris que l'indépendance de l'Algérie le 1er juillet 1962 n'allait en rien calmer l'ardeur de l'OAS et du CNR, son « appendice tardif » pour reprendre la définition de mon ami l'historien-commissaire Jacques Delarue. L'alibi de la défense de l'Algérie française cessant d'exister, les activistes se concentrent désormais sur le seul objectif qui leur importe : la prise du pouvoir en métropole et le renversement du régime. Plus que jamais, le danger était présent. Avec le flot des pieds-noirs débarquaient les déserteurs et les tueurs recrutés dans les commandos Delta. Résultat : une multiplication des attentats, des plasticages et des hold-up. « Rien n'est fini, tout commence, explique une des figures de proue de l'OAS, Georges Bidault. Il n'y a plus d'État, il n'y a plus de Parlement, le pouvoir n'est plus exercé que par des polices parallèles. Il est à prendre et il faut donc le prendre, on le prendra »; tandis que le colonel Argoud précise : « C'est désormais une évidence, refaire la France c'est d'abord se débarrasser de M. de Gaulle. »

Les tueurs de l'OAS viennent d'échouer de justesse. Au début du mois de mai, l'OAS-Alger envoyait un commando en France métropolitaine avec pour mission d'abattre le général de Gaulle. Les tueurs avaient mis au point deux attentats : ils devaient faire exploser une bombe de forte puissance au passage d'un train à bord duquel se trouvait le général. Si leur plan échouait ils mettraient en route l'opération « Chamois ». Après avoir investi un appartement situé 86, rue du Faubourg-Saint-Honoré, juste en face du palais de l'Élysée, ils pensaient abattre le Président de la République sur le perron de l'Élysée alors qu'il accueillerait le président de la Mauritanie, Moktar Ould Daddah, le 23 mai 1962. Les tueurs opéraient à l'insu des groupes et des responsables de l'OAS-métro. Un plan « imparable » aux dires de Jacques Delarue qui participa à la traque des tueurs. Le commando Delta XV devait tuer le président au fusil à lunette avant d'achever son œuvre au bazooka. Quelques jours avant le déclenchement de l'opération, les hommes de l'OAS sont arrêtés à Paris. Partant d'un renseignement en provenance d'Alger, qui donnait l'identité du chef de Delta XV, la PJ était arrivée à intercepter les tueurs à l'issue d'une enquête mémorable.

En arrêtant le 4 mai 1962 le chef de la mission France III, André Canal, dit « le Monocle », le BDL avait, lui aussi, porté un coup sérieux aux réseaux métropolitains de l'OAS. Les tueurs de Canal sont encore dans la nature. Et ce ne sont pas des amateurs. Ne leur doit-on pas l'attentat de Pont-sur-Seine, qui faillit coûter la vie au général de Gaulle le 8 septembre 1961 ? Et nous savons qu'ils vont recommencer.

Le 22 août 1962 est un mercredi, jour du Conseil des ministres. La réunion est inhabituellement longue. A 18 h 45, le général de Gaulle prend place dans la DS qui doit le mener à Villacoublay en compagnie de son épouse et de leur gendre le colonel de Boissieu. Réduit à deux voitures suivies de deux motocyclistes, le cortège présidentiel se dirige vers la Porte de Châtillon, empruntant un des itinéraires habituels. A son passage, un guetteur appelle un café de Meudon et demande à parler à M. Perrin.

M. Perrin s'appelle en réalité Jean-Marie Bastien-Thiry. Ingénieur en chef au ministère de l'Air, il n'en est pas à son coup d'essai. La machine infernale de Pont-sur-Seine, c'est lui. Ayant récupéré les plus aguerris des hommes du « Monocle », Bastien-Thiry n'a de cesse de recommencer : après divers échecs, il a mis au point un plan apparemment infaillible.

Au Petit-Clamart, informé de l'arrivée imminente du général qui se trouve dans la première voiture, Bastien-Thiry sort du café et dispose ses troupes pour l'embuscade. 20 heures : nuit noire. Bastien-Thiry ne reconnaît la voiture présidentielle que tardivement. Rapidement, il brandit son journal pour signifier le départ de l'action. Trop tard. Quand les tireurs, placés en embuscade dans une estafette, ouvrent le feu, le cortège officiel est trop près d'eux. Les deux fusils-mitrailleurs crachent leurs balles sans atteindre le général. Tout ne semble pas perdu pour les tueurs : le général n'est pas encore sorti d'affaire. Plus loin à gauche, dans la petite rue du Bois perpendiculaire à l'avenue de la Libération, une ID 19 à toit blanc attend, moteur en marche. A son bord, trois hommes, les plus résolus du commando, solidement armés. A l'arrière, Prévost, chargé d'écouter les conversations de la police avec une radio spécialement adaptée; au volant, Bougrenet de la Tocnay et à ses côtés Georges Watin, dit « la Boiteuse », un pied-noir qui fut de tous les complots de l'Algérie française depuis 1954, garde du corps de Canal, il a pris sa place à la tête de la mission France III depuis mai 1962.

L'ID 19 démarre en trombe. Trop tard pour barrer la route des véhicules de la présidence. Escortées des motards, les deux DS noires s'éloignent à grande allure. L'ID se lance à leur poursuite. A la fenêtre avant gauche, Georges Watin ajuste son PM Sterling et ouvre le feu. En plein dans le mille, le pare-brise arrière de la DS présidentielle s'étoile. Une fraction de seconde avant de tirer, il a vu l'imposante silhouette du général se baisser. Au tour de la seconde DS. L'ID accélère : elle n'est plus qu'à quelques mètres des motards. Watin tire huit coups, puis son arme s'enraye. Plus puissante que l'ID, la DS s'échappe.

Après avoir évité un barrage de police improvisé, l'ID 19 disparaît. Quelques minutes plus tard sur la base militaire de Villacoublay, de Gaulle aurait dit, méprisant :

– Personne n'a été touché ? Les maladroits.

Puis, après un silence :

– Cette fois, c'était tangent.

Le général de Gaulle vient d'échapper à ce qui, selon mes calculs, pourrait être son vingtième attentat. D'après les comptabilités officieuses, il y en eut plus de trente. L'histoire n'en retiendra que cinq, dont celui du Petit-Clamart qui restera le plus célèbre, sinon le plus dangereux de tous. Le 26 août, le CNR adresse à la presse le tract suivant : « Des patriotes ont effectué le (...) 22 août un acte de résistance visant à libérer la France d'un dictateur parjure, qui conduit le pays à la ruine après l'avoir contraint au déshonneur. Le Conseil national de résistance approuve totalement cette action (...). Aujourd'hui ou demain, envers et contre tous le traître de Gaulle sera abattu comme un chien enragé. Le Conseil national de résistance et l'OAS s'en font serment. »

Battant le fer quand il est chaud, le général de Gaulle profite de l'avantage que lui confère l'échec de l'attentat et annonce son intention de modifier la Constitution « en vue d'assurer la continuité de l'État » par l'élection du Président de la République au suffrage universel. Par ailleurs, la protection rapprochée du chef de l'État incombe désormais au ministre de l'Intérieur et non plus à la Préfecture de Police en place à l'Élysée; enfin, une ordonnance porte les délais de garde à vue à quinze jours.

Le ministre de l'Intérieur Roger Frey fait de l'arrestation des terroristes du Petit-Clamart une affaire personnelle. Il donne quinze jours pour résoudre l'affaire au patron de la Brigade criminelle parisienne, le commissaire Bouvier à qui l'enquête est confiée. Sur les lieux de l'attentat on relève plus de cent douilles. Les enquêteurs n'ont aucun mal à reconnaître le nombre d'armes employées et leur type. Mais la piste s'arrête là.

Des témoins permettent l'identification des véhicules utilisés par le commando pour agir et pour s'enfuir. Il y en a cinq. Tous sont retrouvés. Certains d'entre eux ont été loués, par un certain François Dupart. Un faux nom, bien entendu. L'enquête repart quand un gardien de la paix se souvient d'avoir donné une contravention au conducteur d'une Fiat Neckar. L'homme était si arrogant que le policier se souvient encore de son nom, François Dupart, et surtout de ses caractéristiques physiques : un petit rouquin, immédiatement identifié. Il s'agit de Louis de Condé déjà impliqué dans l'attentat de Pont-sur-Seine. Mais il demeure introuvable.

Nouveau rebondissement : ratissant les quartiers où ont été découverts les véhicules du commando, la police tombe sur l'adresse d'une sympathisante de l'OAS, Monique Bertin. Elle habite non loin du Petit-Clamart. L'enquête de voisinage permet d'établir que des voitures suspectes, dont une estafette, stationnaient en bas de chez elle le soir de l'attentat. La piste est bonne. De cet appartement sont partis les conjurés. Un témoin se souvient avoir vu entrer chez la jeune femme un homme qui boitait : Watin! Monique Bertin est arrêtée. Visiblement, elle n'est au courant de rien. Le soir de l'attentat, elle n'était pas chez elle ayant prêté son appartement à des amis de son frère. Qui? Elle l'ignore. Chez elle, rien ne permet de remonter aux tueurs. Impasse totale.

Au BDL nous ne savons trop que faire. Il y a des mois que l'on avait prévenu le ministre de l'Intérieur de l'éventualité d'un attentat, toutes nos informations allaient dans ce sens. Mais jusqu'à présent, le général ne se souciait guère de sa sécurité. Maintenant que les tueurs sont passés à l'action, il faut battre le rappel de nos informateurs et attendre. Le BDL n'a pas à s'occuper de l'attentat du Petit-Clamart : l'affaire est criminelle et il est normal que la PJ s'en charge. Certes, le BDL s'occupe aussi bien de renseignement que d'action. Mais quand une information judiciaire est ouverte – et c'est le cas – nous sommes chargés de rassembler les renseignements afin de les communiquer au service choisi par la justice. En outre, nous ne disposons d'aucun élément d'enquête. En nous tenant à l'écart de toutes ses découvertes, la PJ ne nous facilite pas le travail. Ce n'est que par le plus grand des hasards que je vais être mêlé à l'affaire, grâce à un de mes indicateurs dont l'intervention s'avérera décisive.

Le 4 septembre au matin, le téléphone de mon bureau sonne. Il est 8 h 15. Comme tous mes informateurs, Gaston Levieux, dit « Tonton », sait que je suis matinal.

– Je voudrais te voir, me dit-il d'une voix pâteuse. Ça urge.

– Où es-tu ?

– Au Wepler.

– J'arrive.

« Tonton » est un informateur occasionnel, correspondant du Service régional des Renseignements généraux de Marseille. D'habitude, ses tuyaux sont bons. Il n'a pas à m'en dire plus. En compagnie d'Antonin Duranton, je vais au contact.

« Tonton » est attablé avec un jeune homme qu'il appelle le Petit Jeannot, dans la grande salle du café de la place Clichy.

– Tu rotes le pastis, lui dis-je. Qu'est-ce que vous avez encore fait ?

– J'ai un truc formidable. Je sais qui sont les auteurs de l'attentat du Petit-Clamart. On a passé la nuit avec eux. On a fait la ribouldingue. J'étais saoul et je le suis encore.

Connaissant les informateurs, je sais qu'il ne me donnera pas leur adresse ni même leur identité. Il devait même être trop ivre pour se souvenir de leur description physique. Mais peut-être lâchera-t-il une de ces petites informations, apparemment anodines, qui font rebondir les enquêtes policières.

– Qui sont-ils ?

– Je ne connais pas leurs vrais noms. Tu sais, les noms, ça va, ça vient...

– Tu sais où les trouver ?

– Je serais incapable d'y retourner. Je me souviens qu'ils étaient dans un appartement de la butte Montmartre.

– C'est plutôt mince.

– Non, attends ! Ils ont une voiture. Je me souviens qu'après notre virée, on a garé un véhicule juste en face de leur appartement.

– Quelle marque ? Tu te souviens de sa couleur ou de l'immatriculation ?

– Une Chevrolet Bel-Air immatriculée en Algérie. Oui, c'est bien ça, c'était une Chevrolet Bel-Air.

– Je vais voir ce qu'on peut en tirer. On se revoit à midi.

– Non, on va se coucher ; je te téléphone dans l'après-midi.

Moins d'une heure plus tard, le directeur de la DST Daniel Doustin, celui des RG Jules Plettner et Boué-Lahorgue se retrouvent chez le ministre de l'Intérieur pour savoir quelle suite donner à l'information de Gaston Levieux.

– C'est une affaire pour la Criminelle, dit Roger Frey, transmettez les renseignements à la Police judiciaire de la Préfecture de Police chargée de l'enquête.

Apparemment, le tuyau de « Tonton » semble pris au sérieux. Avec Antonin Duranton, je vais quai des Orfèvres où nous sommes reçus par le commissaire divisionnaire Maurice Bouvier qui fait fonction de sous-directeur par intérim. A l'issue d'une brève conversation, je m'aperçois, effaré, que nos collègues de la PJ connaissent l'existence de la voiture signalée par « Tonton » : Bouvier, qui attendait cette information, appelle la police municipale pour qu'elle quadrille la butte Montmartre dans les meilleurs délais.

La PJ avait également oublié de nous prévenir du plus récent des développements de l'enquête. Dans la nuit du 2 au 3 septembre, au pied des coteaux de Tain-l'Hermitage dans la Drôme, la gendarmerie nationale avait dressé un barrage routier sur la nationale 7. *A priori,* rien à voir avec l'attentat du Petit-Clamart. Elle recherchait un déserteur qui remontait sur Paris à bord d'une Dauphine. Au moment où ils s'apprêtaient à démonter leur dispositif, les gendarmes voient arriver une Dauphine rouge. A son bord trois hommes. L'un deux est leur déserteur. Il reconnaît être celui qu'ils recherchent, précise son identité : Pierre Magde, « la Globule », et finit même par avouer son appartenance à l'OAS. Il avoue trois hold-up pour finalement admettre sa participation à l'attentat du Petit-Clamart. Le chauffeur de l'estafette, c'était lui. Dès lors, Pierre Magde est intarissable, il lâche les noms de ses complices et raconte tout ce qu'il sait. S'il ignore l'identité réelle de tous les conjurés et leur adresse exacte, en revanche leur fréquentation assidue lui a permis de rassembler des bribes d'informations que les enquêteurs notent soigneusement. Entre autres celle-ci : un des conjurés roule dans une Chevrolet Bel-Air immatriculée en Algérie.

Il convient donc de rechercher ce véhicule. En signalant la voiture, « Tonton » évite à nos collègues un long et fastidieux travail puisque désormais, ils savent exactement dans quel quartier parisien chercher la Chevrolet des conspirateurs. Mieux : il leur donne un sérieux avantage. Ne connaissant pas encore la nouvelle de l'arrestation de « la Globule », les tueurs n'ont pas dû prendre les précautions d'usage quand un des leurs tombe aux mains de la police. Ils doivent donc continuer à se déplacer avec la Chevrolet. L'enquête prend désormais une bonne tournure.

La voiture est repérée quelques heures plus tard rue

Chappe. La PJ planque à proximité. Il ne reste plus qu'à attendre. Le 5 septembre 1962 à 17 heures, deux hommes prennent place à bord de la Chevrolet après avoir mis dans le coffre une valise qui se révélera bourrée d'armes et de documents. La voiture démarre pour être bloquée quelques dizaines de mètres plus loin par un véhicule de la PJ. Les deux passagers sont arrêtés. Il s'agit de Jacques Prévost, dit « lieutenant de Brémonville », qui se trouvait dans l'ID 19 derrière Watin et d'Alain Bougrenet de la Tocnay, le chauffeur qui coursa le cortège présidentiel au Petit-Clamart. Quelques jours plus tard, cinq des auteurs de l'attentat sont sous les verrous; les autres ont été identifiés mais sont en fuite. Parmi eux, Watin, « la Boiteuse », dont je n'ai pas fini d'entendre parler. Le 9 septembre, au retour d'un voyage officiel, le général de Gaulle félicite Roger Frey : « On m'a dit que votre police a fait des merveilles. »

Comme chaque fois qu'une affaire d'importance se conclut heureusement, des primes tombent. Mais pas dans nos escarcelles. Il faut que Boué-Lahorgue râle pour que le directeur général de la Sûreté nationale à l'époque, le préfet Maurice Grimaud, nous invite à déjeuner en guise de remerciements. Ingrate, l'histoire oubliera le coup de pouce décisif de « Tonton ».

Je revis « Tonton » pour la dernière fois peu après les arrestations de la butte Montmartre. L'homme ne m'était pas antipathique. Au fond, c'était un pauvre bougre qui survivait en vendant ses semblables à la police. Les gens comme lui sont indispensables : sans « Tonton » et les autres, la police n'aurait jamais pu démanteler les commandos de l'OAS et déjouer bon nombre des attentats perpétrés contre le général de Gaulle. A tout prendre, il valait mieux que les tueurs qu'il dénonçait. Lors de cette ultime rencontre, je le félicitai de la validité de ses informations sans entrer dans le détail. Il n'avait pas à savoir que son renseignement nous avait pratiquement permis de conclure l'affaire.

« Tonton » était un homme pragmatique, la curiosité n'était pas son fort. Moins il en saurait, mieux il se porterait. Dans cette affaire, une seule chose lui importait : l'argent. J'étais content de son information : il allait donc toucher une forte récompense. Mes supérieurs y veilleraient.

« Tonton » fut effectivement payé rubis sur l'ongle à Marseille. Je ne me souviens pas du montant de la somme, qui ne devait pas être faramineux, surtout au regard de ce qui l'attendait. Le 3 novembre 1962, « Tonton » est assassiné de sept balles tirées à bout portant devant le bar restaurant *Le Messina,* rue Mandar, à Paris. Le tueur a fait mouche à tout coup. L'enquête permet l'arrestation d'un homme qui invoque la légitime défense. Une querelle pour une vieille dette de jeux qui dégénère et on en vient aux armes. Lors de son procès, revenant sur ses précédentes déclarations, le meurtrier revendique le caractère politique de l'affaire. Ayant découvert que « Tonton » était un indicateur de police, l'OAS l'avait condamné à mort. Il n'avait fait qu'exécuter la sentence. L'assassin est condamné à une peine de réclusion criminelle (deux ans) qui se confond avec de précédentes sanctions. L'histoire est d'autant plus amère qu'à ce jour, rares sont ceux qui connaissent exactement le rôle joué par « Tonton » dans le cadre de l'attentat du Petit-Clamart. Les journaux ont attribué le bénéfice des arrestations au seul commissaire Bouvier et à son équipe de la PJ.

Cette pratique courante me paraît justifiée, car elle permet de dissimuler le travail des spécialistes du renseignement afin de protéger leurs sources d'information.

A l'époque, je n'ai pas eu le temps de m'interroger sur l'ingratitude des hommes et des institutions. Cinq jours seulement après mon rapport à Bouvier, mon patron me confie une mission des plus délicates. Après avoir contribué à l'arrestation d'une partie du commando du Petit-Clamart, j'allais avoir une occasion unique de faire tomber leurs chefs, à savoir la direction de l'OAS.

« Jules » et Bidault

L'équipe des Renseignements généraux de Marseille manipule un excellent informateur. Immatriculé depuis de longs mois, l'homme a reçu le pseudonyme de « Jules » parce qu'il a l'habitude de désigner familièrement le directeur des RG, le préfet Jules Plettner, par son prénom. Solidement incrusté dans les milieux proches de l'OAS, « Jules » est une taupe qui promet beaucoup. C'est un homme doté d'un tempérament calme. Jamais pressé, toujours à la limite de la nonchalance, il possède déjà une assurance de vieux routier, quoique n'ayant pas encore dépassé la quarantaine. L'œil vif, le regard dur, sans cesse en mouvement, il pèse ses mots et s'exprime dans un style haché. Le personnage semble hanté par le démon du renseignement, rémunéré bien entendu.

« Jules » dépend du commissaire divisionnaire Jean David, qui dirige alors le Service régional des Renseignements généraux de Marseille avec pour adjoint opérationnel le commissaire principal Jean Dautun, responsable d'un groupe travaillant à l'image du BDL. Le manipulateur privilégié de « Jules » est l'officier de police adjoint Marcel Peisson.

A la fin du mois d'août 1962, « Jules » prend contact avec le Service régional des RG de Marseille. Il possède une information de choix à vendre : une réunion de grands chefs de l'OAS doit se tenir en Italie. On ignore exactement qui doit y participer : Sergent ? Curutchet ? Argoud ? Ou encore leur chef, l'ancien président du Conseil Georges Bidault ? A l'époque, nous n'avons que peu d'informations sur les restructurations au sommet de l'OAS. L'arrestation du général Salan en avril 1962 prive l'organisation d'un dirigeant de poids et renforce les divisions entre les frères ennemis d'Alger, de Madrid et de Paris. Après la capture du général Jouhaud en mars 1962, Salan rédige la décision 32 de l'OAS : « Le général Jouhaud vient d'être arrêté. Il devait être mon successeur normal pour le cas où moi-même je disparaîtrais. J'estime en conséquence que je me dois de faire connaître que je constitue le président Georges Bidault comme mon remplaçant à la tête de l'OAS. » Pour montrer sa résolution, Salan ordonne dans un second document, destiné à « Cimeterre le trésorier » de remettre 10 millions de francs à l'ancien président du Conseil.

Avec Jacques Soustelle, Georges Bidault était le seul politicien de premier plan à s'être engagé aux côtés de l'OAS. Ancien président du Conseil national de la Résistance en 1943 à la suite de l'assassinat de Jean Moulin par les nazis, fondateur du Mouvement républicain populaire après-guerre, président du gouvernement provisoire en 1946, Georges Bidault est doté d'une intelligence peu commune. Plusieurs fois ministre des Affaires étrangères sous la IVe République, il entre dans l'opposition en 1954 pour devenir l'un des principaux partisans de l'Algérie française. Mais nombreux sont les militaires pro-OAS qui ne voient pas en lui l'homme de la situation. Personnalité internationalement connue, il n'est pourtant pas particulièrement apprécié en France. Sa nomination comme « remplaçant » de Salan va-t-elle être acceptée de tous ou renforcer les luttes fratricides ? D'autant que Bidault tente de remplacer le sigle OAS, par trop impopulaire, par celui de CNR (Conseil national de Résistance). Une manière comme une autre de lancer un nouveau défi à l'homme du 18 juin 1940. Mais les baroudeurs d'Alger et les nostalgiques du régime de Vichy qui peuplent les rangs de l'Algérie française voient d'un mauvais œil l'association des deux sigles OAS-CNR qui signent désormais les attentats. En nous rendant en Italie, nous aurons peut-être plus de précisions sur les débats internes qui secouent l'OAS.

Comme toujours, il faut travailler l'information. « Jules » ignore où doit avoir lieu la réunion. En revanche, il a rendez-vous à Milan avec l'homme qui doit s'occuper de la sécurité de la rencontre au sommet : Jean-Paul

Gras, sous-lieutenant de réserve déserteur, sous le coup d'un mandat d'arrêt émis par un juge d'instruction du tribunal des forces armées à Alger, figurant en bonne place sur la liste des individus recherchés par le ministère de l'Intérieur et dont tous nos informateurs disent qu'il occupe des fonctions relativement importantes au sein de la direction de l'OAS.

– Harstrich, vous partez à Milan, me dit mon préfet. Vous récupérez l'informateur sur place. Je préviens les autorités italiennes.

En compagnie de mon adjoint, l'officier de police principal Jacques Riffet et de l'officier de police adjoint Charles Fernicle, je gagne la capitale lombarde le 8 septembre 1962. Nous y retrouvons « Jules », et son manipulateur, l'officier de police adjoint Marcel Peisson. Nous ne nous faisons pas d'illusion sur la nature de la coopération que les Italiens peuvent nous fournir. Par expérience, nous savons qu'ils ne feront que le strict minimum. Nous entendons donc bien profiter de toutes les occasions. C'est pourquoi notre spécialiste des installations techniques, Charles Fernicle, a emporté une valise bourrée de matériel de sonorisation. Il y a même de quoi poser un micro dans une tringle à rideau...

Nous avons juste le temps de nous rendre au commissariat central de Milan (la Questura) pour y rencontrer Umberto d'Amato, vice-questeur à Rome, spécialisé dans la lutte anti-terroriste et venu spécialement à Milan pour la circonstance. Il m'assure avoir reçu des instructions et promet qu'il fera de son mieux pour nous aider. Désormais, il prend la direction des opérations. Trois ou quatre voitures et une dizaine de « piétons » sont chargés de quadriller les lieux du rendez-vous. Pour un peu, ma présence serait indésirable.

Nous voilà donc sur place, mes hommes et les policiers de d'Amato, à suivre « Jules ». Brusquement, nous nous retrouvons seuls : au hasard de l'itinéraire, nous avons perdu nos anges gardiens de la police italienne.

Nous poursuivons tant bien que mal la filature. « Jules »

aperçoit le sous-lieutenant Gras. Ils entrent dans un café et parlent pendant un quart d'heure. Quand ils se séparent, l'officier de police adjoint Marcel Peisson intercepte « Jules » pour connaître la suite des opérations. J'emboîte le pas du sous-lieutenant Gras, qui ne tarde pas à s'arrêter à un carrefour. Visiblement, il attend une voiture. Que faire ? Je ne parle pas l'italien, je ne connais pas du tout la ville et je suis coupé de mes troupes. Il faut agir vite.

– « Jules » m'a prévenu que Gras allait partir pour Civitanova. C'est là que doit avoir lieu la réunion, me souffle Peisson en me rejoignant.

– Tu surveilles Gras, je vais téléphoner au questeur.

Plus que tout autre, le métier de policier nécessite de la chance. S'il n'y avait pas eu une cabine téléphonique dans les parages et si je n'étais pas tombé à la Questura sur une standardiste baragouinant le français, je n'aurais sans doute jamais pu alerter d'Amato à temps. Quelques minutes plus tard, les voitures banalisées de la police italienne sont sur place. Lorsque le sous-lieutenant Gras s'installe dans le véhicule qui vient de s'arrêter à sa hauteur, le dispositif de filature est donc prêt. En compagnie de Fernicle, je m'engouffre avec d'Amato dans une Alfa Romeo de la police italienne. Riffet et Peisson regagnent la Questura, d'où ils doivent assurer la liaison avec Paris.

Comme prévu, la voiture de Gras quitte l'autoroute A14 à hauteur de Civitanova. Mais notre véhicule, contrairement aux autres, prend la direction de Macerata. Les Italiens se méfient. Sait-on jamais ce qu'ils pourraient trouver en suivant Gras ? Ils n'ont pas l'intention de nous laisser agir à notre guise. Visiblement embarrassés par cette affaire, ils décident de nous écarter : tant qu'à être contraints d'œuvrer jusqu'au bout, ils préfèrent que ce soit sans nous.

Arrivé au commissariat de Macerata, je demande à téléphoner à mon patron, à Paris.

– Impossible, les lignes internationales ne marchent pas.

Alors, à mon collègue qui est resté à Milan.

– Les lignes nationales sont elles aussi en dérangement.

Au même moment, à Milan, scène identique pour Riffet et Peisson. Nous sommes isolés. Il ne nous reste plus qu'à attendre le bon vouloir de nos hôtes.

Quelques heures plus tard, en voyant revenir les hommes de d'Amato les bras chargés de cartons, je comprends que l'opération a eu lieu. Mais j'en ignore l'issue, mes collègues transalpins refusant de me dire quoi que ce soit. Je réussis à leur arracher que Bidault vient d'être interpellé avec d'autres responsables de l'OAS.

Les policiers italiens me montrent une boîte à chaussures pleine de billets de banque : le trésor de guerre trouvé dans la demeure où avait lieu la réunion. Un inspecteur me tend des liasses de documents de l'OAS.

– Vous pouvez jeter un œil, me dit-il. Vous pouvez prendre des notes, c'est tout. Après, il faut nous les rendre.

Trop aimable. Je me tourne discrètement vers Fernicle et lui murmure :

– Moi, ils me surveillent. Toi, tu es discret. Tu fauches, tu fauches... Ne te gêne surtout pas. Tu vois des listes de noms : tu prends! Allez, vas-y! Pendant ce temps, je les occupe.

Après avoir distrait leur attention, je retourne voir Charles Fernicle pour l'aider à faire le tri. Je mets des papiers de côté.

– Pourquoi faites-vous cela? demande un de nos collègues italiens.

– Pour les consulter.

Attendant qu'il tourne le dos, je fais signe à Fernicle de mettre les documents dans sa poche. Je substitue un autre paquet à la place. Il faut faire vite : nous n'avons qu'une demi-heure pour agir.

– Pressez-vous, pressez-vous! insistent les Italiens. Nous

devons restituer argent et documents avant l'expulsion de vos compatriotes.

Je rafle les dernières listes de noms sans les examiner et je les tends discrètement à Fernicle en lui disant :

– Charlot, tu les gardes sur toi! On ne sait jamais, s'ils me fouillent.

Après avoir été pratiquement gardés à vue au commissariat de Macerata, Fernicle et moi-même sommes relâchés en fin de journée. Nous sortons encadrés par nos collègues italiens. Fernicle, qui a les poches bourrées de documents, s'inquiète. Il nous est impossible de connaître les suites de la rafle. Je ne l'apprendrai que le lendemain, à mon arrivée en gare de Milan où nous avait conduits, sans trop de hâte, un train pourtant baptisé rapide. A la sortie du quai, je m'arrête devant un kiosque à journaux. Un titre barre la une du quotidien local de l'après-midi, *Corriere d'Informazione :* « Bidault Scovato in Italia. » Bidault déniché en Italie.

Mon italien sommaire me permet de comprendre que Bidault a été arrêté dans la villa Bonaparte, non loin de Civitanova, en plein cœur de la Riviera. Avec le chef de l'OAS, deux Français seraient interpellés. Le journal ne mentionne qu'un nom : Louis-Gabriel Duval. Inconnu au bataillon, probablement un faux nom. Impossible de savoir si la deuxième personne est le sous-lieutenant Gras. Peu importe puisque les Italiens n'ont aucune intention de nous remettre leurs prises. Après son arrestation, Bidault a été emmené à Macerata avant d'être reconduit à la frontière autrichienne avec ses comparses sans même que nous puissions les interroger. Je contiens mal ma colère : en agissant prématurément, les policiers italiens ont laissé passer l'occasion de démanteler toute la direction de l'OAS. Par la suite, nous apprendrons que Bidault était arrivé à Civitanova quelques jours avant la rencontre et comptait se reposer à la villa Bonaparte avant d'y retrouver ses pairs. Mais les policiers italiens ont agi trop tôt : les autres dirigeants de l'OAS n'étaient pas encore arrivés et seuls quelques seconds couteaux ont pu être interpellés. Le bilan de l'opération n'est guère brillant.

Tout comme les Belges qui auraient pu nous livrer Pierre Sergent, les Italiens ont toujours refusé d'extrader vers la France les responsables de l'OAS qui tombaient entre leurs mains. Plus : ils ne voulurent jamais coopérer avec nous de peur que les factieux ne soient enlevés sur leur territoire comme cela fut le cas, quelques mois plus tard, avec un autre dirigeant de l'OAS, le colonel Argoud, kidnappé à Munich le 25 février 1963 et « retrouvé » dans une estafette non loin de la Préfecture de Police de Paris, pieds et poings liés, prêt à comparaître devant la justice. Nos voisins européens avaient sans doute l'impression que de Gaulle ne durerait pas et que les militaires rebelles avaient une bonne chance de réussir. D'autre part, ils ne voulaient pas être accusés d'avoir remis à la France des personnes qui pouvaient revendiquer le statut de réfugié politique à l'étranger.

Je téléphone à mon adjoint Riffet, à la Questura de Milan :

– Le patron (Plettner) gueule : il va te remettre à la disposition de l'administration. Il parle de te changer de direction, me dit-il. Tu n'as pas rendu compte.

– Je n'ai pas le temps de discuter. Dis-lui qu'ils m'ont retenu contre mon gré. J'arrive, retiens des places d'avion. Raconte à Plettner qu'ils viennent de nous relâcher; tu sauras bientôt la suite.

Arrivé à la Questura, une mauvaise nouvelle m'attend :

– On ne peut pas partir : les compagnies aériennes sont en grève.

J'appelle mon préfet à Paris.

– Harstrich, je voulais vous renvoyer des RG mais Riffet m'a déjà expliqué. Vous avez quelque chose ?

– On verra. On a un problème, on ne peut pas rentrer.

– Je vous envoie un avion du GLAM.

Avant notre départ, nous remettons tous les documents subtilisés à Riffet, qui les glisse dans un paquet de journaux qu'il portera à la main. Le principe de la lettre volée : qui irait chercher des papiers aussi compromettants mis ainsi en évidence ? Nous courons d'autant moins de risque que nous empruntons un vol spécial, nous sommes déjà pratiquement chez nous une fois à bord de l'avion du Groupement de Liaison aérien ministériel (GLAM) réservé à l'usage des membres du gouvernement et de quelques hauts fonctionnaires. A notre arrivée à Paris, une voiture m'attend pour me conduire chez le préfet qui m'emmène ensuite chez le ministre de l'Intérieur Roger Frey, à qui je raconte nos aventures.

Le ministre apprécie. Le préfet aussi. Ils ne sont pas choqués par le vol des documents. Au contraire. C'est de bonne guerre. Les Italiens n'ont pratiquement rien fait pour nous aider. Après avoir failli perdre la trace de Bidault, ne nous ont-ils pas résolument écartés des opérations ? Leur seule erreur a été de communiquer des documents en pensant que nous nous contenterions de les lire. Mais en « récupérant » une partie des archives de Bidault, j'ai largement sauvé la face.

Dans l'après-midi, je me retrouve dans l'appartement de fonction du préfet Plettner, avenue de Friedland, pour étudier les documents. Il s'agit essentiellement de listes de sympathisants ou de généreux donateurs. Il y a aussi certains numéros de comptes en banque de l'OAS à l'étranger. Une véritable mine pour notre service de documentation. Mais la grande surprise est contenue dans les notes expliquant le motif de la réunion. La position de Bidault au sein de l'OAS est encore plus précaire qu'on ne l'imaginait. La rencontre de Civitanova était destinée à l'écarter de ses fonctions de responsable. L'intervention inopinée de la police italienne lui offrira un répit de courte durée. Les adversaires de Bidault arriveront à leurs fins quelque temps plus tard, lors d'une rencontre au sommet que nous ne pourrons empêcher. Il finira par devenir une sorte de paria. Pourchassé par nos services et contesté par les dirigeants de l'OAS, il sera progressivement mis sur la touche. Il ne rentrera en France qu'en 1968, alors que les tueurs des commandos Delta graciés par le général de Gaulle quittent les prisons françaises.

Quant à « Jules », sa fin fut des plus tristes. L'interpellation de Bidault en Italie paraît être l'information qui lui rapporta sans doute le plus. Il lui restait encore divers petits tueurs de l'OAS à nous vendre avant de se retirer de la circulation. Ce n'était pas la crainte d'être démasqué qui poussa « Jules » à s'échapper de France. Non content de trahir l'OAS, il l'avait en effet escroquée. Proche du trésorier de l'organisation Raymond Gorel, alias « Cimeterre », il le livra à nos hommes après lui avoir dérobé des centaines de louis d'or lors d'un transfert de fonds en Espagne. Avait-il pressenti que l'OAS perdrait la guerre ? Savait-il que d'ici peu les tueurs, en pleine déconfiture, auraient autre chose à faire que de se lancer à ses trousses ? Riche des louis d'or de « Cimeterre », « Jules » se réfugie à Rabat. Quelque temps plus tard, le voilà directeur d'une lettre confidentielle d'un genre un peu particulier.

A peine arrivé au Maroc, « Jules » fréquente le petit personnel de diverses ambassades avec qui il entretient rapidement les meilleures relations. On le voit débarquer dans les bureaux des secrétaires une boîte de bonbons ou de chocolats sous le bras. Il s'inquiète de leur santé, de la famille des unes ou des amours des autres. Extorquant une information par-ci, volant un télex par-là, il obtient des renseignements inédits qu'il publie dans sa lettre confidentielle. Sa production est à géométrie variable. Le contenu dépend des destinataires. Sans doute à court d'argent, il écrit au préfet Plettner directeur des RG pour lui vendre des renseignements sur Gorel. « Jules » ignore que le préfet Plettner vient de décéder d'un cancer. C'est le directeur adjoint Henri Boucoiran, promu directeur, qui récupère la missive. L'histoire nous intéresse : le trésorier de l'OAS contrôle le butin de l'organisation qui s'élève à plusieurs dizaines de millions de francs. Un trésor accumulé au fil des rackets, escroqueries, rapines et autres hold-up, qui attise bien des convoitises comme on le verra.

Je fais le voyage de Rabat. « Jules » m'accueille avec une affabilité de mise. Il commence à me promener un peu dans la ville, m'invite à déjeuner. Sans pourtant me donner ce qu'il promet. Il veut voir mon chef et demande une grosse somme d'argent en échange de ses informations. Un deuxième voyage n'est guère plus concluant. Boué-Lahorgue se rend à son tour au Maroc. Sans plus de résultats. Nos directeurs décident alors de ne pas donner suite. Nous reparlerons plus loin du mystère de la disparition de Raymond Gorel.

Je ne connaîtrai jamais la teneur des informations que « Jules » voulait nous vendre. Il a été assassiné peu après. D'après ce que j'ai pu savoir, une vengeance des survivants de l'OAS est à exclure. Il a sans doute été victime de son commerce d'informations, mais l'histoire ne dit pas qui lui a logé deux balles dans la peau.

Où l'on reparle de « la Boiteuse »

L'année 1962 se termine dans la fièvre politique. Après l'adoption par le Conseil des ministres du projet de loi sur l'élection du Président de la République au suffrage universel direct, le vote d'une motion de censure par le Parlement contraint le gouvernement Pompidou à la démission. Le 9 octobre, de Gaulle dissout l'Assemblée nationale. Un référendum doit avoir lieu le 28 octobre. Espérant une défaite du général, l'OAS a « momentanément suspendu les opérations visant à supprimer de Gaulle ». Le triomphe du général au référendum (62,25 % de oui) et aux élections législatives des 18 et 25 novembre signifie que les attentats vont recommencer. Déjà, les tueurs reprennent du service. A leur tête, une vieille connaissance, Georges Watin. Dans une lettre adressée à la PJ, il annonce la couleur en évoquant les tentatives d'assassinats qui précédèrent celle du Petit-Clamart :

« Dix-sept fois exactement, nous nous sommes baladés à sept ou huit voitures avec armes et bagages sur les itinéraires de principe de l'objectif numéro un [le général de Gaulle]. Et je vous assure que ce n'était pas une opération d'enlèvement. C'était une embuscade de type fellouze. J'avais entre 24 et 30 camarades, triés parmi les plus durs, et j'avais donné l'ordre de griller tout le monde, tout ce qui bougeait sur les trottoirs, aux fenêtres et partout. »

Savoir un tel homme encore en liberté nous préoccupe. D'autant que le 28 janvier 1963 s'est ouvert, devant la cour militaire de justice au fort de Vincennes, le procès des conjurés du Petit-Clamart. Avant même le début du procès, nous savons que Watin doit réagir. Il va le faire à sa manière. C'est-à-dire en essayant une nouvelle fois d'assassiner le général de Gaulle. Et il y serait sans doute arrivé si un impondérable n'avait fait échouer un plan pourtant soigneusement mis au point.

Au début du mois de février, quelques jours après l'ouverture du procès des tueurs du Petit-Clamart, un militaire de carrière, l'adjudant Marius Thau, informe son chef de corps qu'il a été pressenti pour participer à un attentat de l'OAS et qu'il a vainement tenté de dissuader ses interlocuteurs. En l'espèce, à la suite d'une fanfaronnade, l'adjudant Thau se trouve entraîné dans une affaire qui le dépasse de beaucoup. S'étant vanté de savoir comment il fallait s'y prendre pour tuer de Gaulle, il a été approché par l'OAS qui l'a pris au mot en l'intégrant dans un groupe qui s'apprêtait à commettre un attentat contre le général. Après une nuit d'insomnie, Thau vient tout raconter à son supérieur.

Le ministre confie cette affaire au Bureau Mission de la Sécurité militaire. Au début, l'adjudant Thau se montre peu coopératif. Il accepte d'indiquer le lieu de l'attentat : l'École Militaire, sa date : le 13 ou le 14 février 1963, mais refuse obstinément de donner des noms. Les officiers de la SM réussissent pourtant à le convaincre de dénoncer son contact : le capitaine d'artillerie Robert Poinart.

L'enquête sur le capitaine Poinart est confiée au BDL. Je fais partie de l'équipe chargée de le « loger » et de le suivre. Petit, mince, les cheveux coupés en brosse, le capitaine Poinart, âgé de 37 ans, habite dans un immeuble moderne rue des Pyrénées. Marié à une ravissante jeune femme de 25 ans, il est père de deux fillettes. Voilà pour les apparences. Une enquête de voisinage révèle un homme sans histoire, aux habitudes régulières. Un détail troublant : récemment, il a hébergé un homme grand, les cheveux ras, qui boite de la jambe gauche. Nous venons de retrouver la trace de Georges Watin, « la Boiteuse » du Petit-Clamart.

A défaut de l'avoir arrêté, nous savons déjà où il va frapper et avec qui. Désormais, l'enquête va prendre deux directions. D'abord, reconstituer les mouvements de Watin et tenter de l'intercepter. Nous découvrons que Poinart a logé Watin peu après l'attentat du 22 août. Combien de temps « la Boiteuse » est-il resté rue des Pyrénées ? Peut-être un mois. Après un séjour en Espagne, le voici de retour chez Poinart. Nous sommes aux environs du 14 janvier 1963. Il se trouve à Paris pour peaufiner l'attentat de l'École Militaire. Quelques jours plus tard, nouvelle disparition. Il revient à l'appartement du 30 janvier au 4 février. Il s'évanouit à nouveau dans la nature quelques jours avant le début de notre enquête. Où est-il ? Que fait-il ? Mystère. Une certitude : l'appartement de Poinart est une de ses plaques tournantes. Peut-être y reviendra-t-il avant la date fixée pour l'attentat ? Dans cet espoir, tout est en place pour l'attendre : une surveillance discrète est maintenue autour de l'appartement de Poinart qui est placé sur écoute.

Dans le même temps, nous suivons le capitaine Poinart afin d'identifier les autres conjurés. L'homme ne se méfie pas. Nous n'avons aucun mal à le filer et à dresser la liste de ses fréquentations. Parmi elles, deux personnes se donnent des allures de conspirateurs : un capitaine vétérinaire et Paule Rousselet de Liffiac professeur d'anglais à... l'École Militaire. Précisément là où doit avoir lieu l'attentat. Nous plaçons sous surveillance le manoir de Paule Rousselet de Liffiac, une vaste demeure de trois étages qui niche son délabrement au milieu d'un parc de trois hectares en bordure de Grigny. Nous y notons les allées et venues d'un certain nombre d'officiers en poste à l'École Militaire et apprenons par une enquête de voisinage que Georges Watin y séjournait il y a quelques mois.

Nous nous concentrons sur le professeur d'anglais qui, au début, nous sembla être l'âme du complot. Cette quinquagénaire joufflue, hilare, toujours en représentation, exhibe une particule et un titre de comtesse de fantaisie. Pour avoir trop fréquenté des générations d'officiers, elle en a acquis les tics de langage, pour la plus grande joie des policiers chargés de la surveiller. Rapidement, nous arrivons à la conclusion qu'elle n'est qu'une simple complice dont le rôle apparaît pourtant loin d'être négligeable. C'est elle qui doit permettre au commando d'opérer. Les deux autres conspirateurs que nous identifions, capitaines de leur état, sans grande envergure feraient de piètres hommes de main. A l'évidence, nous ne rencontrons que des comparses, mais pas les organisateurs. Prudent, « la Boiteuse » a parfaitement cloisonné son organisation. Au dernier moment il doit poster ses hommes aux fenêtres de la salle de classe de Paule Rousselet de Liffiac avant d'ouvrir le feu sur le général. Le 10 février, tous les comploteurs, à l'exception de Watin et de ses troupes, sont logés. Georges Watin reste celui que nous devons arrêter. Le plus dangereux de la bande, il ne se manifeste toujours pas. Si nous ne lançons pas encore nos filets, c'est que nous ne savons pas où il se cache. Nous attendons.

L'opération est suivie directement par les ministres de l'Intérieur et de la Défense qui rendent compte au Premier ministre. Impossible d'attendre plus longtemps sans agir. Le général de Gaulle doit visiter l'École Militaire le vendredi 15 février. Tant pis pour Watin, nous appréhendons les autres conjurés. L'opération s'effectue quelques heures avant celle prévue pour l'attentat. Tous les complices sont mis sous les verrous, à l'exception encore une fois de « la Boiteuse ». Nous découvrons chez Poinart deux fusils à lunette qui devaient servir apparemment à tirer sur le général de Gaulle à l'École Militaire. Au passage, nous saisissons également de la documentation qui permettra d'autres arrestations.

L'affaire de l'École Militaire est vite éclipsée par un événement tragique. Le 4 mars 1963, à l'issue d'un procès-spectacle, la cour militaire de justice siégeant au fort neuf à Vincennes rend son arrêt dans le cadre de l'attentat du Petit-Clamart. Les principaux accusés n'ont pas droit aux circonstances atténuantes. Bastien-Thiry, Bougrenet de la Tocnay, Prévost ainsi que trois autres membres du commando jugés par contumace sont condamnés à mort. Bastien-Thiry est exécuté le 11 mars 1963 alors que les autres voient leurs peines commuées à la suite d'une grâce présidentielle. De Gaulle ne pardonne pas au polytechnicien, qui n'a pas pris de risques personnels lors de l'attentat, se contentant de donner le signal de l'action.

Amorcé par l'indépendance de l'Algérie et la perte de ses bases en Afrique du Nord, le déclin de l'OAS se poursuit irrémédiablement.

Écœuré par la baraka du général, Georges Watin renonce à planifier d'autres attentats. Arrêté en Suisse en janvier 1964, il est expulsé et choisit de s'installer au Paraguay où commence pour lui une longue déchéance. Une série d'attentats contre le général de Gaulle prend fin. Bientôt, certains dirigeants de l'OAS-CNR affirmeront que l'assassinat du Président de la République n'est plus un objectif politique. Il y aura certes d'autres tentatives, aussi dangereuses, mais elles seront l'œuvre de tueurs pour qui la mort du général reste un règlement de comptes.

L'histoire retiendra que les tueurs de l'OAS favoriseront l'adoption, après référendum, de la loi sur l'élection présidentielle au suffrage universel au milieu d'un déchaînement de passions. Mais si l'on parle déjà de gracier certains membres de l'OAS, la menace demeure présente. Le mouvement est plus que jamais déchiré par les querelles intestines mais certains groupes de tueurs sont toujours opérationnels. C'est sur eux que le BDL va désormais concentrer ses efforts.

3

LE BDL JOUE ET GAGNE

Objectif : Pompidou

Le 10 février 1963, le commissaire principal Dautun, qui dirige nos équipes marseillaises, nous demande de nous tenir prêts à intercepter un commando qu'il surveille attentivement. Les tueurs de l'OAS doivent venir à Paris pour assassiner une personnalité. Impossible d'en savoir plus sur la cible. Il paraît peu probable qu'il s'agisse du général de Gaulle. Nous venons à peine de déjouer l'attentat de l'École Militaire, et la garde a été renforcée autour du chef de l'État. Nous penchons plutôt pour le ministre de l'Intérieur Roger Frey, qui répugne à se servir des officiers de sécurité commis à sa garde. Combien de fois l'ai-je croisé alors qu'il se rendait seul, à pied, à l'Élysée, pour assister au Conseil des ministres ?

Les RG marseillais contrôlaient étroitement les déplacements des suspects. Le 18 février 1963, le commissaire divisionnaire Jean David, chef du service régional des RG de Marseille, téléphone :

– Nos clients sont à la gare Saint-Charles. Deux fonctionnaires les suivent. Ils viennent de s'installer pour dîner. Ils partent certainement aujourd'hui pour Paris par le train de nuit. On vous rappelle.

Boué-Lahorgue sonne le branle-bas de combat. Je dois

prendre une équipe et suivre nos suspects dès leur arrivée à la gare de Lyon, le lendemain de bonne heure.

Fausse alerte. Au dernier moment, les tueurs se séparent sans prendre le train. Ils sont toujours suivis par nos collègues de Marseille. Inutile d'attendre. Mon directeur Henri Boucoiran me confie une autre affaire. Un batelier d'Arras vient de contacter les RG du Pas-de-Calais, il détiendrait des informations à vendre. N'étant pas un spécialiste, mon collègue ne peut apprécier l'intérêt de ses révélations. *A priori*, elles lui paraissent sérieuses, mais seul un expert peut discerner leur fondement. Puisque les Marseillais ne semblent pas décidés à monter sur Paris, autant que j'aille faire un tour à Arras et vérifier ce qu'il peut fournir.

Le batelier n'a rien d'original à raconter. Moins d'une heure me suffit pour m'en apercevoir. Il ne me rapporte que des ragots qui traînent dans différents journaux. Il ne s'agit pas vraiment d'un escroc aux renseignements. Il fait plutôt partie de ces gens qui jouent les mouches du coche par désir d'aider la police ou dans le secret espoir d'obtenir quelque faveur. Je rends compte à mon supérieur et demande des nouvelles de l'équipe des Marseillais. Toujours rien. Je l'informe de mon intention de profiter de l'occasion pour passer dans mon ancienne circonscription du Nord et y retrouver mes amis, le maire, le pharmacien et le journaliste local. Je rentrerai par le train postal.

Paris, 20 février 1963, 5 heures du matin, je suis chez moi après avoir repris le véhicule de service laissé au commissariat spécial de la gare. Mon épouse m'attend. Boucoiran puis Duranton ont téléphoné. Je dois me trouver à sept heures moins le quart gare de Lyon. Les Marseillais arrivent par le train de nuit.

6 h 30. Duranton et les inspecteurs du BDL se trouvent déjà sur les quais. Chacun a pris sa position, afin de les suivre au milieu de la foule des voyageurs. D'après les RG de Marseille ils sont quatre, mais d'autres comparses

peuvent les rejoindre en cours de route. Pour le cas où la poursuite s'avérerait compliquée, une quinzaine d'inspecteurs et plusieurs voitures sont mobilisés. Quand le train de Marseille entre en gare, nous reconnaissons immédiatement nos « clients ». Quatre hommes qui correspondent parfaitement à la description que l'on nous a communiquée de Marseille. Même allure, mêmes vêtements et mêmes valises pesantes qu'ils traînent avec difficulté. Sans doute transportent-ils des armes.

La filature nous conduit 24 *bis*, rue Tournefort, sur la montagne Sainte-Geneviève. Il convient de savoir où ils vont. Nous avons l'habitude de ce genre de manœuvre. Moins d'une minute plus tard, un des nôtres les suit discrètement pour repérer l'appartement où ils se rendent. Les voici logés. Que faire ? Nous ne connaissons pas la disposition des lieux et ignorons exactement combien de personnes se trouvent dans le local. Quoi qu'il en soit, nous ne pouvons pas intervenir de notre propre initiative. Il faut rendre compte et attendre les ordres. Nous téléphonons à Boué-Lahorgue, qui donne ses instructions : renforcer la surveillance pendant qu'il prévient les directeurs.

Dans les minutes qui suivent, Doustin de la DST, Hacq de la PJ et Boucoiran des RG se réunissent avec Boué-Lahorgue pour discuter de la suite des opérations. Faut-il continuer la surveillance, laisser faire en espérant arrêter les membres du commando en flagrant délit ? Entreprise risquée : on les suppose armés et prêts à frapper une cible dont on ignore tout.

Pendant que nos directeurs s'interrogent sur la meilleure tactique, la situation évolue rue Tournefort. Deux des hommes viennent de sortir. Nous contactons immédiatement Boué-Lahorgue. Le couple est à peine arrivé à l'autre bout de la rue que la réponse arrive : nous devons interpeller les suspects mais laisser le dispositif en place. Je suis chargé de diriger la surveillance de la rue tandis que Duranton suit les deux tueurs avec quelques-uns de nos hommes. Les deux individus seront appréhendés dans un couloir souterrain qui relie les deux bouches du métro selon une technique éprouvée : une partie de nos hommes descend à leurs trousses l'escalier tandis que l'autre s'engouffre dans la seconde entrée située sur le trottoir d'en face. Moins d'une minute après, nos terroristes sont pris en sandwich. Les ordres de Boué-Lahorgue sont formels : on les ramène rue Cambacérès pour interrogatoire. Je m'en charge, laissant le commandement du dispositif à Duranton. Dans nos locaux, nous procédons à l'identification des suspects : il s'agit de Gilles Buscia et de Hans Hussendorfer.

Des deux hommes, le plus important et le plus dangereux est sans conteste le caporal déserteur Gilles Buscia, responsable de l'assassinat du commandant Joseph Kubasiak – tué chez lui à Aix-en-Provence dans d'atroces conditions, sous les yeux de sa femme, tandis que ses trois enfants, maintenus en respect dans une pièce voisine, entendaient toute la scène. Pourquoi voulait-on la mort de l'ancien commandant de la base aérienne de Blida (Alger), lors du putsch de 1961 ? « L'organisation lui reprochait, explique Gilles Buscia, d'une part de s'être montré hostile aux putschistes, d'autre part d'avoir fait hisser le drapeau rouge sur la base et enfin, d'entretenir des rapports avec la Sécurité militaire et certains services spéciaux chargés de la lutte antiterroriste [1]. » Terrible confession pour un massacre.

Gilles Buscia semblait redouté par les chefs de l'OAS. Selon la rumeur, il vient, les armes à la main, de chasser le capitaine Curutchet de la direction de l'ORO pour prendre sa place, avec la bénédiction du capitaine Pierre Sergent. Affaire exemplaire aux dires de Jacques Delarue, un spécialiste de l'OAS qui participa au démantèlement de l'organisation avant de l'étudier à titre d'historien. Voilà qui, selon Delarue, « illustrait admirablement

1. Gilles Buscia, in *Requiem pour une cause perdue,* Éditions Alain Lefeuvre.

l'état d'anarchie qui s'était instauré dans les débris de l'OAS. Les colonels avaient remplacé les généraux, les capitaines supplanté les colonels. Nous avions vu des officiers décidés à s'emparer des postes de commandement, maintenant un caporal chassait un capitaine en le menaçant de mort, puis dictait sa loi à un autre capitaine [1] ».

Autant dire que ce redoutable caporal n'allait pas se laisser manier aisément. Son interrogatoire s'annonce pénible et tortueux. Nous n'avons pas de temps à perdre. Il nous faut des renseignements sur la situation à l'intérieur de l'appartement de la rue Tournefort. Le compagnon de Gilles Buscia, Hans Hussendorfer est un sous-officier de la Légion étrangère porté déserteur de l'armée française. Il semble plus facile à manipuler que son complice. Nous le confions aux bons soins de l'officier de police principal Fernand Outrebon.

Surnommé « l'Amiral », Outrebon a eu une existence agitée. Lors de la débâcle de 1940, il s'embarque à Dunkerque afin de mettre ses talents d'élève commissaire de la marine marchande au service des futures Forces françaises libres réfugiées à Londres. Son navire est coulé au beau milieu de la Manche. Blessé, il est repêché *in extremis.* On le soigne en Angleterre. Il s'en sort. Une deuxième expédition sur un navire britannique à destination des États-Unis se solde par un nouveau naufrage et un second sauvetage en catastrophe. Rendu à New York, le voilà transformé en sergent recruteur pour les Forces de la France libre. Quelques mois plus tard il retourne à Londres quand, pour la troisième fois, les Allemands coulent le navire à bord duquel il voyage. L'après-guerre le trouve aux Voyages officiels où il ne se sent guère à l'aise. Homme de principes, il est plongé dans un univers aux antipodes du sien : il assume bien souvent la protection d'un noceur avéré, le roi Farouk,

1. Jacques Delarue, in *L'OAS contre de Gaulle, op. cit.*

lors de ses virées dans le gai Paris. Le BDL le sauve du naufrage moral qui le guettait.

Même si « l'Amiral » n'a pas son pareil pour les interrogatoires, celui d'Hussendorfer s'annonce difficile. Le légionnaire déserteur ne peut se permettre de bavarder. L'OAS, il ne connaît pas. « L'Amiral » contourne l'obstacle. Hussendorfer est d'origine helvétique. Il évoque sa région natale qu'il connaît bien pour y avoir des parents. Hussendorfer se détend. Ils parlent des uns et des autres, du drapeau, de la patrie... Bref, « l'Amiral » fait tant et si bien qu'au bout de quelque temps Hussendorfer lui lâche quelques confidences. Oui, l'appartement est bourré d'armes. Oui, un attentat se prépare. Contre qui ? Mystère. Mais Hussendorfer veut bien nous aider. Il dresse le plan de leur repaire et nous indique la façon d'y pénétrer : il faut frapper à la porte d'une certaine manière.

Peu après, Boué-Lahorgue fait son entrée dans nos bureaux. Il vient de quitter les directeurs, qui ont pris leur décision :

– Allez, on y va !

On part avec ce qui reste de l'effectif du BDL dans les bureaux, emmenant au passage Outrebon et Hussendorfer.

– « L'Amiral », tu surveilles le Suisse. Tu en es responsable.

– Ne vous en faites pas, il se repentira si ses informations ne sont pas bonnes.

Rue Tournefort, tout est tranquille. Personne n'est sorti de l'immeuble. On monte avec Hussendorfer. C'est lui qui frappe à la porte. Il connaît exactement le code, le nombre de coups, leur intensité. Puis « l'Amiral » le tire en arrière et le bloque dans un coin.

La porte s'ouvre sur une silhouette qui tient une mitraillette à la main. Sans un mot, nous nous précipitons dans l'embrasure. Un coup de crosse dans l'estomac, l'homme se plie en deux, le souffle coupé, incapable de crier. Un de nos inspecteurs s'empare de son arme avant de le pousser sur le palier où il attendra sous bonne garde la fin de l'opération.

Notre plan, basé sur les explications d'Hussendorfer, nécessite d'être rapide. L'appartement est en enfilade. Pour arriver au fond, il faut traverser toutes les pièces. Mauvais pour nous, bon pour eux. On s'est réparti les rôles : à chacun sa pièce. Je suis chargé de celle du fond.

Une fois dans l'appartement, je traverse toutes les pièces sans me soucier de ce qui s'y passe, pour me retrouver dans la dernière. Boué-Lahorgue qui me talonnait s'est arrêté dans la chambre contiguë. J'entre, l'endroit est dans la pénombre. Au fond, dans un lit, un homme et une femme font l'amour. Sur le plancher, un grand sac ouvert où je discerne une mitraillette, des grenades et des pistolets.

Le couple se défait. L'homme m'aperçoit, se lève d'un bond et la fille se met à hurler. Je me précipite sur mon adversaire. J'essaie de lui attraper les testicules pour l'immobiliser. Il serre les cuisses. Il est en sueur. Impossible de le ceinturer : il glisse entre mes mains comme une savonnette. Nous tombons du lit. Il rampe vers la valise. Incapable de l'agripper, je n'arrive pas à le retenir. Quelques centimètres encore et il attrapera une grenade. Un courant d'air à mes oreilles et mon adversaire s'arrête de bouger. Boué-Lahorgue, qui en a terminé avec son client, est venu me prêter main-forte, ou plutôt pied fort à en juger par la violence du coup porté à la figure du tueur, nous sauvant ainsi la vie.

– Mettez vos vêtements, dit-il à la fille.

J'essaie de passer les menottes à l'homme.

– Attendez quand même qu'il soit habillé! me dit en riant Boué-Lahorgue.

A 14 heures, tout est terminé. Les occupants de l'appartement de la rue Tournefort se trouvent dans les locaux du BDL avec armes et bagages. Avant de les remettre à la PJ, il nous reste à faire le tri et à démarrer la procédure : interpellations et mises à disposition. Opération qui s'annonce pénible en raison des hurlements de la jeune femme arrêtée.

– J'en ai assez d'entendre gueuler cette idiote, s'emporte l'officier de police principal Masson qui la gifle.

– Je me plaindrai, hurle-t-elle.

– Je vous en prie. Je vais écrire dans mon rapport que lors de votre crise d'hystérie, j'ai trouvé la solution idoine à votre attitude. Vous voici calme et je vous en félicite.

J'aurai l'occasion de me souvenir, bien plus tard, de cette gifle.

L'histoire, comme souvent, débouche sur une suite cocasse. Les années passent. En 1975, mon directeur, le préfet Eugène Camata, me confie la mission de surveiller une réunion qui doit se tenir dans la région de Versailles. Impossible de savoir de quoi il s'agit. Quelques vagues indiscrétions et Camata, homme crédule pour ne pas dire plus, pensait qu'il s'y tramait on ne sait quel complot contre la sûreté de l'État. Obéissant aux instructions, je planque donc devant la maison des soi-disant conjurés. Des voitures arrivent. Je reconnais l'ancien directeur de cabinet de Pompidou, le préfet du département. Je téléphone à Camata :

– Il y a erreur, lui dis-je. Vos collègues sont presque tous là. Le ban et l'arrière-ban des Yvelines. Rien que des notables. C'est une réunion mondaine.

– Je veux savoir ce qui s'y passe.

– C'est une connerie.

– C'est un ordre.

– Bien, monsieur le préfet.

La situation est délicate. Je ne suis pas invité. Si on me pose des questions, je pourrai toujours dire que c'est mon préfet qui m'envoie! Pour faire quoi? N'ayant pas de réponse toute prête, j'aviserai le moment venu. Un majordome m'interpelle à l'entrée. Derrière lui, trois employés d'une société de gardiennage, chargés de refouler les indésirables.

– Commissaire Harstrich, dis-je en exhibant ma carte professionnelle. Je cherche mon préfet.

Je me mêle à la foule des invités. Une voix m'arrête :
– Vous cherchez quelque chose?

Il me faut faire appel à tout mon sang-froid pour répondre sans bredouiller. Pas de doute. C'est bien elle. La femme qui, en bonne maîtresse de maison, m'indique l'endroit où je serais susceptible de trouver le préfet des Yvelines est celle-là même dont j'avais interrompu les ébats rue Tournefort il y a une douzaine d'années. Elle ne semble pas me reconnaître. Voilà une femme de 35 ans qui a bien réussi sa reconversion en passant de la compagnie d'un tueur de l'OAS à celle d'un promoteur immobilier. C'est la deuxième fois que je fais irruption chez elle sans y être invité (l'appartement de la rue Tournefort était en effet loué à son nom). Mais cette fois, sans autre conséquence que le plaisir de retrouvailles dues aux tuyaux crevés de mon préfet.

Si je ne me suis pas privé de dire à Eugène Camata ce que je pensais de sa prétendue réunion de conjurés – en fait une soirée pour célébrer la construction d'un ensemble immobilier dans les Yvelines – j'ai, bien entendu, omis de lui parler de la maîtresse de maison qui figure parfois dans les gazettes, non plus à la rubrique faits divers mais dans des chroniques plus mondaines.

A supposer qu'elle m'ait reconnu, ce qui n'est sans doute pas le cas, la jeune femme ne pouvait m'en vouloir. En 1963, loin de nous acharner sur elle, nous lui avions évité une accusation de complicité qui aurait dû être assortie de quelques années de prison. En échange, elle a consenti à nous dire ce que nous souhaitions entendre. En acceptant d'héberger les amis de son amant, elle ignorait qu'elle fournissait la base logistique à un commando de l'OAS qui voulait assassiner une des plus hautes personnalités de la Ve République : le Premier ministre Georges Pompidou.

Dans l'appartement de la rue Tournefort, nous avons saisi un petit arsenal : cinq mitraillettes, trois revolvers, deux carabines, des munitions et des grenades destinés à mettre fin aux jours de Georges Pompidou. L'opération semblait étudiée dans les moindres détails : le Premier ministre devait être tué lors d'un week-end dans sa maison de campagne d'Orvilliers (Yvelines). Le commando abattrait Georges Pompidou à la sortie de l'église où il se rendait le dimanche matin. Prévu une première fois pour le 19 août, l'attentat fut remis en raison du départ de la cible pour la Côte d'Azur. Le 2 septembre, quatre hommes reviennent à Orvilliers dans deux voitures. Le Premier ministre se trouve dans sa propriété depuis la veille. Les tueurs se postent à la sortie de l'église, bien décidés à arroser le parvis au pistolet-mitrailleur MAT 49. En vain. Contrairement à ses habitudes, Georges Pompidou devant participer à une chasse, n'a pas assisté à la messe.

Le projet d'attentat est suspendu. Buscia quitte la France un certain temps. Il se rend en Belgique auprès de son supérieur le capitaine Sergent. De retour à Paris, il dévalise deux banques et planifie des attentats contre le baron gaulliste Joël Le Tac et diverses autres personnalités de la Ve République. Les documents saisis rue Tournefort indiquent qu'au moment de leur arrestation, les tueurs allaient à nouveau passer à l'action. Nous sommes, semble-t-il, intervenus quelques jours seulement avant l'échéance fatidique. D'autres arrestations se dérouleront dans les jours qui suivent notre irruption rue Tournefort. En tout, plus d'une vingtaine de personnes finissent sous les verrous. Boîtes à lettres, planques, agents de liaison, il faudra des semaines à la PJ et au BDL pour reconstituer les activités de ce réseau qui rassemblait, pêle-mêle, une poignée de cadres moyens, deux déserteurs, trois étudiants, un sous-préfet en congé spécial, un chauffeur-livreur, une caissière et un sous-lieutenant d'active. Il manquait le raton laveur pour clore une liste digne de Jacques Prévert. Les armes convoyées par l'équipe en provenance de Marseille sortaient d'un dépôt aménagé dans un garage d'Aubagne.

Consciencieux, les terroristes tenaient un inventaire de leur stock. Quand la police saisit l'arsenal de la bande, il manquait 30 kilos de plastic et 27 pistolets-mitrailleurs que l'on ne retrouvera jamais.

Gilles Buscia se trouve incarcéré à la prison de Fresnes avec René Frassati, un ancien employé administratif de la Sûreté nationale arrêté lui aussi rue Tournefort. Ayant passé plusieurs années en Corse, il est imprégné des coutumes de l'île au point d'en maîtriser le dialecte. Après sa désertion, il crée un réseau de l'OAS fort actif dans cette région. Un malencontreux hasard veut que sa cellule soit surveillée par un gardien de prison corse, Dominique Ceccaldi, qui accepte de l'aider. Communiquant avec l'extérieur grâce à un système de code sophistiqué, Buscia met au point les détails d'une évasion d'une simplicité enfantine. Le 4 septembre 1963, muni d'une fausse feuille de transfert, Ceccaldi vient chercher les deux détenus pour les conduire à l'infirmerie. Le gardien fait ouvrir les grilles successives puis la porte du bâtiment, et emmène les deux évadés dans sa voiture qui franchit sans mal le portail qui les sépare de la liberté. Après s'être réfugié en Suisse, puis en Italie, Buscia reviendra en France de longs mois plus tard, alors que tout est déjà perdu pour l'OAS. Cela ne l'empêchera pas de faire à nouveau parler de lui.

La loi des séries aidant, d'autres responsables de l'OAS tentent la belle. Six détenus manquent de s'évader de Saint-Martin-de-Ré. A Fresnes, quinze jours après la double évasion de Buscia et Frassati, la femme d'un des conjurés du Petit-Clamart se fait prendre alors qu'elle allait remettre à son époux un pistolet et un jeu de limes. Peu après, une demi-douzaine de prisonniers, impliqués dans les tentatives d'assassinat de Pont-sur-Seine, du Petit-Clamart et de l'École Militaire, organisent une mutinerie qui fait long feu. Les 50 détenus de l'OAS qu'ils tentent d'entraîner dans une évasion collective regagnent leurs cellules au premier appel du directeur de la prison. Leur manque d'empressement à suivre les meneurs est significatif de la perte d'audience de l'OAS. Mais la lutte ne semble pas pour autant terminée. Les plus acharnés ne manifestent aucune intention de renoncer aux attentats. Nous sommes d'autant plus préoccupés qu'ils disposent d'impressionnants stocks d'armes, à en juger par les saisies effectuées par la police : deux tonnes en gare d'Agen (août 1963), quatre tonnes à Martigues (octobre 1963), sans compter les innombrables stocks d'explosifs et de munitions découverts, çà et là, au hasard des enquêtes.

Vol d'armes à la CRS 4

D'où venaient les armes de l'OAS ? Principalement d'Algérie. Une partie des considérables réserves de l'organisation a été transférée sur le continent. En outre, bénéficiant de complicités dans l'armée et la police, les terroristes n'hésitent pas à attaquer des dépôts d'armes dans l'Hexagone.

Dans la nuit du 16 août 1962, un commando fait irruption dans la caserne des CRS de Lagny-Pomponne (Seine-et-Marne). Après avoir maîtrisé la sentinelle et ligoté les policiers présents, les terroristes pillent l'armurerie, raflant revolvers, mousquetons, chargeurs ainsi qu'une cinquantaine de paires de menottes. Les hommes de l'OAS connaissent parfaitement les lieux et disposent nécessairement de complicités dans la place. Les soupçons se portent sur un CRS, Marcel Verdaven. Le jeune homme est un faible, entraîné dans l'aventure par son frère Jean-Louis, partisan convaincu de l'Algérie française. En dérobant les armes, ces deux jeunes gens veulent imiter leur père, héros de la Résistance qui a reçu ses galons lors de la Libération de Paris pour finir sa carrière avec le grade de contrôleur général de la Préfecture de Police. La disparition des deux frères Verdaven est inquiétante. Dotés d'un solide arsenal, en rupture de ban, tout indique qu'ils vont faire des bêtises.

Peu après, les enquêteurs leur attribuent, à tort ou à raison, une série de hold-up.

Le temps passe. Nous sommes au début du mois de mars 1963. A l'époque, je manipule un informateur qui ne fera qu'une apparition fulgurante. Il est mou et lent : je l'ai donc baptisé « Désiré ». « Désiré » est en contact avec Marcel Verdaven, réfugié avec son frère à Paris. Pour quelques milliers de francs, il me le vend. Après les filatures d'usage, Marcel Verdaven est logé. Si je ne l'arrête pas immédiatement, c'est que je tiens à m'assurer également de la personne de son frère Jean-Louis et, si possible, de leurs comparses. Je place le téléphone de Marcel Verdaven sur écoute. En vain. Les deux frères se méfient. Je fais suivre Marcel sans plus de résultat. Avant de voir son frère, il déploie un tel luxe de précautions que les filocheurs sont obligés de décrocher pour ne pas éveiller sa méfiance. Une seule solution s'impose : lui tendre un piège.

Marcel Verdaven est en plein désarroi. Sa femme n'a pas de moyens d'existence, ses enfants sont malades et sa famille ne veut pas entendre parler d'elle. Poignant tableau à la Zola qui me donne une idée. « Désiré » va me présenter au pauvre Verdaven comme un sympathisant relativement aisé susceptible de soulager la misère des siens.

J'ai laissé une certaine marge de manœuvre à « Désiré », ne lui donnant que les grandes lignes du scénario destiné à appâter Verdaven. Il a la bonne idée de lui préciser que, bien que totalement acquis à la cause de l'OAS, je suis paralysé par une lâcheté quasi maladive : en somme, le parfait pigeon. En revanche, quelle mouche le pique de m'attribuer un doctorat en médecine? Certes, il m'installe ainsi dans la peau d'un homme qui ne connaît pas les fins de mois difficiles et peut aisément se montrer généreux. Mais en m'affublant d'une profession médicale, « Désiré » m'oblige à me documenter auprès d'un chirurgien de mes amis, sur la varicelle et autres maladies infantiles. Inquiet pour la santé de ses petits, Verdaven ne laissera pas passer l'occasion d'obtenir une consultation gratuite.

Ma première rencontre avec Verdaven se déroule dans un café. Outre une liste de médicaments, je lui remets un peu d'argent. Il me demande comment me joindre en cas d'urgence. Rien de plus facile : je lui communique le numéro d'une ligne directe du BDL. On se sépare en se promettant de se revoir.

Le 15 mars 1963, le service des écoutes m'alerte : les deux frères viennent de se téléphoner. Ils doivent se retrouver « à l'heure et à l'endroit habituels ». Ils n'en ont pas dit plus. Par chance, mon client m'appelle peu après.

– J'ai besoin d'argent, me dit-il. Pouvons-nous nous voir tout à l'heure ?

– Bien, où vous voulez.

– Au café Dupond, près de la gare Saint-Lazare.

L'endroit n'est pas trop éloigné de nos bureaux.

J'arrive en avance avec mes troupes qui s'égaillent, prêtes à une filature. J'évite le café et j'attends non loin. Verdaven arrive. Je ne bouge pas. Autant le laisser mariner. Quelque chose me dit qu'il va voir son frère juste après. Si je le mets suffisamment en retard, il filera sans se retourner, facilitant la tâche de nos pisteurs.

Une dizaine de minutes plus tard, alors que je le sens sur le point de partir, je me décide enfin à entrer dans le café. J'essaie de faire traîner encore un peu plus les choses.

– Vous prendrez bien un pot ?

– Merci, non, je suis pressé. Est-ce que vous m'avez apporté...

– Oui, lui dis-je en lui remettant discrètement une enveloppe contenant quelques centaines de francs généreusement octroyés par mon administration et que j'espère récupérer sous peu.

– Excusez-moi. Mais je suis en retard : j'ai rendez-vous avec mon frère.

Gagné !

Mes hommes n'ont plus qu'à le suivre jusqu'au café Wepler, place Clichy, qu'il rejoint au pas de course. Une heure plus tard, les deux frères Verdaven sont remis à la PJ. Dans les jours qui suivent, un troisième larron, gardien de la paix, est arrêté. La bande au complet se trouve désormais sous les verrous. Le 15 avril 1964 la Cour de Sûreté de l'État condamne les frères Jean-Louis et Marcel Verdaven à huit et cinq ans de réclusion criminelle.

L'arrestation de Jacques Roy

Avril 1963. La France s'apprête à partir en vacances. Pâques n'est pas loin. Tout le monde veut oublier l'OAS dont les attentats n'effraient plus vraiment. Nous savons pourtant que les principaux activistes sont toujours dans la clandestinité et qu'ils représentent une réelle menace. Mon collègue Antonin Duranton a recueilli des tuyaux d'un informateur qui nous permettent de remonter jusqu'à un des membres les plus importants du CNR-OAS en métropole, l'officier de marine Jacques Roy. Ancien capitaine au long cours, Jacques Roy a monté un redoutable réseau d'informations au profit de l'OAS. Il a été recruté par le chef de l'ORO, Jean-Marie Curutchet, réfugié à l'étranger depuis le démantèlement du « réseau d'Armagnac ». En jouant finement, on parviendra peut-être à arrêter les deux hommes, et leurs complices, portant ainsi un coup décisif à la direction de l'OAS.

Une fois Jacques Roy logé, nous le suivons afin d'identifier tous ses contacts. Quelques semaines plus tard, nous avons une idée précise de la composition de son organisation. Il est temps d'agir. C'est ainsi qu'à la veille de Pâques le BDL, Boué-Lahorgue en tête, interpelle Jacques Roy. Au cours des filatures précédant l'arrestation, nous remarquons que l'homme se déplace avec difficulté. Il nous réserve une surprise. Lors de la fouille à corps, on découvre, sous les organes génitaux, un automatique 6,35 maintenu par du sparadrap.

Simultanément, le BDL arrête onze de ses complices. Parmi eux : un publiciste, un restaurateur, un ancien journaliste du *Monde,* l'ex-commissaire aux Sports sous Vichy et quelques militaires, dont le colonel Fournier-Foch, petit-fils du maréchal Foch. Le colonel avait été affecté à la 1re région militaire de Paris à son retour d'Algérie en 1962. Il fut une taupe parfaite pour l'OAS jusqu'à sa nomination au commandement du 5e régiment d'infanterie de Blois où il fut arrêté. Je garde en mémoire le peu de panache de l'homme qui se mit à pleurnicher dès son premier interrogatoire, accusant son chauffeur-ordonnance de l'avoir entraîné dans cette histoire.

Jacques Roy en revanche fait preuve de plus de retenue. Il refuse catégoriquement de parler. Nous venons de démanteler le principal réseau d'information de l'OAS sans avoir pourtant trouvé la moindre archive. Rien, pas un papier. Aucune des perquisitions n'a donné quoi que ce soit. Nous subodorons qu'une importante documentation existe, dissimulée dans une cachette introuvable.

La chance va nous servir. Nous avons laissé l'officier de Police principal André Jouffroy chez un des membres du réseau, Mlle Marguerite de Pechpeyrou de Comminges de Guitaut, cousine de Michel de Saint-Pierre. Il est chargé d'établir ce que nous appelons une souricière : surveiller la maison et attendre afin d'intercepter d'éventuels visiteurs.

Jurassien originaire du lac des Rouges truites, André Jouffroy est un curieux mélange de paysan madré et de gentleman courtois et distingué. Diplômé de l'Institut des Hautes Études germaniques, il sait se tenir en société et fait naturellement la conquête des parentes de Mlle de Guitaut restées avec lui dans la demeure. Devant une tasse de thé, on bavarde de tout, de rien, du temps qu'il fait, du temps qui passe, de la situation, des visiteurs de la maison. Insidieusement, notre homme fait part de sa perplexité. Il sait le réseau inoffensif. Il est certain que ses membres sont des rats d'archives, délit mineur s'il en est. Mais une chose le dérange : où sont les archives ?

– Il doit bien y avoir des papiers quelque part ! Si on pouvait les trouver, cela arrangerait certainement les affaires de Mlle de Guitaut.

Silence embarrassé des interlocutrices. Elles se regardent.

– Nous, on ne sait rien, lâche enfin l'une d'entre elles. Mais là-bas, vous voyez le tapis, sous le guéridon ? Il recouvre une trappe. Les papiers que vous cherchez sont peut-être là.

Ils y sont. Cinquante kilos de documents soigneusement entreposés, que nous n'aurions jamais trouvés sans l'habileté de notre homme. La maison avait été fouillée superficiellement et rien ne dit qu'une perquisition plus approfondie eût révélé l'existence de la trappe. En outre, rien ne nous permettait de penser que les archives se trouvaient là plutôt que dans les dizaines d'autres habitations visitées dans le cadre de cette affaire.

Cette masse de papiers est confiée aux spécialistes de notre service documentation. Il leur faudra des mois pour en exploiter la totalité. Détail amusant : Jacques Roy gardait systématiquement un double des lettres qu'il demandait par ailleurs à ses correspondants de détruire. Une première lecture des documents fait apparaître les querelles internes, les rivalités d'ambition, le manque de fonds, la peur des policiers et le peu d'ardeur des nouvelles recrues. Bref, le moral de l'organisation baisse.

Grâce à ces archives, nous allons recueillir de précieuses indications sur le domicile des principaux chefs. Rompus aux techniques de la clandestinité, les membres du réseau ne laissent pas traîner les adresses de leurs correspondants. Les documents ne sont pas précis. Mais avec un peu de travail, ils vont le devenir. Nous apprenons ainsi qu'une importante réunion de l'OAS va se tenir en Suisse dans un appartement de Pully, non loin de Lausanne. Le temps d'alerter nos collègues suisses et, le 14 avril 1963, deux des chefs de l'ORO, Philippe Masset et Jean-Marie Curutchet sont arrêtés.

Enfin, nous tenons l'insaisissable Curutchet que le BDL avait manqué de peu après le démantèlement du « réseau d'Armagnac ». Le 24 octobre 1963, le Département fédéral de Justice et de Police suisse refuse son extradition en invoquant le caractère politique des délits et crimes imputés à Curutchet. Reste une question : où envoyer le chef de l'ORO ? L'Allemagne, l'Espagne et l'Italie n'en veulent pas. Le Brésil peut-être ? Non plus. Reste l'Uruguay. Prudent, Curutchet refuse de prendre un avion de ligne qui survolerait le territoire français. Il a trop peur d'un détournement comme cela fut le cas avec Ben Bella. Il tente donc de gagner sa destination en prenant un vol en partance d'un aéroport italien.

Sachant qu'il devait faire escale à Dakar, nos directeurs alertent leurs collègues sénégalais et le 30 novembre, Curutchet est débarqué *manu militari*. Je reçois l'ordre d'aller le chercher au Sénégal en compagnie de deux fonctionnaires de la Sécurité militaire, un colonel et un commandant. Dans cette mission, par essence militaire, je n'ai qu'un rôle mineur, je suis là en tant qu'officier de Police judiciaire venu chercher un déserteur objet de divers mandats d'arrêt. Mais en raison des élections sénégalaises, nous ne pouvons joindre le président Senghor, seul habilité à se prononcer sur l'extradition de Curutchet. Refusant d'écouter les explications du colonel chef de la mission, le général Charles Valère Feuvrier, directeur de la Sécurité militaire, lui retire le commandement de l'opération, pour me le confier d'autorité. Un militaire donnant l'ordre à un civil de commander à un autre militaire : un comble. A la grande fureur du général Feuvrier, je n'obtiens pas plus de résultats que le malheureux colonel. Le directeur de la SM retourne alors ses foudres contre ma hiérarchie. Toujours en vain. Ce n'est qu'à l'issue des élections sénégalaises qu'il nous sera possible de rapatrier Curutchet, à bord d'un avion du GLAM.

L'évasion de l'adjudant Robin

Curutchet, Masset, Roy et les autres arrêtés, il reste à nous emparer du dernier grand chef de l'OAS encore dans la nature : Pierre Sergent. Malgré tous nos efforts et ceux de nos indicateurs de plus en plus nombreux, il est toujours parvenu à nous échapper. Il nous reste une piste, ou plutôt un nom : l'adjudant Jean-Marc Robin.

Agé de 35 ans, Robin occupe les fonctions peu enviables de chef du commando d'exécution de l'OAS. En clair, il est responsable de tous les tueurs. On le soupçonne, entre autres, d'avoir tenté d'achever sur son lit de l'hôpital du Val-de-Grâce Yves Le Tac, déjà rescapé d'un précédent attentat. Arrêté par Boué-Lahorgue, il est condamné par divers tribunaux à des peines dont le cumul lui vaut la réclusion criminelle à perpétuité. Jean-Marc Robin n'a de comptes à rendre qu'à Pierre Sergent. Si nous voulons Sergent, il faut donc faire évader Robin et le suivre.

L'opération m'est confiée. Nous sommes à la fin de l'hiver 1964. J'agis bien entendu avec l'accord de la Cour de Sûreté de l'État et celui du ministère de la Justice. Une dizaine de hauts fonctionnaires tout au plus sont informés de l'affaire. Outre les gens de l'Intérieur, les services du Premier ministre, ainsi que des fonctionnaires de la Défense participent au secret. Après tout, la police française n'organise pas elle-même une évasion hors d'une prison française sans se couvrir un tant soit peu.

L'adjudant Robin est détenu à l'île de Ré. Première phase de l'opération : l'alerter. « Teddy », un de nos informateurs, ancien légionnaire, réussit à entrer en contact avec lui et le prévient qu'un commando va venir le délivrer prochainement pour le conduire en Belgique auprès de Pierre Sergent. Robin ignore bien sûr que le groupe en question compte sur lui pour le mener à

Sergent ou, à défaut, à un autre chef de l'OAS, son adjoint le capitaine Memin.

« Merde à Vauban. » Le poète a bien raison. Ne s'évade pas de l'île de Ré qui veut, même avec la complicité de l'État. L'endroit est battu par les vents et les courants. Il faut avoir de bonnes notions de navigation si l'on veut réussir son coup, surtout de nuit. Accompagné de mon informateur, je me rends donc à la Sécurité militaire pour suivre un stage intensif de navigation. L'officier instructeur fait merveille puisque au bout de quelques semaines notre numéro paraît au point. Nous disposons d'un zodiac fourni par l'OAS à « Teddy » et nous connaissons bien les lieux. Nous savons où nous allons débarquer, comment nous allons faire évader Robin et quel itinéraire de repli emprunter. Il ne reste plus qu'à fixer la date et recevoir le feu vert de mes supérieurs.

Patatras! Au dernier moment la mission est décommandée, sans autre explication. Les autorités ont sans doute décidé que Robin s'évaderait autrement. L'opération de commando leur semblait peut-être un peu difficile à masquer. Il existe sans doute des solutions plus simples, mais je n'en suis pas informé.

Toujours est-il que l'adjudant Robin est transféré à l'hôpital de La Rochelle pour y subir un traitement au début du mois d'avril 1964. Dès lors, sa garde incombe à la police locale. On le confie aux bons soins d'un fonctionnaire sur le point de prendre sa retraite. Le samedi 7 mai, après avoir servi son déjeuner à l'adjudant Robin, le policier oublie de fermer la porte et se rend dans une autre chambre-cellule de l'hôpital de La Rochelle. La voie est libre, Robin n'a plus qu'à s'enfuir, dans son pyjama bleu qui facilite la tâche de ses éventuels suiveurs.

Pourquoi m'a-t-on retiré le dossier? A ce jour je m'interroge encore. L'adoption d'un autre scénario d'évasion n'impliquait pas forcément que l'on me décharge de l'affaire. Peut-être, à mon insu, me suis-je trouvé en concurrence avec une deuxième équipe qui finalement l'emporta? Il se peut également que l'État n'ait rien à voir avec la « belle » de Robin qui fut en tout cas l'occasion d'un grand remue-ménage. Le préfet de La Rochelle fut remercié et remplacé par le directeur de la DST, Daniel Doustin qui dirigeait collégialement le BDL. Quoi qu'il en soit, l'évasion de Robin ne déboucha pas sur l'arrestation de Sergent, qui n'avait déjà, à l'époque, plus beaucoup d'importance, tant la déliquescence de l'OAS s'avérait inéluctable.

Les jarres du mont Faron

Été 64. Nous sentons que le gros de la menace vient de passer : les attentats se font plus rares. Seule une poignée de désespérés poursuit l'action. Avant de déposer les armes, il leur reste à accomplir une ultime tentative pour se débarrasser du général. A cette occasion il me sera donné à nouveau de croiser la piste d'un des tueurs les plus fous de l'OAS, Gilles Buscia, et de me trouver, pour la première fois, aux côtés du chef de l'État lors d'un attentat qui montra à nouveau l'incompétence des hommes qui voulaient le tuer.

Prédécesseur d'Honoré Gévaudan au sein du groupe anti-OAS de la PJ, Georges Parat, le directeur des Voyages officiels (VO) chargé d'assurer la sécurité du Président de la République lors de ses déplacements, m'a pris en amitié. Il me demande régulièrement, avec l'assentiment du ministre de l'Intérieur, de venir en renfort avec mes hommes. Je participe ainsi à chaque voyage du général en province et parfois à l'étranger.

Nous ne sommes pas chargés de la protection rapprochée du général de Gaulle : « les gorilles » pour reprendre l'expression consacrée, Paul Comiti, Henri Djouder, Roger Tessier et René Auvray s'en chargent. Derrière suivent les gens des VO. Les Renseignements généraux font partie du second rideau de protection. Ils sont responsables de la sécurité des bâtiments dont ils contrôlent les accès. Ils doivent également éloigner de la région tous les suspects placés en résidence surveillée. Mes collaborateurs et moi-même sommes appelés pour prêter main-forte aux services régionaux et départementaux des RG.

Le 15 août 1964, le général de Gaulle se rend dans le Var pour y célébrer le vingtième anniversaire du débarquement de Provence. Sainte-Maxime, Cavalaire, Le Rayol : c'est la tournée des plages qui virent l'arrivée des troupes alliées. Je me mêle à la foule des policiers qui entourent le chef de l'État, réduit au rôle de figurant. Après le déjeuner, le général doit inaugurer le mémorial du débarquement en Provence, au sommet du mont Faron. Le terrain a été ratissé auparavant par la Sécurité publique et les RG. Les démineurs ont eu le plus grand mal à faire leur travail en raison des protestations du conservateur du mémorial. Apparemment, il n'y a pas de danger. Pour gravir le sommet du mont, le cortège officiel défile entre deux jarres provençales en terre cuite d'où émergent des « griffes de sorcières » qui voient passer, aux côtés du général de Gaulle, cinq ministres, dont le chef du gouvernement Georges Pompidou.

Quelques jours plus tard, on découvre une bombe télécommandée dans une des jarres située sur le chemin du cortège. La machine infernale, trois kilos de TNT, n'a pas explosé pour des raisons encore mal élucidées. On a dit à l'époque que, juste avant l'arrivée du général de Gaulle, le jardinier du mémorial y avait déversé dix litres d'eau afin d'arroser ses plantes, faussant ainsi le mécanisme. Dans ses Mémoires, l'homme qui revendique la responsabilité de l'attentat affirme que les exécutants qui devaient déclencher la mise à feu par radio sont arrivés trop tard sur les lieux. Cet homme n'est autre que celui que nous avions arrêté à sa sortie de l'appartement du 24 *bis,* rue Tournefort et qui s'était évadé peu après de la prison de Fresnes : Gilles Buscia [1].

1. Gilles Buscia, *Requiem pour une cause perdue, op. cit.*

L'affaire prouve deux choses. Avec un peu de savoir-faire, beaucoup de patience et énormément de folie, des hommes déterminés peuvent toujours parvenir à leurs fins en dépit de tous les services de sécurité. Elle explique aussi pourquoi l'OAS n'est jamais arrivée à tuer le général : sauf exception, les factieux ont toujours répugné à prendre des risques physiques, préférant toujours la sauvegarde des hommes des commandos Delta à la certitude d'abattre leur cible. Après être parvenu à truffer les jarres du mont Faron d'explosifs, Buscia a confié l'exécution de l'attentat à un couple de jeunes gens qui seront refoulés par les cordons de policiers malgré leur carte de presse. Nullement découragé par ce nouvel échec, il se promet de recommencer.

Buscia sera repéré quelques mois plus tard à Marseille. Peisson, le manipulateur de « Jules » et Maurice Pascal, lui aussi des RG locaux, le croisent par hasard sur le vieux port. Entouré de deux gardes du corps, Buscia marche d'un bon pas. L'air hagard, n'ayant pas mangé depuis trois jours, plongé dans un état de tension extrême, il se croit traqué par la police. Après avoir alerté leurs collègues, les deux inspecteurs des RG filent discrètement Buscia et ses comparses. Les renforts arrivent. Un des gorilles de Buscia s'éloigne pour téléphoner; l'autre se place à une dizaine de mètres de son patron pour surveiller les alentours. C'est le moment d'intervenir. Cinq hommes s'occupent de l'ange gardien et cinq autres de Gilles Buscia. Ce dernier n'a pas le temps de dégainer son arme et ne réalise ce qui lui arrive qu'après avoir été poussé dans une voiture qui fonce vers l'hôtel de police. Un des derniers chiens fous de l'OAS vient d'être retiré de la circulation.

La reddition des soldats perdus

Si Gilles Buscia est tombé aussi facilement, c'est qu'autour de lui et de ses semblables, les complicités se raréfient. La cause est perdue et nombreux sont les soldats de l'OAS qui déposent les armes. Une vague de désertion sans précédent frappe le mouvement. La raison : l'opération réconciliation à laquelle je prends part avec d'autres collègues des RG.

Conçue par Henri Boucoiran, supervisée par Roger Frey, l'opération réconciliation a été voulue par le général de Gaulle afin de ramener au pays les soldats perdus de l'OAS disséminés dans toute l'Europe. S'il s'en trouve au Portugal, en Allemagne, en Belgique et en Suisse, le gros des troupes – quelques centaines de personnes – a trouvé refuge en Espagne. Tous nos informateurs confirment que le moral n'est pas, loin s'en faut, au beau fixe. Ils ne croient plus en la victoire et passent leur temps à se saouler et à rapiner pour survivre. Bon nombre d'entre eux, réfugiés à Torremolinos ou Alicante, ne demandent qu'à se rendre, au grand dam de dirigeants comme Pierre Sergent qui voient d'un mauvais œil cette hémorragie. Il est temps d'intervenir d'autant plus que le gouvernement espagnol, pour une fois, se montre coopératif. La décision de Frey est rapide : on rapatrie. Harstrich traitera avec la Cour de Sûreté de l'État tandis que le commissaire principal des RG, Michel Baroin, ira en Espagne négocier avec les autorités et les intéressés.

Barbu, les cheveux coupés en brosse, Michel Baroin est un homme chaleureux, sympathique et efficace. Fils et frère de fonctionnaires de la Préfecture de Police, il débute sa carrière à la Direction de la surveillance du territoire à l'issue de son doctorat en droit. Il abandonne rapidement la DST pour demander sa mutation aux RG, qui conviennent mieux à son tempérament. Son directeur d'alors, Émile Vié, raconte dans ses Mémoires comment, ayant chargé Michel Baroin d'infiltrer les francs-maçons, ce dernier se retrouve grand maître du Grand Orient de France de 1977 à 1979. Comment croire une telle histoire? Connaissant très bien Michel Baroin et son sens de l'honneur, je n'accepte pas que l'opinion publique puisse penser qu'il renonçait à ses idées, trahissant la confiance de ses amis pour faire plaisir à son directeur. Aujourd'hui encore, je m'étonne que personne dans son entourage n'ait récusé cette version des faits. En revanche il n'est pas improbable que Vié lui ait demandé de vérifier quelque information auprès des francs-maçons qu'il fréquentait déjà à l'époque, le travail du temps sur la mémoire aidant, c'est ainsi qu'a dû se forger la légende de l'infiltré devenu grand maître. Entre-temps Baroin est devenu une personnalité : nommé, par Roger Frey, sous-préfet de Nogent-sur-Seine. Il occupe ensuite les fonctions de chef de cabinet auprès de deux présidents de l'Assemblée nationale. Puis il prend le contrôle des magasins de la FNAC en tant que président de la Garantie mutuelle des fonctionnaires. Dix ans après, le Président de la République François Mitterrand et son Premier ministre de cohabitation Jacques Chirac lui confient l'organisation du Bicentenaire de la Révolution. Mission dont il ne pourra s'acquitter, ayant trouvé la mort dans un accident d'avion.

Michel Baroin commence par établir le contact avec un ancien de l'OAS d'Oran, Athenas Georgeopoulos dit « Tassou le Grec », qu'il sait susceptible de l'aider. Après avoir abandonné le combat, « Tassou le Grec » a ouvert une boîte de nuit sur la Costa del Sol et reste une des personnalités les plus en vue de la communauté française d'Algérie réfugiée en Espagne. Sous des dehors éminemment sympathiques, ce personnage attachant n'en est pas moins redoutable. Ne lui attribue-t-on pas le hold-up de la banque d'Oran, qui fit rentrer dans les caisses de l'OAS, en 1962, près d'un million de francs nouveaux ? Un fantastique butin qui sera confié au trésorier de l'OAS Gorel. « Tassou » sait exactement qui s'apprête à déserter. Aidé de Camille Vignau, un homme politique algérois, vétéran de la lutte anti-FLN, il contacte les futurs déserteurs et négocie avec eux. Puis il rend compte à Michel Baroin qui va les voir à son tour, avant d'en référer aux autorités ibériques. Il ne reste plus qu'à préparer le rapatriement des soldats perdus. C'est ici que j'entre en jeu.

A l'autre bout de la chaîne, aidé de mon prédécesseur au BDL Jean-Paul Guépratte, je consulte les archives dès que Baroin me communique leurs noms. Le temps de sortir les dossiers concernés, de les étudier, et je soumets une proposition à mes supérieurs. Certains dossiers sont délicats : nous rencontrons en l'espèce des tueurs professionnels que l'on pourrait presque qualifier de criminels de guerre. Mais la réconciliation nationale prime. Mon directeur saisit à son tour le ministre de l'Intérieur, qui consulte le cabinet du Premier ministre avant de communiquer nos propositions à la Chancellerie puis à la Cour de Sûreté de l'État.

Une fois un accord de principe acquis, Baroin n'a plus qu'à mettre les volontaires dans le premier train pour Paris. Une dizaine d'heures plus tard, mon équipe ou celle de Guépratte les accueille sur le quai de la gare de Lyon pour les conduire sans escorte, soit à l'hôtel, soit à la prison de la Santé ou de Fresnes s'ils doivent être jugés en état de détention. Le lendemain, ils se présentent devant la Cour de Sûreté de l'État, pour être généralement libérés quelques heures plus tard au sortir des audiences. En tout, près de deux cents personnes bénéficieront de l'opération réconciliation qui restera pendant des années un des secrets les mieux gardés de la lutte anti-OAS. La République a compris qu'une guerre n'est vraiment finie que lorsque tous les soldats rentrent chez eux.

Le mystère Gorel

La guerre terminée, certains mystères n'en sont pas pour autant résolus. En décembre 1968 alors que l'OAS n'est plus qu'un vieux souvenir et que la lutte antigauchiste occupe le plus clair de mon temps, une étrange disparition vient relancer une des affaires les plus obscures de la décennie : le mystère du trésor de l'OAS. L'épouse de Gorel, alias « Cimeterre », vient porter plainte : son mari a disparu. Étant spécialistes des affaires OAS, le commissaire Jean Pouzol et moi-même sommes chargés de la recevoir.

On se souvient que Gorel « Cimeterre » est un des personnages clés de l'OAS-CNR. Nos collègues de Marseille l'avaient arrêté le 11 octobre 1962 grâce à « Jules » (celui-là même qui nous avait donné Bidault en Italie). A l'époque, déjà, nous savions que Gorel était le trésorier de l'OAS. Il contrôlait des centaines de millions de francs. N'a-t-il pas remis à « Jules » des louis d'or provenant du hold-up de la banque d'Oran ? On savait l'argent à l'abri dans une banque suisse. Nous étions persuadés qu'il y avait ouvert plusieurs comptes. Je m'étais à nouveau occupé de l'affaire, on l'a vu, quand « Jules » m'avait attiré à Rabat sous le prétexte fallacieux de me vendre des informations sur le trésor de l'OAS, avant d'être assassiné.

Condamné à douze ans de réclusion criminelle en octobre 1963, Gorel est libéré peu après, bénéficiant d'une mesure d'amnistie; il se reconvertit dans les affaires. Mais le trésor de l'OAS qui, selon nos informations, dort toujours dans les banques suisses, attise la convoitise de nombre de ses anciens compagnons d'armes. Nous le savions avec certitude depuis ce jour d'octobre 1967 où trois inconnus tentèrent d'enlever Gorel alors qu'il regagnait à pied son domicile de Malakoff. La disparition du trésorier de l'OAS plus d'un an après laisse augurer le pire.

Ce que Mme Gorel nous raconte n'a rien de rassurant. Elle pense que son mari a été enlevé par ses anciens amis désireux de récupérer tout ou partie du trésor de l'OAS. Pour avoir accès aux comptes en Suisse de l'OAS, les signatures de trois hommes étaient nécessaires. Nous connaissions avec certitude les noms de deux des signataires : l'ancien chef de l'OAS le général Salan et « Cimeterre »-Gorel. En écoutant Mme Gorel, nous concluons peut-être hâtivement que les ravisseurs de Gorel doivent déjà s'être assurés des deux autres signatures avant d'accomplir leur méfait.

Avant la tentative d'enlèvement d'octobre 1967, des anciens de l'OAS ou de l'Algérie française prennent contact avec Gorel pour lui demander de l'argent. Mme Gorel parle d'abord de Jean-Jacques Susini, ancien dirigeant des étudiants d'Alger. Puis d'Hubert Bassot bientôt député PR de l'Orne et futur conseiller technique dans le cabinet du président Giscard d'Estaing. L'épouse du trésorier de l'OAS se souvient que Jean-Jacques Susini et Hubert Bassot sont venus voir son mari ensemble. Il est probable que le premier entendait se servir du second pour endormir la méfiance de Gorel. Qui craindrait le pire d'un homme politique ? Mme Gorel remarque que lors de la discussion, Hubert Bassot se tient en retrait laissant parler Susini. Elle aurait entendu son mari crier : « Non Susini, il n'en est pas question ! Il n'en sera jamais question. » Puis, toujours selon sa femme, Gorel rencontra Salan avec Susini.

L'objet de ces rencontres au sommet des ex-factieux : trois millions de francs que les anciens de l'OAS voulaient retirer des comptes en Suisse contrôlés par l'ancien trésorier de l'organisation. Mme Gorel est convaincue que ce différend est à l'origine de la disparition de son mari, enlevé le 20 décembre 1968 à 8 heures du matin. Elle nous demande d'arrêter Susini. Sur son seul témoignage : impossible.

– Que dois-je faire ? implore la malheureuse.

Que lui dire ? De porter plainte. Certes. Mais nous ne nous faisons pas grande illusion. Nous lui conseillons alors d'ameuter la presse, d'aller voir *Minute* ou *Le Canard enchaîné.* Ce qu'elle fera mais sans grands résultats. Le temps passe et l'enquête piétine. Raymond Gorel étant introuvable, on est fondé à envisager le pire.

Il faut attendre 1972 pour qu'un ancien de l'OAS, détenu à la suite d'attaques à mains armées, avoue sa participation à l'enlèvement du trésorier. Appuyant ses dires par des croquis détaillés des lieux et des conditions de l'enlèvement, il dénonce neuf personnes qui sont inculpées et incarcérées. Certaines reconnaissent les faits avant de se rétracter. D'autres, comme Susini, nient farouchement. Toutes sont libérées en 1974 après l'élection de Valéry Giscard d'Estaing. Coïncidence? L'homme chargé du service d'ordre du candidat Giscard, nommé conseiller technique à l'Élysée depuis la victoire de ce dernier, n'est autre qu'Hubert Bassot. On ne s'étonnera pas d'apprendre que le dossier ne sera ouvert qu'après l'arrivée au pouvoir de François Mitterrand. Il faudra attendre février 1982 pour qu'Hubert Bassot soit entendu à titre de témoin.

L'affaire est pourtant riche en rebondissements. En janvier 1973, un ancien de l'OAS, Pierre Vignau dit « Petit Jim », s'accuse publiquement de l'assassinat de Gorel et livre ses révélations à *France-Soir*. Il aurait étranglé le trésorier de l'OAS lors d'un interrogatoire particulièrement tendu quelques heures après l'enlèvement. Ne sachant comment se débarrasser du cadavre, le commando, au sein duquel se serait trouvé Susini, l'aurait trimbalé à travers la France. La raison d'un périple aussi macabre : les tueurs voulaient confier la dépouille de Gorel à des anciens de l'OAS, dont Pierre Lagaillarde, pour qu'ils l'enfouissent dans leur propriété. Refus des intéressés. La rumeur veut que les restes du malheureux trésorier aient trouvé leur sépulture dans un fût de 200 litres lesté de ciment et immergé au large de Nice.

Aujourd'hui, le mystère de la disparition du trésorier de l'OAS reste entier. La mort de Pierre Vignau, « Petit Jim », la loi du silence qui règne dans les milieux des anciens de l'OAS expliquent, en partie seulement, les lenteurs et la prudence de la justice. On a fait circuler, en son temps, que la présence dans cette ténébreuse affaire d'Hubert Bassot y était pour quelque chose. Personnellement je ne crois pas qu'il ait joué un rôle autre que celui de monsieur bons offices. J'aurai par la suite l'occasion de croiser à nouveau sa route. Mais avant que nos chemins se rejoignent, de nouvelles péripéties m'attendent.

II

LA LUTTE ANTIGAUCHISTE

1

MÉTHODES ET MÉTHODOLOGIE

La fin du BDL

La lutte contre l'OAS terminée, le BDL est dissous avec la même discrétion que lors de sa création.

Les directions des RG et de la DST rapatrient leurs troupes faute d'ennemis aussi bien définis que l'OAS ou d'autres groupes extrémistes de droite comme de gauche. Dans les couloirs du ministère, les fonctionnaires des services actifs font l'objet d'ironiques plaisanteries. On se moque de « ces messieurs des RG », « des as de la manipulation de la DST », « des gars de la PJ », ou encore « des poilus de la Sécurité publique » qui se sont illustrés dans la lutte anti-OAS.

A chaque spécialité de la Sûreté nationale ses prérogatives, ses filières, voire ses pesanteurs. Une direction voit toujours avec un peu d'inquiétude débarquer dans sa boutique des collègues qui n'appartiennent pas au sérail. A la Sûreté nationale, commissaires et inspecteurs passent facilement d'une discipline à une autre, à condition de ne pas déranger une hiérarchie organisée. Gare à ceux qui transgressent cette règle fondamentale. Mon ancien patron, le chef du BDL, Gaston Boué-Lahorgue, va l'apprendre à ses dépens.

En septembre 1964, le ministre Roger Frey décide d'appliquer au grand banditisme les techniques de lutte mises au point par le BDL. Il s'agit ni plus ni moins de faire passer le Bureau avec armes et bagages à la PJ, où il prendrait le nom de Bureau central des recherches criminelles (BCRC). Il en propose la direction au commissaire François Le Moel et à Boué-Lahorgue. En annonçant la nouvelle à grands renforts de titres, la presse insiste sur la ténacité de Boué-Lahorgue, dont on souligne qu'il n'hésite pas « à réveiller ses collaborateurs quand il a une idée pour arrêter un malfaiteur », qu'il se sent « malade, dit-on, s'il dort plus de quatre heures » *(France-Soir)*. Les journaux sont pleins de ses faits d'armes. On rappelle comment, déguisé en employé municipal chargé de l'extermination des pigeons, il arrête Canal-« le Monocle », sa planque dans une vespasienne pour s'emparer de l'adjudant Robin, son escalade d'une grande échelle des pompiers pour pénétrer le plus rapidement possible dans l'appartement où une sympathisante de l'OAS brûlait des documents compromettants. Bref, tout le monde se félicite de la nomination de Boué-Lahorgue, qui doit diriger les 80 « incorruptibles » chargés de traquer les gangsters dans l'Hexagone. Une seule fausse note au milieu du chœur des réjouissances : ses anciens collègues. Nous connaissons trop bien les mœurs de la hiérarchie policière pour ne pas prévoir ce qui va se passer.

Ce n'est pas faute d'avoir prévenu Boué-Lahorgue qu'il allait débarquer chez des professionnels de la lutte contre le grand banditisme comme mars en carême, qu'il n'était pas des leurs, qu'ils allaient lui faire mauvais accueil. Que ne nous a-t-il écoutés ? Comme prévu, il ne s'est pas entendu avec les dirigeants de la PJ, à commencer par Michel Hacq, et force lui fut de réintégrer son corps d'origine, la DST, pour terminer comme commissaire divisionnaire à Metz. Fin de carrière anormale et injuste pour un homme de qualité, fer de lance de la lutte anti-OAS. Ses collègues connurent des carrières plus brillantes, le commissaire principal Gévaudan de la PJ est devenu directeur adjoint de la direction centrale de la Police judiciaire, le chef de la documentation du BDL Raymond Cham a été nommé directeur central des RG et ses adjoints Maurice Paoli directeur des RG de la Préfecture de Police (RGPP) et Roger Le Doussal directeur de l'Inspection générale de la Police nationale (IGPN), la police des polices. Enfin, le commissaire principal Roger Chaix, observateur du préfet de Police, devient préfet.

Avec la fin du BDL, je réintègre les RG que je découvre par la même occasion. Je connais bien mon directeur, Henri Boucoiran, qui s'est lui aussi distingué dans le cadre de la lutte anti-OAS. Cévenol de souche, Henri Boucoiran est un homme calme, imperturbable, à la voix de stentor. S'exprimant toujours dans un français châtié, il aurait fait un remarquable avocat, doté de surcroît d'une mémoire prodigieuse : je ne l'ai jamais vu avec la moindre note ou fiche. Il décide que je ferai fonction de chef de cabinet en l'absence de Maurice Paoli. Il a confiance en moi. Bien que débutant aux RG, je dispose à l'état-major d'amis fidèles qui me conseillent utilement. En outre, mon directeur sait qu'il peut compter sur ma discrétion. La tâche n'est pas aisée. S'il est un des hommes les plus écoutés du ministre, le directeur des RG est tenu de manœuvrer au plus près. Henri Boucoiran le sait bien mais, en dépit des conseils de prudence de ses pairs, l'homme ne renonce pas à son franc-parler. Je vais m'en apercevoir dans le cadre de l'une des affaires qui aurait pu déstabiliser la Ve République.

L'enlèvement de Mme Dassault

Samedi 23 mai 1964, peu après une heure du matin, le téléphone sonne chez moi. Depuis la lutte anti-OAS, je suis habitué à être dérangé à toute heure. En ces temps-là, les policiers n'ont que peu de repos et encore moins de week-end. A l'autre bout du fil, le directeur de cabinet du ministre de l'Intérieur, Roger Frey, cherche à contacter Henri Boucoiran d'urgence.

L'affaire est grave. Alors que l'industriel Marcel Dassault et sa femme regagnent à 0 h 25 leur domicile de l'avenue du Maréchal-Maunoury, deux hommes sortent d'une estafette gris-bleu garée dans la rue, s'emparent de Mme Dassault et l'obligent à monter dans une ID 19 au volant de laquelle se trouve un troisième homme. La voiture démarre et disparaît dans la nuit. Moins de cinq minutes plus tard, Marcel Dassault téléphone à Roger Frey qui déclenche l'alerte générale. L'enquête commence aussitôt. La PJ se met au travail : ses limiers de l'Identité judiciaire examinent l'estafette abandonnée sur place. Roger Frey bat le rappel de ses troupes, à commencer par Boucoiran.

Mon directeur vient de partir à Jersey avec son épouse pour un week-end d'agrément où il doit retrouver des amis britanniques du temps de la guerre. Ses ordres sont formels : il ne faut le déranger que s'il se produit une affaire d'une extrême gravité. Je crois comprendre que je n'ai le droit de l'appeler que s'il arrive quelque chose de grave à ses enfants. Autrement, même si on tire sur un personnage important de la République, pas question de l'importuner. « Je le saurai bien assez tôt », m'avait dit Boucoiran avant de partir. On n'avait pas tiré sur le ministre mais cela ne valait guère mieux. Principal financier du parti gaulliste, à l'époque l'UNR, maître d'œuvre de notre force de frappe, Marcel Dassault n'est-il pas un des piliers de la Ve République ?

Dès mon arrivée au bureau le lendemain matin, je réponds au ministre, qui appelait sur la ligne directe que j'ignore où se trouve mon chef.

– Trouvez-le-moi. Dites-lui qu'il m'appelle toutes affaires cessantes, tranche Roger Frey avant de raccrocher.

Embarrassé, je ne sais trop quoi faire.

Je me prépare à affronter le gros de la tempête. Je m'informe des derniers développements de l'enquête. Les nouvelles ne sont guère rassurantes. Peu ou pas de pistes. On vient de retrouver l'ID 19 des ravisseurs : un véhicule volé. Les truands font preuve de toutes les audaces : ils ont abandonné la voiture rue des Dardanelles, devant le domicile d'un banquier qui contrôle le groupe Dassault. Les voyous ne sont pas coutumiers de ce genre de pratiques qui rappellent plutôt les us et coutumes des hommes des commandos Delta.

Je vais rendre compte des événements au directeur adjoint Jean David.

11 h 25, coup de téléphone anonyme au service Informations générales du journal *Le Monde :* « Mme Dassault sera rendue contre la somme d'un milliard de francs. » D'autres appels successifs à plusieurs rédactions parisiennes revendiquent l'action au nom d'anciens de l'OAS. Un interlocuteur exige même la libération du général Salan. Dans l'après-midi du samedi, Marcel Dassault enverra à Genève deux de ses plus proches collaborateurs, le général Guillain de Bénouville et René Dumont, ancien délégué de l'USAF (Union pour la sauvegarde de l'Algérie française) afin d'entrer en contact avec les éléments activistes réfugiés en Suisse. L'affaire prend une tournure politique. Comme tous mes collègues, je commence la ronde de mes informateurs. Personne ne sait rien. Les RG risquent d'être bientôt en première ligne.

Jean David est d'avis d'appeler Boucoiran à Jersey. Prudent, je préfère lui laisser ce redoutable privilège. Comme je m'y attendais, Boucoiran lui demande de faire le nécessaire.

Quelques minutes plus tard, les représentants des différents corps de la police – PJ, ST, RG, Police urbaine et Préfecture de Police – se retrouvent chez le ministre. Il n'est pas question de Boucoiran, mais on sent que l'absence du directeur des Renseignements généraux à une heure aussi cruciale n'enchante guère Roger Frcy. L'appareil répressif se met en branle : durant toute la journée de samedi, la police va quadriller la capitale tandis que les gendarmes des départements limitrophes de Paris font l'inventaire des résidences secondaires et des maisons abandonnées comme il est de règle dans ce genre d'affaire. Rien du côté des anciens de l'OAS, pas plus que dans le milieu du grand banditisme. Mystère complet. L'absence de Boucoiran commence à me préoccuper. Le ministre n'a plus demandé de ses nouvelles mais derrière son silence, je sens planer un lourd reproche.

Dimanche matin : je suis de bonne heure au bureau et je m'apprête à passer une journée agitée. 10 h 30 : coup de théâtre. Deux gendarmes de la brigade de Creil se présentent à la ferme des Darmon, à Villiers-sous-Saint-Leu, afin d'enquêter sur des mouvements de voitures suspectes. Ils y découvrent Mme Dassault avec un gardien. La femme de l'industriel n'a pas été maltraitée. Bientôt, deux des ravisseurs sont arrêtés et un troisième en fuite. Heureux dénouement qui fait dire le lendemain à Boucoiran à son retour de week-end :

– Vous voyez bien, j'avais raison. Vous n'aviez pas besoin de moi. Que vouliez-vous que je fasse ?

Boucoiran est un homme aux nerfs solides. Le ministre lui ayant fait savoir qu'il voulait le rencontrer dès son retour, il se rend sans trop se presser place Beauvau.

– Ah c'est vous monsieur le directeur ? lui dit Roger Frey en le voyant. C'est parfait. Vos collaborateurs ont bien travaillé.

L'incident est clos.

L'hypocrisie de la hiérarchie

Vingt ans de carrière au sein des RG m'ont permis de mesurer le degré d'hypocrisie du pouvoir en matière d'enquêtes réservées ou d'affaires délicates. Combien de responsables politiques ou administratifs désireux d'obtenir des informations pour le compte du gouvernement ou de certaines personnalités s'intéressent à la manière dont les RG les recueillent ? Je sais des directeurs des

RG prêts à bien des choses pour satisfaire leur ministre. A condition toutefois de ne pas parler de la méthodologie. Ils veulent la fin sans entendre parler des moyens. Pourtant, ils savent la façon dont nous opérons : filatures, perquisitions plus ou moins clandestines, écoutes sauvages ou non, interception de courrier. Il n'y a pas trente-six manières de mener à bien une enquête. Après les années OAS, j'aurai ainsi l'occasion d'appliquer maintes fois des techniques rodées par le BDL. Mais plus le temps passe et moins ma hiérarchie semble capable d'assumer, à défaut de revendiquer, des procédés pourtant nécessaires.

Quand, par exemple, mon préfet, en 1974, me demande d'enquêter sur un mari volage, proche parent du ministre de l'Intérieur Michel Poniatowski, il ne manque pas de m'imposer des restrictions qui rendent impossible tout travail. Prudence avant tout. Surtout ne pas se faire voir, être le plus discret possible. Personne ne doit savoir que le ministre de l'Intérieur fait surveiller par les RG un de ses parents. Ainsi mon préfet me notifie-t-il l'interdiction de filer l'intéressé. Comment, dans ces conditions, reconstituer son emploi du temps? Quoique répugnant généralement à m'occuper de la vie privée d'autrui, j'accepte cette mission.

Le travail est facile : tous les mercredis, l'intéressé regagne le domicile conjugal afin de voir ses enfants. Il suffit donc de l'attendre pour le filer jusqu'à sa nouvelle adresse. Non contents de l'avoir logé, mes hommes planquent en bas de chez lui et le lendemain matin photographient l'infidèle en compagnie de sa conquête. Une enquête discrète sur la jeune femme me permet d'adresser à mon préfet un rapport circonstancié. Bien entendu, respectant les désirs de mon supérieur, il n'est pas question de mes méthodes dans mon compte rendu.

J'ai presque oublié cette affaire, rondement menée à la satisfaction générale, quand arrivent de la place Beauvau de nouvelles instructions. Que fait le parent de ses journées? Intéressante question.

– Comment y répondre sans avoir recours à des filatures?, demandais-je à mon directeur.

N'osant faire de commentaires, je me contente d'enregistrer une nouvelle fois que l'on ne me demande pas d'épier l'intéressé, mais seulement de connaître son mode d'existence. Inutile de souligner la contradiction. Je passe outre une nouvelle fois.

Après deux jours de poursuite, je suis à même de satisfaire à la curiosité de ma hiérarchie. Le parent bouge beaucoup et ne fréquente que du beau monde, des industriels en vue, des stylistes recherchés. Une de ses journées types nous porte à le suivre des bureaux du tailleur Balmain à ceux de la Compagnie maritime. Devant la précision de mes informations, mon directeur me demande :

– Vous ne l'avez quand même pas filé?

– Comment voulez-vous que j'obtienne de telles informations? Je ne suis pas devin.

– Le ministre ne pourra pas accepter.

– Je suis certain qu'il sera content du résultat.

Et il l'est. Quelque temps plus tard, nouvel ordre ministériel : je dois cette fois m'enquérir du but des visites du parent du ministre aux différentes sociétés commerciales. Ma situation devient délicate. Mon directeur ne veut pas savoir ce que je fais, mais il ne m'en demande pas moins des résultats. Je sais que le ministre qui a commandé l'enquête ne me couvrira pas si jamais les journaux s'emparent de l'affaire. Que l'époux volage vienne à déceler la filature et fasse du scandale : ma carrière sera compromise. Prudent, je décide de ne plus rien faire. Après tout, je n'aurai qu'à dire que je n'obtiens rien si jamais mon supérieur m'interroge. C'est mal connaître la ténacité de ma hiérarchie, poussée par les rappels à l'ordre ministériels. Il m'est impossible de faire croire que je n'arrive pas à avoir de renseignements complémentaires. Ne suis-je pas venu à bout de clients autrement plus coriaces que le parent du ministre? Me voilà donc contraint à reprendre l'enquête.

Cette fois, une simple filature ne peut suffire à élucider le but des visites du parent de Michel Poniatowski. Il n'est bien entendu pas question d'aller demander aux personnes visitées ce que l'intéressé leur veut. Alors, je décide de faire la seule chose susceptible de m'aider à obtenir les renseignements désirés : intercepter le courrier du jeune homme.

Dans notre jargon, on dit « faire le courrier ». Un travail classique : il suffit d'attendre le passage du préposé à la distribution, de prélever les missives, de les ouvrir et les photocopier avant de tout remettre en ordre. L'opération nécessite un minimum de temps et de doigté. La lecture des lettres interceptées m'apprend la nature de ses activités. Il reçoit régulièrement des chèques de sociétés, entre autres de celles visitées lors de la précédente filature. Les lettres de remerciements qui les accompagnent ont beau être anodines, elles permettent quand même de comprendre que les sommes versées le sont au titre de commissions. Usant de ses relations et de sa famille, l'homme fait, le plus légalement du monde, profession d'intermédiaire.

En rendant compte à mon préfet, je ne peux résister au plaisir de révéler mes sources. Cette fois, c'en est trop. Le préfet s'emporte, me reproche d'avoir violé la vie privée de mon client, de ne pas avoir respecté ses instructions. Je me dois de préciser qu'à l'époque, nos relations ne sont pas spécialement au beau fixe : je tiens à prouver que je suis encore capable d'obtenir des résultats. Je sais qu'en me confiant cette enquête, mon directeur n'a pas l'intention de me piéger et que le mauvais état de nos relations n'est pour rien dans son attitude uniquement dictée par le désir de satisfaire normalement le ministre.

Loin d'être impressionné par mes résultats, il me retire l'enquête et me donne l'ordre formel de ne plus m'occuper de l'affaire. C'est mon collègue responsable de la section financière des RG qui hérite du fardeau. En lui remettant mes notes, je sais que point n'est besoin de lui recommander la plus grande prudence : tous les commissaires n'ont pas mon indépendance de caractère.

Dans les années 60, une plus grande liberté de ton régnait au sein de la police où l'on n'avait pas peur de revendiquer ses responsabilités. Il est vrai qu'à l'époque, les médias jouaient un rôle moins important et que l'on ne craignait pas autant que par la suite les conséquences de bavardages inconsidérés. La preuve : l'attitude de Boucoiran face au délicat problème des écoutes téléphoniques, dont on reproche régulièrement l'emploi aux RG.

Les écoutes téléphoniques

Les dernières affaires du BDL liquidées, mon directeur me charge en tant que conférencier de présenter les Renseignements généraux à l'école nationale supérieure de police à Saint-Cyr-au-Mont-d'Or (Rhône). Un rôle délicat qui se confond parfois avec celui de sergent recruteur.

A l'école, les conférences des uns et des autres ne sont intéressantes que pour celui qui ignore le fonctionnement de l'appareil. Pour un fonctionnaire qui en maîtrise même partiellement les rouages, les exposés les plus vivants semblent insipides. Il n'est pas facile d'intéresser les interlocuteurs au fonctionnement, par exemple, de la section sociale des RG. On a beau expliquer la manière dont sont recrutés les correspondants afin de contrôler les groupements socioprofessionnels, et prévoir leurs actions, le seul fait de préciser que le gros du travail consiste en la rédaction d'interminables notes de synthèse n'engendre pas les vocations. Il en va de même pour la section politique. Rien d'étonnant à ce que les candidats aux RG ne se bousculent pas au portillon.

En me demandant d'expliquer les RG, Boucoiran sait que j'insisterai surtout sur les anecdotes rendant l'exposé un peu plus attrayant. Reste qu'il m'apparaît difficile de discuter de méthodes et de moyens confidentiels. Ainsi la DST n'a pas de professeur enseignant sa discipline à l'école nationale supérieure de police. En acceptant de livrer nos secrets, nous courons également le risque de nous retrouver en porte-à-faux avec notre ministre.

Peu de temps avant ma présence à l'ENSP, le ministre de l'Intérieur Roger Frey est interpellé à l'Assemblée nationale sur l'existence des écoutes téléphoniques. Il nie simplement leur existence. Il est vrai qu'une question mal formulée lui permet de s'en sortir par une réponse négative. Que dire à mes auditeurs ? Dois-je mentir pour ne pas le démentir ?

– Vous faites ce que vous voulez, me dit Boucoiran, mais il n'y a pas de raison de tromper vos élèves.

Depuis la création par Constantin Melnik du Groupement interministériel de contrôle (GIC) en 1962, chargé de centraliser les écoutes, on a beaucoup fantasmé sur cette pratique qui n'a officiellement qu'une existence très limitée. Inversement, à en croire les journaux, tout le monde est écouté. Récemment, on a même avancé le chiffre hautement improbable de cent mille écoutes téléphoniques. Une mise au point s'impose et ce que j'expliquais alors à mes jeunes collègues vaut encore aujourd'hui à quelques nuances près : en plus de la police, diverses officines privées ont recours à cette pratique de plus en plus décriée.

Les écoutes judiciaires sont autorisées sur commission rogatoire d'un juge dans le cadre d'une instruction précise. Ce qui n'empêche pas certains dérapages : on peut ainsi s'abriter derrière une affaire de droit commun pour une enquête plus politique. Devant l'extension de ce type de pratique, la Cour européenne de Strasbourg condamnera, en avril 1990, la justice française pour violation de la Convention européenne des droits de l'homme. En l'absence de toute réglementation, estiment les juges européens, les écoutes judiciaires attentent au respect de la vie privée des individus. Que dire alors des écoutes administratives qui échappent au contrôle de la justice ?

Les écoutes administratives sont soigneusement contingentées. Au sein des RG, j'en monopolisais une grande partie, c'est-à-dire pas plus d'une dizaine. Rappelons que les demandes d'écoutes passent de main en main pour finir sur les bureaux des ministres de l'Intérieur, de la Défense et enfin du Premier ministre. Il faut à chaque fois justifier l'écoute, expliquer ce que l'on recherche, ce qu'on pourrait reprocher au suspect – qu'il s'agisse de subversion ou de terrorisme. Le nombre limité de contrôles téléphoniques entraîne leur précarité : si une écoute ne donne pas de résultats, nos directeurs ordonnent son arrêt après un délai relativement court.

La nature interministérielle des écoutes entraîne un minimum de prudence. Les ordres sont précis : on ne peut écouter un parlementaire – la chose pourrait s'avérer gênante si on venait à l'apprendre. Il est aussi très délicat d'intercepter les communications de journalistes ou de personnes en vue sur leur lieu de travail. Impossible de placer un standard de deux cents lignes sur écoute. Alors le domicile ? D'expérience, je puis affirmer que cela ne donne jamais rien. Les clients susceptibles de nous intéresser se méfient et se servent généralement des cabines publiques. D'autant que le système français qui permet aux téléphones publics de communiquer entre eux rend caduque toute tentative de surveillance.

Le système d'écoutes judiciaires concerne généralement des affaires de droit commun ou de grand banditisme. Souvent, l'interception porte sur des postes situés dans des bars fréquentés par des voyous. Un travail colossal en raison du nombre de communications enregistrées. Les fonctionnaires préposés au décryptage ne relèvent pas tout. Ils doivent avoir du flair et une bonne compréhension de l'affaire pour que rien ne leur échappe.

L'écoute des domiciles particuliers présente moins de difficulté. Encore faut-il ne pas tomber sur des professionnels qui savent ne pas trop parler et ne se servent du téléphone que pour confirmer des rendez-vous préétablis. Il est très difficile d'identifier la personne qui appelle si elle ne se présente pas. Enfin, ultime obstacle, il faut se mettre dans l'état d'esprit des interlocuteurs, interpréter les intonations, comprendre les allusions à demi-mot, bref saisir la logique d'une conversation. Seul un enquêteur complètement investi dans l'affaire peut en effectuer le décryptage. Les fonctionnaires chargés de transcrire les bandes magnétiques ne connaissent pas toujours les détails de l'enquête.

Bien sûr, il existe aussi les écoutes sauvages mais elles entraînent un surcroît de travail rarement justifié. Si l'on veut se passer des services du GIC, il faut trouver un endroit de réception. Une fois un magnétophone branché par nos techniciens sur la ligne d'arrivée, où trouver un local assurant la réception de l'écoute ? On peut louer un emplacement spécifique ou encore dénicher un voisin complaisant qui ne rechigne pas à voir sa demeure envahie par les policiers pendant des semaines. Reste la solution de la camionnette. Mais son emploi se trouve limité dans le temps. Dans une ville ou un village, une voiture garée trop longtemps au même endroit finit par éveiller la méfiance. Enfin, son confort laisse à désirer, même si les véhicules d'aujourd'hui, avec leurs toilettes, leurs vitres opaques et leur périscope, offrent plus d'aisance que leurs ancêtres, qui nous contraignaient à rester debout et à uriner dans des bouteilles.

Une « fontaine » érotique

Puisque je ne devais pas mentir à mes élèves, il me fallait parler d'une pratique encore plus illégale que certaines écoutes : la « fontaine ». Terme extrait de l'argot policier et signifiant une irruption discrète dans un appartement. J'ignore l'origine de ce terme. La solution se trouve sans doute dans l'histoire secrète de la DST, puisqu'il est emprunté aux jargons de ses inspecteurs. Peut-être un chef de service de la DST lui a-t-il donné son nom ? A moins que l'image ne fasse référence à ces informations que l'on dit couler de source.

Au BDL par exemple, il nous arrivait quelquefois de faire des fontaines dans des appartements où nous pensions trouver des armes. Agissant sur renseignement, il valait mieux vérifier la véracité des dires de nos informateurs avant de déclencher une perquisition légale. Inutile de mettre la machine judiciaire en marche si le tuyau était crevé. Plus que les écoutes téléphoniques, la fontaine est une pratique qui nécessite un doigté et un savoir-faire que seuls quelques rares artistes possèdent.

Nous avions à l'époque un technicien remarquable, ancien artisan serrurier, Henri Blaise, dit « Riquet », qui s'occupait des dépannages. Les coffres et les serrures n'ayant pas de secrets pour lui, nous n'avons pas tardé à l'employer dans le cadre de nos opérations clandestines. Il n'a pas son pareil pour « faire chanter les rossignols dans les serrures »; et mon ami le commissaire divisionnaire Claude Joyet le surnomma « Blaise l'oiseleur ». Intelligent, habile, efficace, toujours présent, doté d'un fort sens du service public, il représente l'archétype même du fonctionnaire de police sans histoires. Il n'exécute jamais une opération sans en connaître le motif et sa compétence lui permet de juger de l'opportunité de son action.

Fils d'artisan, il possède parfaitement son métier et s'est attiré la sympathie de la hiérarchie, comme celle de ses collègues tant à la Préfecture de Police qu'au ministère de l'Intérieur. Nous avons travaillé ensemble de 1962 à 1978 dans une parfaite confiance. Bourré d'humour, Blaise a la gouaille du titi parisien : ses formules lapidaires, toujours pleines de bon sens, font ma joie. Blaise et moi avons fait de nombreuses fontaines : nous avons pénétré dans des appartements occupés par des factieux de l'OAS, des gauchistes en mal de terrorisme, des petits commerçants en colère en n'éprouvant, je suppose, guère plus d'émotion qu'un cambrioleur chevronné. De toutes nos fontaines, il en est une qui nous marquera à tout jamais, tant l'aventure fut cocasse.

Dans le cadre de l'enquête sur le complot de l'École Militaire, nous sommes amenés à aller visiter l'appartement d'un suspect qui se trouve être à moins de cinq minutes de la rue Cambacérès. Avant de partir, nous nous sommes assurés que l'endroit était désert en téléphonant. J'emmène Blaise avec moi. On frappe à la loge du concierge qui heureusement n'est pas là. Sans quoi il eût fallu l'occuper en racontant une histoire à dormir debout. On monte dans les étages. On sonne. Pas de réponse. L'appartement semble vide. Au travail.

– Riquet, la porte!

La serrure n'étant pas du genre farouche, il en vient à bout en quelques minutes. Mes troupes attendent sur le palier tandis que j'entre en éclaireur. Je suis dans le séjour lorsqu'une tête émerge brusquement du canapé. Un garçon de seize ou dix-sept ans. J'ai vu sa photo dans nos dossiers : c'est le fils du suspect. Je reconnais un autre visage familier. C'est celui d'une femme plus âgée. Sous lui, en pleine extase, la maîtresse de son père n'a même pas ouvert les yeux. Le garçon me regarde. Je bats en retraite, refermant discrètement la porte sans mot dire. Tout le monde se replie. Je téléphone à mon chef, Boué-Lahorgue, pour l'informer et demander des instructions.

– Allez-y, vous retournez et vous entrez. Cette fois, je vous envoie une commission rogatoire et on fait les choses légalement. De toute manière, le suspect sera bien alerté assez tôt.

Seule l'autorité judiciaire est habilitée à délivrer des mandats. Mais pour les flagrants délits, nous nous servons d'une commission rogatoire donnée par la Cour de Sûreté de l'État. J'attends d'avoir le document en main, plus par délicatesse que par formalisme. Nos deux clients ont eu largement le temps de reprendre leurs esprits et de s'habiller.

Nous voilà donc à nouveau devant la porte. Je frappe. Je sonne. Rien! Au bout de quelques minutes, la femme apparaît. Elle est en peignoir et cherche à retrouver son souffle. Nous arrivons trop tôt. Il eût fallu leur laisser plus de temps. Dans le salon le gamin se reculotte. Il me regarde longuement et me demande :

– C'est vous qui étiez venu tout à l'heure ?

– Qui, moi ? Quelle drôle d'idée ! lançai-je imperturbable alors que mes hommes contiennent à peine un fou rire.

Ce jour-là, nous avons pensé que si toutes les fontaines étaient aussi réjouissantes que celle-là, c'est avec plaisir que nous boirions de leur eau.

Les micros clandestins

Si les RG ont recours aux fontaines c'est en outre parce qu'elles sont indispensables dans le cadre de certaines opérations : la pose de micros clandestins par exemple. Comme les écoutes téléphoniques, l'installation d'instruments de sonorisation nécessite l'autorisation de nos supérieurs hiérarchiques. L'affaire ne paraît pas aussi simple qu'elle pourrait le sembler...

Il faut un technicien du son sur place. Comme il n'est pas question de truffer de micros le domicile de la personne à écouter, il convient de déterminer le meilleur emplacement. Généralement, on choisit des pièces communes, ou un endroit situé près du téléphone. Le micro est le plus souvent posé à l'intérieur des murs. Nous avons des équipes spécialisées dans ce genre d'opération. Elles savent perforer un mur sans le transpercer. Je sais des techniciens qui peuvent s'arrêter à la lisière du papier peint ou du plâtre, ne laissant qu'une mince couche tout juste épaisse de quelques millimètres qui dissimulera à la perfection la présence d'un micro. Après, nos inspecteurs n'ont plus qu'à se transformer en peintres pour reboucher le trou et masquer l'intervention. Pour ce travail, nos spécialistes manient à merveille l'art de la demi-teinte et du dégradé et n'ont pas leur pareil pour recréer la patine du temps sur un mur fraîchement peint.

La sonorisation d'un appartement demeure une opération aléatoire. Le micro capte tous les bruits ambiants et il est trop coûteux de nettoyer la totalité des bandes enregistrées. Elle reste aussi limitée dans le temps : pas question d'immobiliser des hommes et du matériel onéreux pour ne capter que des scènes de ménage. Contrairement aux écoutes, elle nécessite une effraction pour la pose et une autre pour récupérer l'installation. Deux fontaines, c'est-à-dire deux possibilités de se faire prendre la main dans le sac.

Il m'est arrivé plusieurs fois de sonoriser divers appartements voire des lieux publics. Avant de me résoudre à de telles extrémités, j'essaie plutôt d'infiltrer les groupes que je désire espionner : l'information directe est toujours préférable à l'écoute passive. Mais ceci n'apparaît pas toujours possible. Par exemple, j'ai eu le plus grand mal à pénétrer les groupes de commerçants du CID-UNATI lors de leur révolte contre l'État dans les années 70. Après m'être fait expulser d'une réunion où ma qualité de policier fut rapidement établie par les participants – qui se connaissaient tous – je résolus d'avoir recours à des méthodes plus insidieuses.

Ayant appris que la direction du mouvement doit se réunir dans un hôtel non loin de Chantilly, j'envoie en week-end mon collaborateur dévoué, Henri Blaise, accompagné de son épouse. Il nous faut être prudents. Pas question de mettre l'hôtelier dans la confidence. Le CID se réunit chez lui : il doit être au moins un sympathisant de la cause. Avec quelques inspecteurs, je rejoins les époux Blaise la veille de la réunion. Un repas convivial nous permet de monopoliser l'attention des serveurs tandis que nos techniciens installent deux micros dans la salle de réunion, derrière un buffet et sous un tableau. L'écoute des discussions nous apprend les prochains objectifs des commerçants en colère, principalement des perceptions qui doivent être dévastées ou plastiquées. Une fois la réunion terminée, il ne nous reste plus qu'à récupérer le matériel avant de disparaître.

De l'interception du courrier et des concierges

Outre les fontaines, les écoutes et la sonorisation, les RG interceptent parfois le courrier des suspects. C'est un travail très astreignant, mais qui peut donner des résultats. En règle générale, nous avons recours aux concierges. Avec un peu de savoir-faire et moyennant une faible rémunération, certains gardiens acceptent de nous confier temporairement le courrier des occupants de leur immeuble qui nous intéressent.

J'ai toujours eu horreur de recruter les concierges. Quand je le peux, j'en laisse le soin à un de mes collaborateurs qui est devenu une sorte de spécialiste de ce genre de sport. Il n'a pas son pareil pour engager la conversation avec les gardiens. Une fois installé dans une loge, il est heureux comme un poisson dans l'eau. Voit-il des bouteilles ? Il revient quelques jours plus tard avec du vin ou un apéritif. Il a tôt fait de repérer les livres ou les journaux qui traînent dans une loge et sait en conséquence orienter une discussion sans en avoir l'air. Et puis serviable avec ça ! Sa qualité de policier lui permet d'offrir de menues faveurs. Qui d'entre nous n'a pas fait disparaître des contraventions en échange d'informations ? Ces services lui valent un surcroît de sympathie des gardiens d'immeubles.

Le courrier peut également être intercepté à la source. Se déguiser en postier pour ouvrir les boîtes à lettres à l'aide de clés spéciales afin d'en retirer certains plis serait le plus sûr moyen de faire échouer l'opération. Encore faut-il avoir repéré au préalable le courrier intéressant – ce qui n'est pas toujours facile – et que l'enjeu vaille que l'on décachète, lise puis recachète le contenu d'une levée des PTT.

A l'époque du BDL, nous voulions à tout prix récupérer un courrier qu'un des responsables de l'OAS, peut-être Jacques Roy, venait de déposer dans une boîte à lettres publique. Opérant dans le cadre d'une filature, nous avions été pris au dépourvu et ne détenions aucun matériel susceptible de résoudre notre problème. Il fallait faire vite. Par chance, un de nos collaborateurs, l'officier de police principal Jacques Somme, de la DST, connaissait le directeur du tri postal parisien.

Un coup de téléphone suffit à convaincre ce fonctionnaire de nous aider. Précision : l'homme était un socialiste convaincu. S'il le faisait, c'était uniquement parce qu'on opérait dans le cadre de la lutte anti-OAS. Sur son ordre, le receveur des PTT nous remit le courrier contenu dans la boîte. Il ne nous restait plus qu'à le trier pour récupérer l'enveloppe que nous avions eu le temps de repérer avant qu'elle soit postée. Par la suite, ce haut fonctionnaire nous permettra de prendre connaissance du courrier de membres de l'OAS moyennant une commission rogatoire délivrée par un juge de la Cour de Sûreté de l'État.

Une fois les missives en notre possession, elles finissent entre des mains habiles pour décacheter une enveloppe à la vapeur et la recacheter sans que rien y paraisse. Virtuoses du fer à repasser, de la bouilloire et de l'aiguille à tricoter, ils se servent d'une palette impressionnante de colles et savent même traiter les plis scellés à l'aide de papier adhésif, opération minutieuse entre toutes.

Quand on ne peut s'assurer de la complicité d'un responsable des PTT ou qu'il n'y a pas de gardien à manipuler, il convient d'improviser. Toutes les tactiques sont bonnes, comme le retournement d'un postier sans passer par ses supérieurs. Cela peut présenter parfois certains risques, comme le prouve une affaire survenue dans l'Est, à la fin des années 60.

Un fonctionnaire de la Brigade opérationnelle régionale (BOR) des RG surveille un des correspondants locaux du groupe trotskiste LCR. Nos infiltrés à l'intérieur de la Ligue nous le décrivent comme un des maîtres penseurs de l'organisation. Il évite de trop s'exposer et semble n'avoir d'autres activités qu'épistolaires. Il reçoit régulièrement de longues lettres du dirigeant Alain Krivine.

L'homme habite dans un petit village. L'enquête du fonctionnaire de la BOR révèle que l'environnement n'est pas favorable à une opération de pénétration. Une seule solution : acheter le fonctionnaire des PTT chargé de la distribution du courrier, jeune homme à l'impécuniosité manifeste. Les scrupules ne l'étouffant apparemment pas, le postier ne se fait pas trop prier. De gros pourboires et la conviction de servir son pays l'emportent sur ses hésitations. Pendant quelque temps, nous avons ainsi accès à tout le courrier que reçoit l'idéologue de la LCR.

L'inspecteur des RG chargé de manipuler le postier est un homme intelligent, compétent, accrocheur et surtout doté de flair. Régulièrement, un coup de téléphone de son correspondant lui signale l'arrivée d'une lettre susceptible de l'intéresser. Il est inutile d'intercepter tout le courrier des suspects, ce qui risquerait d'éveiller les soupçons des destinataires.

Un jour, le fonctionnaire de la BOR reçoit un appel qui lui donne à réfléchir. Le postier n'a pas sa voix habituelle. Plus grave : il change le lieu du rendez-vous. L'inspecteur va sur place un peu en avance. Généralement, il retrouvait son correspondant dans un village non loin d'un café où ils avaient coutume de prendre un verre. Cette fois, le préposé à la distribution souhaite le rencontrer dans un endroit exposé aux regards de tous.

« Tout ceci n'est pas normal », se dit l'inspecteur, qui fait demi-tour.

Notre homme fait sa petite enquête. Il va voir ses collègues de la section sociale des RG, s'informe sur ce qui se passe aux PTT, sur les changements, les mutations. En quelques jours, il reconstitue toute l'affaire. L'arrivée d'un nouveau receveur a terrifié le postier indélicat. Le responsable des PTT ayant convoqué tous ses employés leur a tenu un discours très ferme, menaçant de sanctionner toute personne coupable de la moindre irrégularité. Effrayé, bourrelé de remords, le jeune homme va se confesser. Alertés par le receveur, les gendarmes se servirent du postier pour tendre un piège que le policier de la BOR n'eut aucun mal à déjouer.

Notre inspecteur, un vrai professionnel, n'avait pas donné son nom, ne précisant même pas pour qui il travaillait. Dans ses explications, il laissait entendre qu'il s'agissait d'un service parallèle, peut-être le SDECE. Parfois, il vaut mieux éviter de dire que l'on exerce le métier de policier, mais ce genre de manœuvre ne s'adresse qu'aux naïfs et aux coquins. Mon collaborateur prenait en outre le soin de changer les plaques minéralogiques de la voiture de service qu'il conduisait avant d'aller au contact. Les fonctionnaires de la BOR détenaient plusieurs jeux de plaques d'immatriculation avec les cartes grises délivrées par les préfectures dont ils se servaient lors des opérations délicates.

Normalement, le fonctionnaire de la BOR est donc à l'abri du zèle des gendarmes. Maladresse ? Hasard ? Un jour, un inspecteur des RG utilise le véhicule avec les numéros et lettres diffusés par la Gendarmerie Nationale dans sa fiche de recherche. Il le gare dans la cour de l'Hôtel de Police en oubliant de retirer les plaques. Le chef du détachement de Police judiciaire, un commissaire observateur un peu trop scrupuleux, identifie le manipulateur du postier indélicat. Il rédige un rapport en trois exemplaires qu'il envoie au directeur du SRPJ, au directeur central de la Police judiciaire et au procureur de la République. Dès que j'apprends la nouvelle, je vais voir Honoré Gévaudan, directeur adjoint de la PJ. Nous convenons d'un plan pour ne pas ébruiter l'affaire. Je me charge d'alerter le supérieur du responsable PJ et Gévaudan le convoque.

Sur ordre de Gévaudan, le commissaire doit récupérer le rapport transmis au procureur de la République et faire preuve de tout son savoir-faire pour bloquer la machine judiciaire. L'affaire terminée, il est fermement réprimandé par sa hiérarchie pour son manque de solidarité.

Réalisant la bourde qu'il avait commise, mon jeune collègue vint me voir pour me présenter ses excuses.

– Si tu franchis le seuil de mon bureau, tu prends mon poing sur la gueule, ai-je lâché en le voyant. Il recula.

Quelques années plus tard, alors que j'étais directeur des RG en Seine-Saint-Denis, nos routes se croisèrent à nouveau. Ayant quitté la PJ, il exerçait en Sécurité publique. Nommé chef de district, il fait sa tournée protocolaire et se présente au seuil de mon bureau et lance, non sans esprit :

– Si j'avance, tu me fous ton poing sur la gueule ?

– Non tu peux entrer, mais je te préviens, un poste RG se trouve dans ta circonscription. Si tu me refais le même coup, cela se terminera très mal.

– Ne te fais pas de soucis, j'ai appris la leçon.

Quinze jours plus tard, le responsable des RG du district me signale qu'il n'a jamais vu un commissaire de Sécurité publique aussi charmant !... Ce dernier est aujourd'hui contrôleur général.

L'affaire Ben Barka

Bien que nous soyons en présence d'une affaire typiquement judiciaire, je crois qu'il convient d'évoquer la disparition de Ben Barka qui entraîna des réformes de structures importantes dans la police.

Interpellé le 29 octobre 1965, par deux inspecteurs des Renseignements généraux de la Préfecture de Police, Mehdi Ben Barka, le leader de l'opposition marocaine, fut livré à un ramassis de truands pour être ensuite torturé à mort par le général Oufkir, ministre de l'Intérieur du Maroc, venu clandestinement en France.

« Ce qui s'est passé n'a rien eu que de vulgaire et de

subalterne », déclare le général de Gaulle dans une conférence de presse le 21 février 1966 évoquant, au passage, Belphégor, le Gorille, James Bond et l'inspecteur Bourel.

Jusqu'à présent, dans ce genre d'opération, la presse évoquait toujours l'action des « polices parallèles et des barbouzes ».

Il s'agit, cette fois-ci, de fonctionnaires de la Préfecture de Police.

Souvent considérée comme un État dans l'État, la PP couvre le territoire de Paris et de sa banlieue qui deviendra, plus tard, la proche couronne avec les départements de la Seine, de la Seine-Saint-Denis, des Hauts-de-Seine et du Val-de-Marne.

Les divers gouvernements de la Ve République envisageaient, depuis longtemps, une réorganisation profonde de la police sans pour autant parvenir à leurs fins tant la Préfecture de Police pesait de toute sa puissance, freinant ainsi une réforme souhaitée par les ministres de la Justice et de l'Intérieur.

Prenant prétexte de l'affaire Ben Barka, le général de Gaulle décide de fusionner la Sûreté nationale (police d'État) et la Préfecture de Police (municipale) de façon que le ministre de l'Intérieur, par le truchement de ses services centraux, contrôle totalement et souverainement l'action des policiers sur tout le territoire national. Il confie l'enquête sur la réforme à l'ambassadeur de France Léon Noël, ancien directeur général de la Sûreté générale avant guerre.

A l'époque, la Préfecture de Police ne rendait compte au ministre de l'Intérieur que par son préfet et les relations avec les services de la rue des Saussaies étaient quasi inexistantes, tout au moins au plus haut niveau. A l'échelon exécution, les contacts s'effectuaient dans l'intérêt de chacun sans que la chose fût officialisée. Preuve de son autonomie, le personnel de la Préfecture de Police ne sera jamais concerné par les missions en Algérie, réservées uniquement à la Sûreté nationale.

La loi du 9 juillet 1966 réorganisant la Police nationale

met fin à cette aberration; la Préfecture de Police relève désormais de l'autorité du ministre de l'Intérieur et intègre fonctionnaires de la Sûreté nationale et de la Préfecture de Police dans un même corps. Décidée par le gouvernement et adoptée par le législateur, la création de la Police nationale ne se fait pas sans heurts.

En 1971, le ministre de l'Intérieur Raymond Marcellin, pour assurer plus d'homogénéité, nomme le directeur central des Renseignements généraux Jacques Lenoir préfet de Police, avec, pour adjoint, le préfet Jean Paolini. Les deux hommes s'entendent bien. Plus tard, pour achever la subordination de la Préfecture de Police à l'autorité du directeur général de la Police nationale (ex-DG de la SN), le ministre installe à ce poste Jacques Lenoir, et Jean Paolini occupe les fonctions de préfet de Police.

Ainsi, la Préfecture n'offre plus le visage d'une citadelle fonctionnant en autarcie.

2

LE PRINTEMPS SERA CHAUD...

Les prévisions des RG

Hiver 1967. La France s'ennuie peut-être. Pas les RG. Outre mes conférences à l'école nationale supérieure de police de Saint-Cyr-au-Mont-d'Or, je m'occupe des enquêtes du directeur des RG. Je suis une sorte de factotum chargé d'effectuer des missions à la demande du ministre de l'Intérieur. Il s'agit généralement de se renseigner sur les gens qui demandent audience au ministère. Même si elles sont dites « réservées », ces enquêtes procèdent surtout de la routine : il suffit de fouiller dans les archives et d'effectuer quelques investigations dans l'entourage de l'intéressé avant de transmettre le dossier à qui de droit.

Les élections législatives des 5 et 12 mars 1967 donnent des sueurs froides au général de Gaulle, dont la majorité se maintient d'extrême justesse. En plus des sondages traditionnels dont j'aurai l'occasion de reparler, il nous faut enquêter sur certains candidats, s'assurer que leur *curriculum vitae* est conforme aux exigences de la loi. Une tâche sans grand intérêt contrairement à ce que l'on pourrait penser. Elle ne va pas durer.

Depuis le début 1967, les différents services régionaux des RG transmettent des nouvelles qui sont loin d'être rassurantes. Goûtant les fruits d'une croissance sauvage, la France donne l'image d'une opulente société de consommation que rien ne menace. Pourtant, les synthèses de nos spécialistes laissent apparaître des failles. La colère couve : un ouvrier sur cinq touche le SMIG, alors que les cadences sont dites infernales. Une longue période de paix sociale prend fin. Janvier 1967 : à Bordeaux, Dassault est en grève. Février : les ouvriers des établissements de la Rhodia de Besançon prennent le relais, puis l'agitation gagne Berliet à Lyon ainsi que les chantiers navals de Saint-Nazaire. Déjà, les premiers affrontements avec la police ont lieu. Plus inquiétant, les universités bougent : des quêtes de solidarité pour les grévistes s'effectuent. Les étudiants s'éveillent à la contestation.

Ayant deux enfants, je suis particulièrement sensible au malaise de la jeunesse. D'inquiétants signaux viennent des universités. A Strasbourg, sous couverture du syndicat estudiantin UNEF, les situationnistes viennent d'éditer leur brochure intitulée *De la misère en milieu étudiant,* future bible des contestataires. Conditions de vie pénibles, débouchés incertains : les bacheliers qui se déversent dans les facultés comprennent difficilement le système. Malaise social au départ, le mécontentement véhicule rapidement des problèmes d'un autre ordre. De la mise en question de la société gaulliste à la politisation à outrance, le pas est vite franchi.

Le contexte international s'y prête : la guerre du Viêt-nam donne l'occasion aux plus agités de se retrouver dans les Comités Viêt-nam de base (CVB). Le coup d'État du 21 avril 1967 en Grèce ranime les ferveurs antifascistes et la guerre des Six Jours, les sentiments pro-palestiniens. Les groupes armés des Black Panthers américains sont cités en exemple tandis que fleurissent dans les chambres des adolescents en mal de révolution les posters d'un Che Guevara en voie de canonisation depuis son assassinat au fin fond de la Bolivie au mois d'octobre 1967. La révolution possède ses modèles : Cuba, le Viêt-nam, la Chine, et ses prophètes : Marx, Engels,

Lénine, Staline (ou Trotski), voire Mao Tsé-toung dont les portraits ornent les murs des facs, décorent les manifestations, illustrent la presse des contestataires. Maoïstes, staliniens, hippies, trotskistes : à chacun sa bande. Toutes sectes confondues, on écoute Joan Baez chanter contre l'impérialisme américain.

Les universités frémissent. La dernière semaine de novembre, Nanterre est en grève. De Berkeley à Berlin en passant par Rome, la vague de contestation frappe bientôt les campus américains et européens. Lors d'un de mes exposés à l'école de police sur la fonction des RG et l'importance de leurs prévisions, je lis une note d'information rédigée par la section sociale, au titre prémonitoire pour l'époque : « Les étudiants sur le chemin de la violence : les éléments sont réunis pour créer une situation révolutionnaire. » Je précise aux élèves-commissaires que si nous n'avons ni les moyens ni la compétence pour enrayer le cours de l'histoire, nous devons nous tenir prêts à affronter les événements.

Patron du nouveau Groupe d'enquêtes et de recherches

Alerté par les différentes sections des RG, le directeur Henri Boucoiran décide de réagir face à des événements dont on ne soupçonne pas encore l'ampleur. Le directeur a compris que les RG doivent s'adapter rapidement s'ils ne veulent pas être débordés. Fini de faire du renseignement sur la société française. L'heure est venue de mettre en place une structure opérationnelle afin de contrôler les groupuscules.

– Vous changez d'orientation, me dit Boucoiran par une froide journée de décembre. Je réunis les sections Enquêtes et Recherches. Vous déménagez et rejoignez le 127, rue du Faubourg-Saint-Honoré où se trouvent déjà les Enquêtes.

L'idée de rassembler les deux équipes ne paraît pas en soi une mauvaise idée. Impressionné par l'expérience du BDL, Boucoiran veut créer un groupe compact d'une quarantaine de personnes, prêt à œuvrer en cas de coup dur et qui ne s'occuperait pas seulement de renseigner le pouvoir politique, mais aussi d'agir afin de le protéger.

– Vous prenez le commandement du groupe « Enquêtes, Recherches et Transmissions », me dit Boucoiran. Vous remplacez temporairement votre chef, le commissaire principal Henri Guyot.

Rongé par une grave maladie osseuse, mon patron ne venait déjà presque plus au bureau. Je me vois mal à sa place d'autant qu'une solide amitié nous unit.

– Je ne suis qu'un simple commissaire. La section Transmissions est du ressort de Guyot, commandée par un ancien, le commissaire principal Arthur Bouvier. Il risque de tousser un peu si je m'intéresse à ses activités.

– On va arranger ça.

Il n'y avait qu'une manière de régler le problème : ne pas m'occuper des Transmissions. Boucoiran en convient. Je vais donc voir mon collègue pour le prévenir que je n'ai nulle intention d'empiéter sur ses prérogatives. Au vu des événements qui se préparent, la démarche peut sembler dérisoire. Mais l'administration étant ce qu'elle est, même aux heures les plus graves, il convient de ne pas froisser les susceptibilités des uns et des autres.

Me voilà donc responsable intérimaire de la section Enquêtes et Recherches. Nous nous installons dans les deux premiers étages de l'aile gauche de l'immeuble du 127, rue du Faubourg-Saint-Honoré où se trouve déjà le groupe Enquêtes. Les niveaux supérieurs sont occupés par les VO et l'Identité judiciaire, alors que le SRPJ de Versailles (en résidence à Paris) possède ses quartiers dans la partie droite du bâtiment.

L'infiltration des universités

Les milieux universitaires nous sont à l'époque pratiquement étrangers. Nous ignorons qui sont les meneurs étudiants ou gauchistes. Jusqu'alors, les groupuscules étaient du ressort de la section politique qui s'occupait de toutes les organisations de gauche : c'est dire le peu d'importance que nous leur accordions. Nous ne détenons qu'une documentation à l'état embryonnaire. Nos volumineux dossiers sur le PC et les vieux anars espagnols ne peuvent nous amener de pistes sérieuses. Les responsables des groupuscules nous sont totalement inconnus. Si nous possédons des fiches sur certains dirigeants connus de l'UNEF comme Jacques Sauvageot, en revanche nous ignorons tout des autres leaders à commencer par Alain Geismar dont le rôle est alors moindre, ou Daniel Cohn-Bendit, connu des seuls étudiants de Nanterre. Partant pratiquement de zéro, nous savons que le temps nous est compté. Il nous faut éplucher leur littérature, relever les noms, rédiger les fiches, recruter les informateurs avant le déclenchement des événements. Les délais sont trop justes et nous serons rapidement pris de court.

Toute notre production est versée à la documentation : je ne conserve sur place qu'un petit fichier constamment mis à jour. Les notes, enquêtes, tracts ou autres publications glanés parviennent aux sections de la direction concernées par le problème. Principale bénéficiaire de ce nouvel afflux d'informations : la section politique qui s'en servira largement pour rédiger les synthèses destinées au directeur général, au ministre ou aux autres chefs de la police. En quelques semaines, se recrée une organisation similaire au BDL, où cohabitent action et renseignement.

Sous mes ordres, une dizaine de jeunes inspecteurs dont certains sortent à peine de l'université. N'ayant aucun indicateur dans les facultés, je décide d'y renvoyer ceux de mes collaborateurs qui en viennent. La plupart d'entre eux gardent des contacts dans les milieux universitaires. Il leur suffit donc d'aller trouver leurs anciens camarades de faculté pour recueillir un tableau complet de la situation. Un an plus tard, le système d'infiltration des universités se perfectionne avec l'inscription dans les facultés de policiers fraîchement recrutés. L'affaire offre des avantages aux inspecteurs qui peuvent continuer leurs études aux frais de l'État tout en apprenant sur le terrain les techniques policières. On verra par la suite les limites d'une telle manœuvre. Au début des années 70 travaillent dans les universités françaises quelques dizaines de policiers-espions. Chacun d'eux possède un numéro de téléphone, répertorié sur la liste rouge, qu'il peut appeler en cas d'urgence et il n'a de comptes à rendre qu'à son chef de service qu'il rencontre régulièrement, mais jamais dans les locaux des RG.

C'est ainsi que, peu à peu, nous parvenons à saisir ce qui se passe. Il nous faut quelques semaines pour nous familiariser avec la multitude des groupuscules qui s'épanouissent dans les universités. Une sorte d'exploit : nos jeunes inspecteurs comme moi-même avons du mal à nous y retrouver entre les situationnistes et les staliniens, les trotskistes et les marxistes-léninistes, les anarcho-syndicalistes et les Jeunesses communistes, les pro-chinois et les anti-, les organisés et les inorganisés, qui fleurissent, telles les cent fleurs maoïstes, pour se disputer la parole aux assemblées générales. Après s'être initiés au jargon du mouvement par la lecture des tracts et des journaux, mes collaborateurs travaillent sur les meneurs estudiantins.

Mes inspecteurs s'intéressent à deux hommes : le secrétaire général du SNES-Sup, Alain Geismar, un petit rondouillard, et Daniel Cohn-Bendit, un rouquin qui œuvre à Nanterre. Alain Geismar est aussi austère et fermé que Dany Cohn-Bendit est extraverti. Le premier est un tenant du marxisme-léninisme le plus pur et le plus dur, alors que le second est un anarchiste exubérant. J'aurai l'occasion par la suite d'arrêter l'un et d'expulser l'autre dans des circonstances que je préciserai. Mes hommes contrôlent également les faits et gestes des responsables des groupuscules trotskistes comme celui d'Alain Krivine, ou encore la nébuleuse marxiste-léniniste qui accouche de partis et de publications aussi éphémères qu'exotiques. Ces enquêtes de routine ne débouchent pas sur des arrestations. Mais elles nous seront fort utiles quand, après juin 1968, nos services se consacreront corps et âme à la lutte antigauchiste.

Mes inspecteurs arpentent le Quartier latin. Ils traînent dans les hauts lieux de l'extrême gauche : la librairie Gît-le-Cœur où, derrière de lourdes portes blindées, ils feuillettent les œuvres du président Mao ou de Lénine dans la dernière livraison des éditions de Pékin; la Joie-de-Lire, rue Saint-Séverin où ils achètent régulièrement *Servir le peuple, L'Humanité rouge* ou *Le Monde libertaire.* Ils écoutent les étudiants refaire la révolution soviétique, rêver tout haut à la tricontinentale qui doit libérer les peuples opprimés de l'impérialisme yankee. Bref : ils apprennent le sabir estudiantin de la contestation.

Infiltrer les groupuscules à cette époque tient de la mission impossible. Comment un inspecteur des RG qui possède une licence – ce qui est déjà bien – peut-il approcher les têtes pensantes marxistes-léninistes, futurs agrégatifs de Normale Sup? Sans parler de la différence de classes. Contrairement aux révolutionnaires, quasiment tous issus de la haute bourgeoisie, d'autant plus idéalistes que ne se posent pas pour eux de problèmes de fins de mois, les policiers chargés de les contrôler sont nés généralement dans des milieux modestes. Inutile de se bercer d'illusions : il paraît pratiquement impossible de pénétrer le cénacle révolutionnaire. Nous ne réussirons à placer un informateur que de longs mois plus tard en nous servant, ainsi qu'on le verra, de leur seul point faible : leur vénération aveugle pour la classe ouvrière.

En ce début de 68, nous nous concentrons sur les campus en ébullition, à commencer par celui de Nanterre-la-Folie. Des tours froides reliées par des galeries sans âme, des amphithéâtres éclairés au néon, une cité universitaire trop moderne. Dans ce décor aseptisé commence la révolte. Les étudiants réclament pêle-mêle la mixité des locaux, la liberté d'expression, la révolution sexuelle, la fin de la guerre au Viêt-nam, l'avènement du communisme et le départ du général de Gaulle. Leur mouvement n'en est pas moins dangereux. Depuis le début de l'année 1967, les petits groupes d'étudiants d'extrême gauche affrontent à coups de manches de pioche, de pierres et de bouteilles, les commandos d'une formation d'extrême droite : Occident. Les blessés se comptent déjà par dizaines.

Le ministre de la Jeunesse et des Sports François Missoffe, venu inaugurer une piscine sur le campus le 8 janvier, est accueilli par un rouquin qui lui demande pourquoi il ne parle pas de la sexualité dans un rapport que son ministère vient de publier. Il a le tort de rétorquer à son interlocuteur qu'il ferait mieux de se tremper dans la piscine si des problèmes sexuels le préoccupent. La visite s'achève en chahut. Quant à l'audacieux qui a interpellé le ministre, son nom est le lendemain sur toutes les lèvres. Daniel Cohn-Bendit, Dany le Rouge, le « juif allemand » des slogans.

Le travail des inspecteurs des RG à Nanterre n'est pas facile. Fin janvier, les forces de l'ordre tentent d'arracher les photographies des inspecteurs opérant sur le campus que viennent d'afficher les étudiants en révolte. Aucun de mes collaborateurs ne figure dans cette exposition d'un genre particulier. La réaction ne tarde pas : les policiers sont chassés à coups de chaises et de pierres par des centaines d'étudiants en colère. Sur les autres campus de l'Hexagone, la tâche des inspecteurs des RG s'accomplit avec plus de facilité. Ils ont moins de mal à quadriller les meetings, repérant les visages, laissant traîner leurs oreilles toujours à l'affût d'informations. Ils s'y rendent sans arme bien sûr, avec leurs anciennes cartes universitaires dont ils ne se serviront jamais. En province, les étudiants ne chassent pas encore les flics de leurs rangs.

Contrairement aux vieux inspecteurs et commissaires des RG, nos jeunes sont presque tous diplômés de l'enseignement supérieur. Les étudiants se méfient d'autant moins que nous nous servons de jeunes femmes. La police, jusqu'à présent, cantonnait les représentantes du sexe dit faible à des tâches de secrétariat ou les affectait au service des mineurs. Réflexe misogyne absurde : les femmes, fort utiles dans le cadre des enquêtes, facilitent les contacts et sont parfaites pour endormir les plus méfiants. Ainsi au BDL avions-nous souvent recours à nos dactylographes pour les filatures. L'entrée de femmes dans le service actif ne fait pas l'unanimité : on limite le quota des places qui leur sont offertes dans les différents concours de la profession sous prétexte que, généralement plus studieuses, elles pourraient écraser les hommes à l'issue des épreuves. A la fin des années 80, une circulaire ministérielle limite encore leur nombre en augmentant de quelques centimètres la taille requise pour être candidate au poste de gardien ou d'officier de paix. Dommage : je puis certifier qu'en 1968, nos femmes inspecteurs firent merveille dans les facultés occupées.

La menace estudiantine est prise suffisamment au sérieux pour qu'on me demande de collaborer avec les RG de la Préfecture de Police (RGPP), nos rivaux, sans doute, mais nos frères dans le recueil d'informations. Je vais travailler pour la première fois avec mon homologue Philippe Massoni, qui dirige le Groupe de direction (GD) des RGPP. Doté d'un courage physique certain, Philippe Massoni est l'archétype de la nouvelle génération des chefs des Renseignements généraux : cultivé et subtil, il possède le don de commandement des troupes.

A l'instar de Paris, les campus universitaires européens sont eux aussi en ébullition. Les étudiants français, anglais, allemands et italiens, pour ne parler que d'eux, entretiennent d'étroits contacts. Jusqu'où iront-ils ? C'est ce qu'il nous faut estimer. Les événements ne nous laissent guère le temps d'enquêter. A la fin de l'hiver, un de nos correspondants à la faculté de droit du Panthéon nous signale que les plus extrémistes des étudiants sont en contact fréquent avec une Anglaise et un Allemand, les époux Lambche. Identification, écoute, surveillance du domicile : l'enquête commence. Rapidement, nous nous apercevons qu'ils reçoivent régulièrement des visiteurs venus d'Allemagne. Détail curieux, ces derniers arrivent toujours dans une camionnette VW chargée au maximum. Pourquoi ? Nous le découvrons en perquisitionnant le domicile des époux Lambche : les Allemands apportent du matériel ayant déjà servi lors d'émeutes dans leur pays (entre autres, des tronçonneuses pour couper les arbres et des masques pour se protéger des gaz lacrymogènes).

L'arrestation des époux Lambche est notre seule opération. Rapidement, nous sommes dépassés par l'accélération des événements. Henri Boucoiran avait certes renforcé la documentation antigauchiste des RG au plan national et donné des instructions pour que, dans les grands centres, les équipes des RG chargées de quadriller les campus soient complétées. Il est malheureusement trop tard pour tenter quoi que ce soit. L'enquête policière ne peut pas grand-chose face au vent de l'histoire. Certains de mes collègues inclinent à penser qu'une puissance étrangère se cache derrière ce qui n'est qu'un mécontentement de toutes les couches de la population française. Je me souviens d'un commissaire divisionnaire qui affirmait que les émeutes étaient fomentées par les services secrets israéliens pour se venger de la politique pro-arabe de De Gaulle. On se rappelle son mot malheureux sur le peuple juif « ...sûr de lui et dominateur ». Et mon collègue de citer pour preuve de la justesse de son raisonnement le nombre de juifs qui se trouvaient à la tête des étudiants en révolte. Que dire face à une telle méconnaissance des faits ? Indifférent à la bêtise de certains de mes contemporains, je suis avant tout préoccupé par celle de nos dirigeants impuissants à enrayer la déliquescence de l'État français face à un péril pourtant modeste.

Le mois de mars voit la création d'un nouveau mouvement qui prend pour nom la date de l'occupation de la tour administrative de Nanterre : « 22 mars ». Deux jours avant, le siège de l'American Express sur les Champs-Élysées a été attaqué par un commando. Le mois d'avril devient celui de toutes les manifestations : les étudiants de Nanterre vont défiler à la Sorbonne; le 12 avril l'UNEF et le PSU occupent le Quartier latin au lendemain de l'assassinat du leader estudiantin allemand Rudi Dutschke, « Rudi le Rouge ». Pour la première fois dans la rue, les étudiants font face à la police. Un car est attaqué rue Soufflot. Le 25 avril, on se bat à l'intérieur de la faculté de lettres de Toulouse. La police pénètre sur le campus pour mettre fin aux violents affrontements entre gauchistes et extrême droite. Trois jours plus tard, un commando pro-chinois attaque et dévaste une exposition favorable au Sud-Viêt-nam 44, rue de Rennes, à Paris. La bagarre est rude. Le groupe Occident réagit le 2 mai en incendiant les locaux de l'UNEF à la Sorbonne.

Décidé à reprendre les choses en main, le gouvernement avance la date des examens de fin d'année prévus pour le 6 mai. La fermeture de la faculté de Nanterre et l'intervention des forces de l'ordre sur le campus font se déplacer le foyer de la contestation vers la Sorbonne, jusqu'à présent relativement préservée de l'agitation. Le 3 mai, les forces de l'ordre entrent dans la Sorbonne qui est aussitôt fermée. Il faut deux heures à la police pour expulser les manifestants qui occupent la cour de l'université. Une demi-heure après le début des opérations, les premiers incidents éclatent. Dans les rues avoisinantes, la foule scande des slogans : « Libérez nos camarades! », « CRS-SS! ». Les pierres volent, les grenades lacrymogènes aussi. Les premiers pavés sont descellés. L'émeute commence; elle durera quatre heures. Depuis la fin de la guerre d'Algérie, on n'avait jamais vu une telle violence dans les rues de Paris.

Du 6 au 10 mai, les grandes manifestations des étudiants se succèdent. Au premier soir de l'émeute, on relève déjà près de cinq cents blessés. Le lendemain, 7 mai, après avoir traversé la Seine, trente mille manifestants envahissent les Champs-Élysées. L'*Internationale* retentit sous l'Arc de Triomphe. Toute la nuit, on se bat aux alentours du boulevard Raspail. La révolte gagne la France entière. Le 8 au soir, des dizaines de milliers de personnes se rassemblent à la Halle-aux-Vins. Parmi les orateurs qui chauffent la foule, Alain Geismar annonce que la nuit sera décisive. On siffle la CGT, bientôt contrainte par sa base de suivre le mouvement. Pendant ce temps, on négocie en coulisse la réouverture des facs. Le lendemain les radios annoncent que les cours reprendront sous peu à Nanterre et à la Sorbonne. Quelques heures plus tard, volte-face gouvernementale : « La Sorbonne restera fermée jusqu'au retour au calme. »

La journée du 10 s'ouvre sur la poignée de main historique entre l'Américain Cyrus Vance et le Vietnamien Ma Van Lau réunis à Paris. Elle se termine par la nuit des barricades. Depuis 21 heures, une foule de jeunes occupe le Quartier latin. Des voitures sont renversées et placées en travers de la chaussée contre des troncs d'arbres coupés. Pour consolider le tout, on entasse des pavés. La bataille commence à 2 h 15. Elle dure quatre heures et fait des centaines de blessés. Les radios transmettent les combats en direct. Le lendemain, des cortèges monstres déferlent dans les rues de Paris et des grandes villes de province. Le 15 mai, le théâtre de l'Odéon est occupé. La « commune étudiante » est à son apogée : les ouvriers ne vont pas tarder à la rejoindre. Bientôt, la France entière se trouvera en grève.

Les RG désœuvrés

Homme de terrain avant tout je ne résiste pas à la tentation d'aller au Quartier latin pour me rendre compte de la situation. Souvent accompagné de mon fidèle adjoint l'officier de police Jean Mouillefarine, ancien de la PJ, qui a travaillé avec Roger Borniche, sous les ordres du commissaire divisionnaire Charles Chennevier, je regarde, depuis le trottoir, les cortèges qui sillonnent Paris : place Saint-Michel-Étoile aller et retour. Quand elles sont encore ouvertes, je traîne volontiers dans les universités avant d'assister aux assemblées générales. Je suis curieux de voir ce que font ces adolescents. Jamais personne ne m'a interpellé : les badauds sont légions et les étudiants ont autre chose à faire que de vérifier la profession de chacun.

L'idée de me mêler aux « enragés » ne m'effraie pas. Je ne suis d'ailleurs pas le seul : il m'arrive souvent de croiser des collègues venus aux nouvelles. Parmi eux, Lucien Loupias, le directeur des RGPP. Nous échangeons chaque fois nos impressions, empreintes de consternation. Durant toute ma carrière, je préférais aller me rendre compte moi-même de la situation afin de donner à mon directeur une vision exacte du spectacle de la rue. Une seule fois, je fus pris à partie par des manifestants : en février 1972, lors des gigantesques funérailles du militant « mao » Pierre Overney. Malgré nos tenues « débraillées » – nos habits du dimanche – de jeunes excités, jugeant sans doute que notre groupe, un vieux entouré de jeunes, sentait le flic, nous apostropha avec agressivité. Il nous suffit de faire face en disant : « Oui et alors ? » pour calmer les ardeurs des plus agités.

Tant bien que mal, j'essaie de faire surtout du renseignement. Tâche bien inutile dans le court terme puisque je ne suis pas habilité à procéder à des arrestations, n'ayant reçu aucun ordre allant dans ce sens. Les RG ne sont d'ailleurs pas le seul corps de la police en état de catatonie. Les événements entraînent aussi de fâcheuses répercussions sur les activités de la DST, poussant mon ancien collègue du BDL Antonin Duranton et une partie de ses troupes à venir nous rejoindre dans nos bureaux du 127, rue du Faubourg-Saint-Honoré. La chasse aux espions et aux terroristes est fermée pour cause de manifestations ! N'ayant plus de travail rue des Saussaies, ils décident de venir nous prêter main-forte.

Notre travail se limite désormais à l'observation des

jeunes gauchistes qui s'agitent le plus. Les surveillances sont éphémères : difficile d'exercer une filature au milieu d'une manifestation ou de contrôler un domicile dans un quartier en pleine émeute. Quant aux écoutes téléphoniques, elles se réduisent considérablement. On parle même de les supprimer purement et simplement.

La déliquescence du pouvoir

A partir du 13 mai, le mouvement de protestation n'est plus uniquement universitaire. Dans toute la France, les ouvriers se joignent aux cortèges des étudiants. Le lendemain, les premières usines débraient. Le 15 mai, Renault-Cléon s'agite, Renault-Billancourt éternue, bientôt la France entière s'enrhume. Cinq jours plus tard, il y a près de dix millions de grévistes. Le général de Gaulle se trouve en voyage officiel en Roumanie. La machine de l'État est paralysée. Déjà, on se demande si le pouvoir n'est pas à prendre. Les services municipaux, les ministères sont bloqués par la grève. De retour en France, le général annonce : « La récréation est finie. » Le 24 mai au soir, il s'adresse à la nation : « un bide », pour reprendre son expression. Il s'enferme pendant deux jours à l'Élysée en proie au pessimisme le plus sombre. « C'est un torrent, je ne peux pas le saisir, je n'ai plus de prise », dit-il à qui veut l'entendre. Le désarroi du général se répercute sur l'ensemble du gouvernement. Mon directeur Henri Boucoiran par exemple n'arrive plus à voir le ministre de l'Intérieur Christian Fouchet qui fait répondre à toutes ses demandes d'audience qu'il n'a rien à lui dire. Un ministre de l'Intérieur refusant de recevoir son directeur des RG à l'heure où gronde l'émeute! La situation devient désespérante.

La grande peur du ministre a commencé le 24 mai au soir, peu après le discours du général de Gaulle. Une foule impressionnante se rassemble devant la gare de Lyon pour écouter la radio. Le général propose un référendum sur la participation pour assurer la rénovation du pays. « Au cas où votre réponse serait non, il va de soi que je n'assumerai pas plus longtemps ma fonction », conclut le chef de l'État. Brandissant leurs mouchoirs, les dizaines de milliers de manifestants scandent sur l'air des lampions : « Adieu de Gaulle, adieu de Gaulle, adieu. » Une heure plus tard, l'émeute éclate. Rue de Lyon, place de la Bastille, boulevard Beaumarchais. Le spectacle ne varie pas : barricades sommairement dressées, jets de pavés ou de grilles d'arbres d'un côté; de l'autre, tirs de grenades lacrymogènes et charges. A 21 h 30, des petits groupes de gauchistes se massent devant la Bourse. A leur tête : Alain Geismar. Les barrières franchies, les manifestants enfoncent les portes et provoquent un début d'incendie avant de s'enfuir. D'autres « enragés » endommagent les façades du ministère de la Justice place Vendôme. L'émeute menace l'Élysée et la place Beauvau un court instant, avant de retourner vers le Quartier latin qui s'enflamme une nouvelle fois. Au lieu de s'attaquer au ministère de l'Intérieur, objectif stratégique s'il en est, les manifestants se rabattent, entre autres, sur le commissariat du Panthéon. L'alerte a été chaude.

Le lendemain après-midi doit se tenir une réunion chez le secrétaire général pour la police, Jacques Auber. Son objet : l'attitude à adopter en cas d'attaque du ministère de l'Intérieur. Boucoiran y est convié. Il veut que je l'y accompagne.

Le secrétaire général Auber convoque les hommes clés de la police française. Michel Hacq et Honoré Gevaudan représentent la PJ. Leur présence s'impose en tant que vétérans de la lutte anti-OAS. Outre les RG, la DST et la direction de la Sécurité publique participent à la réunion.

Après un bref exposé de la situation que nous connaissons pour l'avoir suivie, Jacques Auber nous communique les ordres supérieurs :

Les manifestants ont incendié la Bourse. S'ils

s'attaquent au ministère de l'Intérieur, on ne le défend pas.

Consternation dans la salle.

– Ce sont les ordres du ministre, renchérit Jacques Auber. On ne défendra pas le ministère. Le ministre ne veut pas d'incidents.

Effaré, je pense aux armes qui se trouvent dans tous les bureaux. Si jamais les gauchistes apprennent que l'on ne protégera pas l'édifice, ils n'ont plus qu'à venir se servir!

– Ce n'est pas possible, proteste le directeur de la DST. S'ils envahissent le ministère, c'est une catastrophe. On ne peut pas laisser les manifestants pénétrer dans nos locaux ou dans ceux des RG de la rue des Saussaies. Vous imaginez les dégâts que cela ferait? Avec les RG nous sommes en première ligne. Vous allez exposer nos correspondants à un sérieux risque de représailles. Permettez-nous au moins de déménager nos archives. Il nous faut aussi évacuer ceux de nos fonctionnaires qui sont les plus menacés. J'ai besoin de fonds pour cela.

– Je verrai avec le ministre, répond Jacques Auber.

Henri Boucoiran se lève et remonte son pantalon, signe de très mauvaise humeur.

– Monsieur le secrétaire général pour la police, tonne-t-il, je refuse les instructions du ministre. Je ne vois pas pourquoi je baisserais ma culotte devant quelques trublions. Il m'est arrivé dans ma vie d'affronter plus forte partie. En conclusion, je vous dis monsieur le secrétaire général que je défendrai le ministère de l'Intérieur avec mes troupes et tous ceux qui le voudront. Je vous prie de bien vouloir transmettre mon message à monsieur le ministre. Sur ce, messieurs, au revoir.

Puis, se tournant vers moi.

– Venez, Harstrich!

Nous sortons. Dans le couloir, il allume une gitane papier maïs tout en se dirigeant vers le bureau des huissiers. Il s'arrête soudainement :

– J'ai oublié quelque chose.

Il rebrousse chemin et ouvre violemment la porte du bureau.

Michel Hacq, qui était en train de parler à ses collègues, s'interrompt. Silence dans la pièce.

– Michel, dit-il en s'adressant au responsable de la PJ, tu viens avec moi ou tu restes avec les lâches ?

– J'arrive Henri, j'arrive.

– Je te donne une minute, pas plus.

Une minute après, Boucoiran et moi-même quittons le ministère sans Michel Hacq. Direction : le bistrot du coin. Deux bières plus tard, je m'absente pour aller aux toilettes. En fait, je téléphone à Maurice Paoli, le directeur de cabinet de Boucoiran.

– Où êtes-vous ? Le ministre a déjà appelé trois fois. Hacq n'arrête pas de téléphoner, le directeur général aussi. Qu'est-ce qui se passe ? Qu'est-ce qu'il a fait comme foucade ?

– On est au café, je n'arrive pas à convaincre le patron de remonter. Il est prêt à refaire la guerre. Il n'arrête pas de répéter : « Les Allemands, c'était autre chose que ces petits connards d'étudiants. » Viens m'aider.

– J'arrive.

Il ne sera pas facile de convaincre notre directeur de reprendre son poste. Alternant tour à tour diplomatie et bon sens, nous y parvenons quand même. A peine rentré rue des Saussaies, Henri Boucoiran téléphone au ministre. J'ignore ce qu'ils ont pu se dire, mais connaissant le franc-parler de mon directeur, je devine que la conversation a dû être agitée. Le ministre reconsidéra-t-il son ordre de ne pas défendre la place Beauvau ? La question fut-elle débattue à nouveau lors de réunions au sommet ? N'ayant pas assisté à d'autres rencontres des responsables de la police, je ne saurais le dire. En revanche, je constate que l'ordre de ne pas défendre le ministère en cas d'attaque ne sera jamais donné. En tout état de cause, l'assaut n'aura pas lieu. Inutile donc de se perdre en conjectures sur l'attitude des forces de l'ordre face à d'éventuels assaillants. En définitive, il est certain qu'à la faveur de la pusillanimité ministérielle, ils auraient pu agir impunément l'espace d'un court après-midi.

Tractations secrètes avec la CGT

La France paralysée, le pouvoir décomposé, reste une inconnue : l'attitude des syndicats. Entraînés dans le mouvement, il leur a fallu deux jours avant de réagir aux occupations d'usines commencées le 14 mai. La CFDT affirme sa volonté de se rapprocher des « étudiants progressistes » et la CGT appelle à « un front syndical sans faille » afin de remplacer le gouvernement. Le Premier ministre Georges Pompidou décide alors de jouer sa dernière carte : la négociation sociale. A l'aube du 26 mai, après des discussions marathon, gouvernement, patronat et syndicats signent les accords de Grenelle. Tout n'est pas gagné pour autant : les ouvriers de Renault rejettent l'accord. La révolution est aux portes. Le gouvernement redoute un coup d'État communiste. « C'est la guerre », déclare Georges Pompidou. Le gouvernement ne peut écarter l'hypothèse selon laquelle le PCF tenterait le « grand coup ». Et l'on redoute que la manifestation du 29 mai à laquelle s'est associée la CGT ne pousse jusqu'à l'Élysée au lieu de se dissoudre devant la gare Saint-Lazare. Ils veulent l'Élysée ? Ils l'auront peut-être, mais sans le président : de Gaulle disparaît.

A l'époque on croit, à tort, le général au bord du gouffre : cette disparition de quelques heures reste purement tactique. Convaincu que de Gaulle ne s'est pas enfui, Boucoiran décide d'intervenir face à la menace que pourrait représenter le PCF. Depuis longtemps, il réfléchissait à ce qu'il pourrait faire pour empêcher les événements de dégénérer. Une telle attitude, éloignée de ce que l'on attend d'un directeur des RG, peut s'expliquer par une inquiétude : comment empêcher le PC et la CGT de se lancer à fond dans l'aventure sous la pression d'éléments radicaux ? Si la chose apparaît peu vraisemblable avec le recul du temps, il faut comprendre qu'à l'époque, cette crainte se trouvait largement partagée par les principaux responsables de la police. Boucoiran n'est pas homme à rester sans agir alors que, entraînés dans le mouvement par les étudiants, débordés par leur base, les dirigeants communistes appellent leurs troupes à rejoindre des manifestations de rue à caractère insurrectionnel.

A l'appel des syndicats, pendant deux jours, une multitude de Français descendent dans la rue. Le 29 mai à Paris, ils sont 250 000 à défiler de la Bastille à la gare Saint-Lazare. Le lendemain Boucoiran a pris sa décision. Il va tenter une ultime démarche. Pour cela, il a besoin de mes services.

– Venez me chercher cet après-midi chez moi. Prenez quelqu'un de sûr avec vous. Il nous faut un chauffeur de toute confiance.

Je comprends que Boucoiran ne veut pas prendre sa voiture de service par souci de discrétion. Je dois donc trouver, pour nous accompagner, un fonctionnaire des RG discret. Je n'en vois qu'un : Henri Blaise dit « Riquet », le roi du coffre-fort, mon fidèle assistant depuis l'époque du BDL.

Boucoiran nous attend devant son appartement, rue Anatole-de-la-Forge.

– Où allons-nous ?

– Au quartier général de la CGT.

Boucoiran veut rencontrer son vieux camarade de déportation, le secrétaire général de la CGT : Georges Séguy.

– J'en ai pour un moment, nous dit Boucoiran en nous quittant. Attendez-moi au café du coin.

Il est 15 heures. L'attente commence. A 18 heures, on ne voit toujours rien venir. Nous évitons d'afficher des signes de nervosité. Toujours pas de nouvelles du directeur à 20 heures; le café où nous attendons ferme.

Je me décide enfin à aller aux nouvelles. J'appelle Paoli.

– Maurice, as-tu des nouvelles du patron ?

– Je croyais que tu étais avec lui. On ne l'a quand même pas kidnappé ?

Difficile de croire que les cégétistes puissent enlever le directeur des RG ! Pourtant je ne peux m'empêcher de me faire du mauvais sang. Tout est possible. Peut-être Georges Séguy et ses amis retiennent-ils gentiment Boucoiran afin de faire pression sur le ministère ? Peu probable, surtout entre camarades de déportation. Je suis d'autant plus perplexe que j'ignore tout des motivations de Boucoiran. J'en suis là de mes conjectures lorsque je vois enfin mon directeur sortir. Il est plus de 20 h 30. Le secrétaire général de la CGT et le directeur central des RG viennent de passer plus de cinq heures ensemble. Qu'ont-ils pu se raconter ?

Le patron n'était pas du genre loquace, j'évite de le questionner tandis que nous prenons le chemin des *Armes de la Ville*, un café-restaurant tenu par un de ses amis, situé à proximité du BHV. Il a l'air content de lui en prenant l'apéritif au comptoir. Tellement content qu'il nous offre le dîner. A la fin du repas, il lâche :

– Il n'y aura plus de manifestation communiste ou cégétiste. Séguy me l'a promis. Peut-être rencontrera-t-on encore quelques communistes dans les manifestations de gauchistes : des éléments incontrôlés, sans plus. Mais j'ai sa parole que le PC et la CGT n'appelleront plus à défiler en compagnie des autres.

Me trouvant dans l'ignorance totale des propos échangés entre Séguy et Boucoiran, je ne peux témoigner que d'une chose : à compter de ce jour, les cégétistes prennent leurs distances des cortèges estudiantins. Ainsi le 1er juin, la CGT refuse-t-elle de s'associer à une manifestation de l'UNEF qui doit relier la gare Montparnasse à la gare d'Austerlitz, la qualifiant d'« inopportune ». Loin de moi la présomption de voir dans cette décision une victoire du directeur des RG. Ce serait faire abstraction d'un contexte autrement plus complexe. Il paraît certain que la CGT, depuis le début à la remorque des gauchistes, renâcle et traîne des pieds lors des défilés. Les cégétistes prirent-ils leur décision avant la visite de Boucoiran ? Le directeur des RG a-t-il seulement servi de détonateur ?

Ce n'est pas la seule fois que Boucoiran fera jouer ses amitiés de déportation. N'admettant pas que l'État puisse être menacé par la rue, le directeur des RG fait appel à un ancien dirigeant de la Shell, Alex Prat, ex-chargé de mission auprès du ministre de l'Intérieur Roger Frey, pour que la société pétrolière reprenne ses livraisons, interrompues pour cause d'événements.

– Il faut de l'essence dans les pompes, lui dit en substance Boucoiran, les vacances arrivent. Les Parisiens doivent pouvoir rejoindre leurs familles en province et tout rentrera dans l'ordre.

Intervention décisive puisque Shell reprend la première ses livraisons, suivie de Total et BP. Par la suite, des bruits de couloir évoquèrent une promesse de rosette de la Légion d'honneur au président de Shell Hollande.

Le 30 mai, le général de Gaulle commence la contre-offensive. Annonce-t-on son départ ? Il fait savoir qu'il reste. Le pouvoir législatif est-il bloqué ? Le général dissout l'Assemblée nationale. La gauche occupe la rue ? La droite fera de même. A l'appel des partis de la majorité, le 30 mai, 400 000 personnes se réunissent place de la Concorde pour remonter les Champs-Élysées. Le tout-État doit s'y retrouver. Notre directeur nous convie à nous y rendre. Je préfère pour ma part offrir un repas à mes hommes, n'ayant aucune envie de défiler aux côtés de personnalités absentes du terrain pendant plus d'un mois. Paradoxe : une des seules manifestations de Mai 68 à laquelle je n'assiste pas est précisément celle appelée pour défendre les institutions de la Ve République.

Les turbulences et les grèves ne passeront pas l'été. Les syndicats appellent à la reprise du travail. Durant quatre jours, des heurts violents se déroulent à Renault-Flins. On évacue l'Odéon, puis la Sorbonne et Renault-

Billancourt. Mai 68 n'est pas encore terminé pour autant. Pour avoir perdu la bataille de la rue, les groupuscules ne renoncent pas au combat. Pour les RG, le travail classique reprend. La panoplie des armes traditionnelles va à nouveau servir.

Seule ombre au tableau : le départ de mon directeur, Henri Boucoiran, qui dirigeait les RG depuis 1963. Un véritable record. J'ignore les raisons de son limogeage. Sans doute son franc-parler lui a-t-il attiré bien des inimitiés? Peut-être lui en veut-on d'avoir reproché aux responsables du ministère de l'Intérieur de n'avoir pas fait leur devoir lors des événements de Mai et leur hésitation à défendre la République? Sa nomination comme préfet d'Agen prouve que le ministère ne fut pas trop rancunier : il se retrouve non loin de sa propriété dans le Gard. En outre, il était rare à l'époque de voir des policiers accéder aux charges préfectorales.

L'arrivée d'un nouveau ministre de l'Intérieur, Raymond Marcellin, et d'un nouveau directeur des RG, le préfet Jacques Lenoir, signifient pour moi une surcharge de travail avec la création de nouvelles structures de lutte antigauchiste dont je prends le commandement : la Brigade opérationnelle centrale (BOC) et les Brigades opérationnelles régionales (BOR).

3

LES BRIGADES OPÉRATIONNELLES

Marcellin

Depuis le 28 mai 1968, le républicain indépendant Raymond Marcellin dirige d'une poigne de fer le ministère de l'Intérieur. Encore aujourd'hui, il m'apparaît comme un très grand ministre. Franc, direct, toujours le sourire aux lèvres, possédant une autorité naturelle, l'œil bleu pétillant de malice, la parole aisée, le verbe persuasif, souvent debout, passant et repassant devant son bureau (celui de Cambacérès) pour mieux convaincre son interlocuteur, il est de la race des grands serviteurs de la République. En bon politique, il a su, durant son règne place Beauvau, faire gagner toutes les élections par la majorité. Un record difficile à égaler.

L'homme est un gros travailleur qui exige toujours le maximum de ses collaborateurs. Chose rare dans l'administration, il ne respecte ni vacances ni week-end. S'il recommande à ses préfets d'étoffer les forces de police les samedis, dimanches et jours fériés afin de faire face à toutes les éventualités, c'est autant par crainte de la « menace gauchiste » que par souci de les savoir constamment sur le qui-vive. Comme tous ceux qui ont bénéficié de sa confiance, j'en sais quelque chose.

Homme des missions délicates du ministre, j'ai l'habitude d'être convoqué même le dimanche, par un coup de téléphone qui commence invariablement par :

– C'est moi, Harstrich... Vous m'avez reconnu.

Pas de nom au téléphone : une question d'habitude.

– Oui, monsieur.

– Venez me voir. Vous déjeunez peut-être ?... Prenez votre temps. Je vous attends au plus tôt. Le costume-cravate n'est pas utile, restez comme vous êtes.

Insensible au qu'en-dira-t-on et aux critiques de l'extérieur, le ministre n'a pas bonne presse. Les journalistes le décrivent comme un homme simple à l'horizon fait d'épaisses certitudes. La rudesse de certains de ses propos choque les intellectuels qui s'indignent lorsqu'il déclare par exemple : « Le mal vient de ce qu'en mai 1968 on n'a pas frappé assez fort. Ni surtout assez vite. Le mouvement de Mai 68 aurait pu être liquidé en deux jours. Il fallait ramener l'ordre tout de suite, garder les gens arrêtés, s'emparer des chefs. »

L'intelligentsia lui reproche-t-elle de concevoir la lutte antigauchiste comme une guerre personnelle qui ne connaît ni trêve ni répit ? « J'assure à mon échelon la coordination des informations collectées sur les mouvements extrémistes, leurs implantations, leurs effectifs, leurs intentions et leurs projets », rétorque Marcellin dans une interview. Pour mieux centraliser le renseignement, il met sur pied une structure informelle où se retrouvent les directeurs des différents services de police concernés par la « lutte contre les menées subversives ». L'organisme sera baptisé bien plus tard d'un nom lourd de connotations : le Bureau de liaison ou BDL.

Encore sous le coup des événements de Mai, la classe politique donne carte blanche à Marcellin pour en finir avec les mouvements gauchistes. Même s'il lui arrive de protester pour la forme, le Parti communiste au fond n'est pas mécontent non plus de voir les trublions d'extrême gauche traités avec une fermeté toute gaullienne. Le ministre bénéficie du consensus des Assemblées : les députés évitent de l'interpeller plus que de raison lorsqu'il fait donner vigoureusement les CRS et les gendarmes mobiles lors de manifestations.

On a souvent dit que Raymond Marcellin voyait se profiler derrière les mouvements gauchistes l'ombre d'un complot international. Bien que n'ayant jamais remarqué une telle fixation, je crois qu'elle peut s'expliquer, si tant est qu'elle ait existé, par la nature des informations qui lui étaient communiquées. Alertés par les contacts entre gauchistes français, italiens, allemands et anglais, nos collègues chargés d'analyser les informations y voyaient la cause des événements. Fâcheuse interprétation qui tient, peut-être, d'une conception policière de l'histoire mais qui trouve quelques échos dans l'entourage du ministre.

On ne peut certes pas exclure que des services secrets étrangers se soient intéressés de près à certains groupuscules : les explosifs qui servirent lors de certains attentats provenaient parfois d'ambassades étrangères, selon des sources recueillies par nos services d'espionnage et de contre-espionnage. Je ne pouvais partager toutes les analyses de mon ministre, car, en tant qu'exécutant, je ne possédais que d'une façon fragmentaire les données du problème et je ne me faisais une opinion qu'au travers des affaires que l'on me confiait. Par exemple, je n'étais pas vraiment convaincu que le cinéaste Marin Karmitz fût le chef occulte du gauchisme. Mon directeur m'ayant demandé d'enquêter sur lui, je n'arrivais pas à obtenir de résultat. L'affaire fut sans doute confiée à un autre service. Celui qui allait devenir un des premiers producteurs cinématographiques de la France des années 80 n'était à l'époque qu'un compagnon de route des gauchistes, passionné par le prolétariat au point de lui consacrer ses films.

En décrétant la lutte à outrance contre les groupuscules gauchistes, Raymond Marcellin décide de faire de moi un de ses « instruments », pour des raisons qui m'échappent encore à l'heure actuelle. Peut-être pense-t-il que mon passé de lutte contre l'OAS me donne le profil de l'emploi ? En tout cas, il apprécie ma conception active des Renseignements généraux. J'ai toujours estimé qu'une police politique efficace ne peut se contenter de faire uniquement du renseignement sur papier : elle doit aussi intervenir de manière opérationnelle sur le terrain, dans le cadre des limites imposées par la loi.

L'expérience du BDL prouve que, à l'image de la DST, l'efficacité des RG redouble quand ils ne se contentent pas seulement d'informer. Henri Boucoiran l'avait compris en réunissant dès 1967 les sections Enquêtes et Recherches. Si l'expérience ne fut pas concluante sur le moment elle n'en méritait pas moins d'être prolongée voire développée.

Avec l'accord du ministre, Jacques Lenoir renforce la nouvelle équipe dont la mission principale reste la chasse aux groupes subversifs sur tout le territoire. Le directeur des RG affine l'organigramme et forge un nom qui ne tarde pas à être connu dans les milieux policiers : la Brigade opérationnelle centrale (BOC) dont j'assume la direction dès sa création. Je fais remarquer à mon directeur que la BOC ne peut suffire à sa mission. Sans antenne en province, elle risque de manquer d'efficacité. Certes, nous pouvons compter sur le soutien logistique de l'appareil des RG dans tout l'Hexagone. Mais nous sommes à la merci de nos collègues. Il suffit qu'un responsable régional ou départemental communique à Paris une information susceptible de nous intéresser sans la signaler particulièrement à notre attention pour qu'elle soit acheminée vers une section compétente, où nous la découvrirons trop tard. De même, les inspecteurs en province sont affectés à toutes sortes de tâches peu compatibles avec l'action contre les « menées subversives ». J'obtiens donc la création de Brigades opérationnelles régionales (BOR) chargées de quadriller le territoire sous la direction de la BOC.

L'expulsion de Cohn-Bendit

L'agitation reprend dans les lycées à partir de février 1969. Le départ du général de Gaulle le 28 avril, à la suite de sa défaite au référendum, stimule les mouvements gauchistes. L'élection de Georges Pompidou à la présidence de la République le 15 juin ne calme en rien leur ardeur. La poudrière des universités menace à tout instant d'exploser. On redoute leur occupation et une nouvelle flambée. Raymond Marcellin nous ordonne de surveiller tout particulièrement les étudiants. Contrôle des leaders, infiltration des organisations : le travail de routine reprend.

Les fantômes de Mai reviennent régulièrement hanter la France. L'annonce du retour de l'ancien dirigeant du Mouvement du 22 mars, Daniel Cohn-Bendit, ne manque pas d'inquiéter la classe politique.

Interdit de séjour dans l'Hexagone, Daniel Cohn-Bendit y est déjà venu à plusieurs reprises. Nous le savons et nous laissons faire : ces voyages clandestins ne nous inquiètent pas outre mesure. A l'issue de chacune de ses visites éclair, « Dany le Rouge » retourne sagement en Allemagne. Cette fois, les événements menacent de prendre une tout autre tournure. Décidé à se battre, l'ancien leader des étudiants de Nanterre entend rentrer légalement sur le territoire au mépris de l'arrêté d'expulsion qui le concerne. Il s'est déjà présenté une première fois à la frontière franco-allemande pour être refoulé par le sous-préfet de l'arrondissement escorté de CRS et d'escadrons de gendarmerie. Épisode cocasse qui suscite les commentaires ironiques de la presse... A juste titre.

Daniel Cohn-Bendit ne renonce pas pour autant à son entreprise. Il organise une conférence de presse et annonce son intention de prendre un vol régulier à destination de Paris. Un comité de réception se tient prêt à l'accueillir à son arrivée à l'aéroport d'Orly. A sa tête, des intellectuels français dont Jean-Paul Sartre.

– On ne va pas recommencer la comédie de la dernière fois, dit Raymond Marcellin à mon directeur. Il faut le refouler une fois de plus! Demandez à Harstrich de s'en occuper.

Le préfet Jacques Lenoir décide d'opérer de manière plus discrète. Je n'emmène que quelques-uns de mes hommes. Mon collègue d'Orly, le commissaire divisionnaire Maurice Colon, fait atterrir l'avion loin de l'aérogare, à l'abri du regard des photographes et des manifestants. Je monte dans l'appareil avant que les passagers ne commencent à débarquer. Ma tâche est simple : notifier à Cohn-Bendit l'arrêté ministériel d'expulsion qui le rend indésirable sur le territoire français.

Avec sa chevelure rousse, Cohn-Bendit est facile à repérer. Il attend sagement son tour pour quitter l'appareil. Je lui fais signe de s'asseoir.

– Vous, restez là!

Cohn-Bendit s'exécute. L'appareil se vide. Arrive le commandant de bord.

– Monsieur, me dit-il, descendez immédiatement. Je vous ordonne de quitter mon appareil.

– D'abord, cet avion n'est pas à vous. Ensuite, cette affaire ne vous regarde pas. Allez faire joujou avec vos manettes. Faites votre travail; moi, je fais le mien.

– Je vais saisir votre hiérarchie et déposer une plainte auprès de mon syndicat, s'insurge-t-il, tout en battant en retraite.

Dans son coin, Cohn-Bendit ricane :

– Il vous engueule, hein?

Nous quittons l'appareil. Deux voitures nous attendent avec mes troupes.

– Il vous faut deux voitures pour moi tout seul? remarque Cohn-Bendit avec ironie.

– Je dois vous reconduire jusqu'à la frontière. Vous avez le choix. Soit je vous emmène en voiture, soit vous prenez le premier avion pour l'Allemagne. Un vol est sur le point de partir. Votre place est réservée; j'ai donné des instructions pour qu'on vous attende. Si vous faites du scandale à bord et que le commandant vous débarque, le voyage s'effectuera par la route.

– Je ne pars pas.

J'avais avisé le poste frontière de Strasbourg de nous attendre et demandé de prévenir nos collègues allemands.

– D'accord, je vous emmène en voiture. Mais vous savez, autour de moi, il y a des fonctionnaires victimes des nazis ou des anciens combattants résistants qui n'aiment guère leurs cousins germains. Si vous tentez de vous échapper, je ne garantis pas leurs réactions...

J'ajoute pour achever de dramatiser ma tirade :

– Un coup de feu est si vite tiré.

– Bon, je pars!

– Pas de scandale dans l'avion?

– Non, non.

Je suis en train de lui expliquer que j'attendrai personnellement que le vol ait décollé lorsque arrive le directeur adjoint des RG, Jean David, calme comme à son habitude malgré un début de manifestation dans l'aérogare. Il s'adresse à Cohn-Bendit. Patiemment, il lui explique la manière dont se passe techniquement une expulsion, et essaie de le convaincre du bien-fondé de l'arrêté du ministre. Je ne vois pas l'intérêt de parlementer avec un homme rompu à la dialectique et qui, de surcroît, ne reconnaît ni les lois ni les institutions.

Cohn-Bendit se ressaisit :

– Je ne pars plus.

La moutarde me monte au nez.

– Vous permettez, monsieur le directeur? J'entraîne le jeune homme à part.

– Tu m'énerves! Tu vas t'en aller, parce que si nous faisons le voyage ensemble, ça ne va pas être gai pour toi. Mais alors pas du tout!

Pour être un flic républicain, on n'en a pas moins ses humeurs... Le commissaire René Psalmon et Henri Blaise en rajoutent à leur tour.

– Ça va, ça va, je m'en vais par avion, cède Cohn-Bendit.

Une demi-heure plus tard, alors que l'avion qui reconduisait en Allemagne l'ancien leader du 22 mars venait de décoller, je retrouve mon directeur le préfet Jacques Lenoir, dans les locaux de l'aéroport d'Orly réservés à la police.

– Alors Harstrich, me dit-il, vous êtes content ? Vous n'avez pas à aller chez vous à Strasbourg. Dommage, je viens de rendre compte au ministre : il aurait préféré qu'on le ramène par la route.

Je ne sais toujours pas s'il plaisantait. Par la suite, Daniel Cohn-Bendit sera autorisé à se rendre à nouveau en France, mais pas avant que ne se dissipe le spectre de Mai 68.

LCR, AJS, GP, NRP...

Dès le début de l'année 1969, nous possédons une idée plus précise de nos « clients ». Nous divisons les groupuscules en fonction du danger qu'ils représentent. Les trotskistes sont les plus redoutables : tout comme les RG de la Préfecture, nous possédons des informateurs au sein de la première organisation de la IVe Internationale, la Ligue communiste révolutionnaire (LCR). L'écoute du téléphone et parfois l'interception du courrier nous apprennent ce que nous avons besoin de savoir. Souvent, nos collègues de province nous signalent l'arrivée à Paris de militants locaux venus participer à des manifestations ou à des réunions. Nous nous chargeons alors de les suivre pour identifier leurs contacts. Grâce à nos informateurs à l'intérieur de la LCR, nous pouvons pratiquement reconstituer l'organigramme de cette formation, ce qui nous apparaîtra fort utile lors de la dissolution de cette Ligue en 1973 à la suite d'une manifestation « antifasciste » particulièrement violente.

Les autres groupuscules trotskistes nous donnent moins

de souci, même si nous sommes intéressés par le plus hargneux d'entre eux : l'AJS. Des responsables de l'AJS ont en effet acheté un terrain dans la banlieue parisienne afin d'y construire une véritable bunker ceint de clôtures barbelées. Mon adjoint Psalmon a tenté de sonoriser l'endroit. En vain : il y a toujours du monde à l'intérieur. L'absence de toute ligne téléphonique interdit les écoutes. Après avoir photographié toutes les personnes qui entrent et sortent de la propriété, nous renonçons à toute surveillance.

De tous les groupuscules, la Gauche prolétarienne (GP) est celui qui présente le plus de danger. Créée à l'automne 68, la GP rassemble des étudiants en quête de révolution et une poignée d'ouvriers en rupture de syndicats. Dissoute le 27 mai 1970 par le Conseil des ministres, l'organisation n'en disparaît pas pour autant : elle subsistera encore pendant trois ans avant de se saborder.

Nous connaissons déjà un des chefs de la GP : Alain Geismar, rescapé des événements, défroqué du syndicalisme estudiantin après avoir participé à l'incendie de la Bourse. Maîtrisant mal les arcanes de l'UNEF et autres ancêtres des groupuscules, les principaux responsables de la GP comme Serge July ou Benny Lévy (alias Pierre Victor) nous sont encore inconnus.

Ils se disent maoïstes et on les appelle familièrement les « maos ». Fascinés par la révolution culturelle ils rêvent aussi au Komintern. Ils vénèrent Marx, Engels, Lénine, Staline, Mao, mais ont des tendances libertaires. Sans avoir l'uniforme du garde rouge ils en ont souvent la panoplie : badge mao à la boutonnière, petit livre rouge, casquette en bleu de chauffe et foulard rouge autour du cou. Contrairement aux autres groupuscules marxistes-léninistes, les maos comprennent que, pour toucher un vaste public (« les larges masses » de leur jargon), certaines concessions populistes deviennent indispensables. Et ça marche : ne dit-on pas qu'ils sont au gauchisme ce que *Paris Match* est à la presse hebdomadaire ?

Depuis le 27 avril 1970, l'organe de la GP, *La Cause du peuple,* est dirigé par Jean-Paul Sartre. L'auteur de *La Nausée* prend la place des deux anciens directeurs qui viennent d'être arrêtés. Intellectuels, acteurs, artistes : la mouvance de gauche se mobilise à son tour pour défendre le journal des maos. On peut ainsi voir Jean-Paul Sartre, mais aussi Michel Foucault, Gilles Deleuze ou encore Delphine Seyrig et Marie-France Pisier se rassembler autour d'une publication qui ne leur ressemble pourtant pas. Au nom de la liberté d'expression, mais peut-être aussi d'un mouvement à la mode, on voit ainsi des bourgeois vendre à la criée un quotidien proclamant la haine des institutions.

Les maos rêvent déjà que les usines et les universités vont s'enflammer. Tout en incitant les ouvriers et les étudiants à passer à l'action, ils se donnent les moyens de leurs rêves en se dotant d'une structure clandestine (la Nouvelle Résistance prolétarienne : NRP). Avatar de groupes terroristes, la NRP n'en devient pas moins potentiellement dangereuse. Au même moment, un groupe similaire apparaît en Italie : les Brigades rouges, appelées à un avenir plus sanglant que la NRP. Pour l'heure, elle ne revendique que quelques attentats sans gravité mais elle inquiète compte tenu de ses liens avec des groupes palestiniens. Ses chefs ne vont-ils pas céder à la tentation terroriste ? Nous sommes enclins à le croire car dans les colonnes de *La Cause du peuple,* la NRP appelle à prendre les armes. Serge July a déjà cosigné un ouvrage intitulé *Vers la guerre civile.* Nous concentrons le gros de nos efforts sur les maos.

Au début, notre travail n'apparaît pas facile. Nous avons certes logé quelques dirigeants de la GP et placé quelques téléphones sur écoute, mais ils se méfient. Les filatures deviennent donc difficiles. Nous savons que tant que nous ne posséderons pas d'informateur au sommet, notre tâche sera compliquée voire impossible. Trouver un indicateur dans ce milieu soudé, qui s'apparente fort à une secte, tient de la gageure. Alors, en attendant l'occasion, il nous reste les moyens classiques d'investigation.

Une écoute téléphonique nous permet d'apprendre qu'une réunion au sommet de la GP se déroulera en grande banlieue parisienne. Connaissant le jour (un samedi) et la date, nous pouvons tenter de filer les militants qui s'y rendent dans l'espoir de « glaner » des informations. Une filature de la sorte nécessite la mobilisation quasi générale de nos effectifs. Le déploiement risque d'être disproportionné comparé au résultat. Mais c'est notre seule piste. On jugera de l'importance de l'affaire en apprenant que le ministre la supervise. Quand nous arrivons, Jacques Lenoir et moi-même, dans le bureau de Marcellin pour mettre au point les derniers détails, nous découvrons qu'un autre service se trouve mobilisé. Mon collègue des RGPP, Philippe Massoni, discute avec le ministre.

– Passez dans l'antichambre, Massoni, lui demande alors Marcellin, je dois parler au préfet Lenoir et à Harstrich.

Massoni sorti, Marcellin se tourne vers moi :

– J'ai lu votre rapport. L'affaire semble intéressante et peut-être bien lourde pour vos effectifs. J'ai demandé à Massoni de venir. Vous pourriez travailler ensemble.

– J'aime bien Philippe Massoni, ai-je répondu. Je connais ses hommes. Un excellent patron et une bonne équipe. Mais ce genre d'histoire ne marche jamais. Quand des policiers travaillent pour d'autres policiers, le dispositif ne fonctionne pas bien. Ce n'est pas leur enquête; ils n'y croient pas et j'estime que trop de monde nuirait à la discrétion et surtout à l'efficacité.

Ni Raymond Marcellin ni Jacques Lenoir ne paraissent convaincus. Mais si je veux jouer cavalier seul, libre à moi. Arrive le jour de la réunion. Les militants de la GP arrivent à bord de deux véhicules qu'ils parquent non loin de la gare du Nord.

Nous les suivons jusque sur les quais. Ils montent dans un train, en ressortent et traversent les rails, grimpent dans un autre convoi et recommencent leur manège si bien que nous finissons par les perdre. Avant de rentrer au ministère, je demande à mes hommes de se poster près des véhicules de la GP : on ne sait jamais, ils pourraient peut-être les reprendre pour se rendre à une autre gare.

Quelques minutes plus tard, dans le bureau du préfet Jacques Lenoir :

– Monsieur le ministre ?, dit mon directeur après avoir décroché la ligne directe. J'ai Harstrich devant moi; il vient de m'avouer tout penaud qu'il a perdu les personnes qu'il était chargé de surveiller.

...

– Bien, monsieur le ministre...

...

– Bien, monsieur le ministre. Au revoir, monsieur le ministre.

Puis se tournant vers moi :

– Il ne vous félicite pas.

– Je m'en doute.

– Il m'a dit : « C'est un imbécile, il devait prendre Massoni. Ils auraient partagé l'engueulade. » Bon, vous allez surveiller les voitures.

– C'est déjà fait, monsieur le préfet.

– Vous ferez du gardiennage jusqu'à ce qu'ils reprennent leurs véhicules.

– Bien monsieur le préfet, nuit et jour.

Retour au bureau. Je convoque mes hommes pour leur annoncer la mauvaise nouvelle. Je leur explique que, par ma faute, il va falloir planquer tout le week-end par groupes de deux. Personne ne grogne. Mes hommes me donnent raison de n'avoir pas accepté le renfort des RGPP. L'équipe est très soudée. Solidaires les uns des autres, mes inspecteurs aiment travailler ensemble et n'apprécient que moyennement d'œuvrer avec des collègues d'autres services.

On met une voiture en face des deux autres. L'attente commence.

– Méfiez-vous, dis-je à mes hommes avant de partir. Le préfet va vérifier si tout se déroule bien.

Le soir, je passe offrir l'apéritif à mes punis. Personne ne s'est encore manifesté. Le lendemain matin, je suis présent à l'heure du petit déjeuner, au moment de la relève. Toujours rien.

Je reviens à midi. Un de mes hommes m'accueille avec un large sourire :

– On a vu le préfet Lenoir en voiture à 11 h 04. Il était avec son épouse. Il portait un veston bleu et un pantalon de tweed. Il a ralenti. On était au bistrot, il ne nous a pas vus.

Je retourne l'après-midi pour offrir un café à mes troupes. A ce moment passe Jacques Lenoir. Il est seul. Un coup d'œil à ma montre : 16 h 30.

– Vous n'allez pas le saluer ?

– On ne bouge pas.

Le directeur des RG regarde autour de lui et examine attentivement les lieux.

Le lendemain, le préfet Lenoir me convoque à 8 h 45 :

– Harstrich, où étaient vos fonctionnaires ?

– Vous êtes passé dimanche deux fois : à 11 h 04 et à 16 h 15.

– Compliments. Je n'ai pas vu le personnel ni même vos voitures de service.

– Il y avait un véhicule banalisé et une voiture radio.

– Vous m'avez aperçu ?

– Je ne me trouvais pas sur place à 11 h 04, mais mes hommes m'ont décrit vos vêtements. La deuxième fois, j'étais présent.

– C'est bien. Et nos amis de la GP ?

– Ils viennent de rentrer à l'instant. On les surveille.

Notre taupe à la GP

L'enquête progresse difficilement. Les écoutes ne donnent pas grand-chose et les filatures sont décevantes. Tel Maigret, le préfet Lenoir vient souvent assister aux surveillances et repérer nos postes d'observation pour sentir l'atmosphère de l'enquête. Il nous faut tempérer son ardeur d'ancien chef de maquis. Je le revois grimpant dans les cages d'escalier comme un jeune inspecteur. « C'est le métier qui rentre Harstrich. »

Le métier rentre aussi chez nos nouvelles recrues, qui s'adaptent à la tension nerveuse des filatures. Je leur avais appris à anticiper les mouvements de la cible, à la précéder, à changer de trottoir à bon escient. Une tâche fastidieuse qui a de quoi décourager les meilleurs de mes enquêteurs.

Désormais, nous savons tout de ce qu'un observateur extérieur peut apprendre sur les militants de la GP. Connaissant certaines de leurs habitudes jusqu'au moindre détail, nous accumulons une somme d'informations aussi futiles qu'inutiles. Par exemple, ayant logé après maintes difficultés un dirigeant de la NRP, nous n'avons trouvé qu'une chose : malgré une compagne agréable, il se rend tous les mercredis à des rendez-vous galants pour retrouver une personne infiniment moins avenante. Ce genre de détail, tout juste bon à tromper l'ennui des filatures, ne figure dans nos rapports que lorsque cela apparaît utile au déroulement de l'enquête. Mais les ragots et la surveillance extérieure ne nous suffisent pas. Il manque encore l'essentiel : une source directe à l'intérieur de l'organisation.

La chance nous fournit une occasion courant 1969. Un collègue d'une antenne de province surveillait un ouvrier, auteur de certaines malversations qui auraient pu lui valoir les foudres de la justice. Ancien militant syndicaliste, l'homme a fondé un petit syndicat à gauche de la CGT. Un trou dans la caisse et le voilà menacé d'une accusation de détournement de fonds. Ayant appris l'affaire, mon collègue des RG le rencontre, lui promet de ne pas rapporter l'affaire à la Police judiciaire en échange d'informations.

Quelque temps plus tard, à la demande du fonctionnaire des RG, l'ouvrier contacte des militants de la Gauche prolétarienne et commence une fulgurante carrière qui va le mener jusqu'aux instances dirigeantes de l'organisation. Séduits par les connaissances dans le milieu syndical de notre taupe, les chefs de la GP voient en lui l'archétype de ces masses ouvrières dont ils appellent la dictature de leurs vœux. Rapidement, l'ouvrier prend du galon et ne tarde pas à se trouver associé aux décisions importantes. Les chefs maos le consultent régulièrement. La manipulation devient trop importante pour une antenne départementale des RG. Notre collègue ne pouvant pas manœuvrer son informateur au niveau national, la Brigade opérationnelle centrale s'en charge. C'est ainsi que je fais la connaissance de notre principal correspondant au sein de la GP.

Sécurité oblige, je l'appellerai « Paul », même si depuis l'arrivée de la gauche au pouvoir, les ex-dirigeants de la GP connaissent la vérité à la suite d'une indiscrétion. Cela n'a d'ailleurs plus d'importance : reconvertis dans la « réussite », les « maos » ont depuis longtemps renoncé aux actions violentes. Mais dix ans auparavant, nul doute qu'au moindre soupçon, ces fils de la grande bourgeoisie auraient fait passer un mauvais quart d'heure à notre informateur, tout ouvrier qu'il fût.

On ne pouvait souhaiter meilleur indicateur : l'homme correspondait parfaitement à « l'ouvrier modèle » des canons gauchistes. Par la suite, j'apprendrai qu'il était la justification même du bien-fondé du combat de certains militants de la Gauche prolétarienne. Si des hommes tels que lui rejoignent la GP, n'était-ce pas la preuve de la justesse de leur cause ? Ironie du sort : le seul informateur des RG dans la hiérarchie des maos est un de leurs rares prolétaires!

Pourquoi « Paul » trahit-il ses camarades de combat? Officiellement, pour l'argent. Pourtant, au vu du montant de ses primes, quelques milliers de francs, je le soupçonne fort de s'être pris au jeu. S'il existe un informateur de première catégorie qui ne nous coûte pas grand-chose, c'est bien lui. La monnaie, pourrais-je dire, qui lui fut allouée, ne se compare en aucune façon aux sommes remises aux indicateurs du BDL. Il est vrai qu'à l'époque de la lutte anti-OAS, la rémunération de nos taupes incombait à la DST qui manipulait habituellement des informateurs de haut niveau sur le plan international. En outre, la GP mobilise contre elle moins de monde que les tueurs de l'OAS. Pour paraître moins dangereux, le groupuscule ne constitue pas moins une menace.

Si la GP avait possédé les moyens de mensualiser « Paul », les choses se seraient déroulées différemment. Le personnage est complexe. Marqué par sa rupture avec le monde syndical, où il occupait une position hiérarchique relativement importante, il regrettait de ne plus jouer un rôle de premier plan. Une fois accepté dans le cénacle des maos, honoré du titre de camarade de combat par Jean-Paul Sartre, il pouvait refuser de continuer à travailler pour nous. Il ne l'a pas fait. Pourtant il se trouvait en osmose avec les chefs de la GP. Sans devenir une éminence grise, il montrera l'importance de son action dans certaines des campagnes ouvriéristes les plus outrancières de la GP. Paul n'hésite pas à intervenir sur la ligne éditoriale de *La Cause du peuple.* Les maos lui doivent entre autres un des titres les plus controversés de leur publication : « La guillotine, oui, mais pour Touvier », synthèse de deux des préoccupations de la France de 1973 : le débat sur la peine de mort et la mise en accusation du chef de la Milice de Lyon durant l'occupation nazie.

Les motivations de « Paul » apparaissent d'autant plus difficiles à saisir que les chefs maos le traitent avec respect sinon avec déférence. On peut se demander si, au fond, « Paul » le prolétaire ne mène pas une sorte de lutte de classe en livrant aux RG les secrets de ces grands bourgeois qui l'ont adopté. Grâce à « Paul », nous allons presque tout savoir sur les attentats à l'explosif et les attaques à main armée planifiés et plus rarement exécutés par le bras armé de la Nouvelle Résistance prolétarienne (NRP).

« Paul » le prudent ? « Paul » le rusé ? Je n'ai jamais su lequel des deux l'emportait chez lui. Il ne communique que des informations qu'il sait détenues par plusieurs autres dirigeants de la GP. Défaut de mémoire ou volonté délibérée ? Très réticent à rendre compte de ses conversations personnelles avec Serge July, Alain Geismar ou Benny Lévy, il devient plus loquace dès qu'il s'agit des réunions du comité directeur de l'organisation, auxquelles il assiste. De notre côté, nous faisons tout pour le protéger : nos enquêtes se font plus que discrètes et nous ne sonorisons pas les lieux de réunion. Pourquoi doubler les sources ? Nous savions que la GP assurait la sécurité de chacune de ses rencontres au sommet et que ses observateurs auraient tôt fait de détecter nos hommes.

La tentation d'éliminer immédiatement et en bloc l'état-major de la GP me vient à l'esprit quand, grâce à « Paul », nous apprenons que les chefs de l'organisation envisagent de multiplier les actions armées. L'affaire prend une tournure terroriste. Il n'est plus question que d'enlèvements, de hold-up et de plasticages. Lors de contacts antérieurs, « Paul » nous a remis des documents de la GP portant sur des actions illégales. J'ai donc proposé à mon directeur de confier ces papiers à « Paul » afin qu'il les dépose discrètement sur les lieux de la prochaine assemblée. Il suffirait ensuite d'arrêter tout le monde et de faire le tri. « Paul » se montre plus que réservé : s'il me fait confiance, il se méfie en revanche de la justice de son pays. Les hésitations de « Paul » influencent-elles mon directeur ? Le préfet Jacques Lenoir, estimant l'affaire trop hasardeuse pour prendre le risque de perdre un informateur de l'importance de « Paul », ne donne pas suite au projet.

L'arrestation d'Alain Geismar

Dès le début de l'année 1970, la GP multiplie les actions violentes ou spectaculaires. Occupation des locaux du CNPF, incendie du bureau des Houillères de Hénin-Liétard, pillage du magasin Fauchon : autant d'incidents qui, s'inscrivant dans un climat social particulièrement pesant, poussent le ministre de l'Intérieur à prendre les devants. Grâce à « Paul », aux informations des RGPP et des départements, on arrête des dizaines de maos identifiés et logés. Affaibli, le mouvement ne désarme pas. Loin de calmer les ardeurs, le vote de la loi anticasseurs suscite un regain de tension.

Dans un meeting à la Mutualité, Alain Geismar clame qu'il faut briser la paix sociale et lutter contre « la terreur » que la bourgeoisie fait régner en France. Ce discours virulent entraîne la dissolution de la Gauche prolétarienne. Le 30 mai, un mandat d'arrêt est lancé contre lui pour « provocation directe, suivie d'effets, à violences et voies de fait contre des agents de la force publique ».

Dans le discours qui lui vaut de passer à la clandestinité, Alain Geismar déclare que, pour lui, le plus important n'est pas de rechercher partout les infiltrés ou les flics. « Paul » à ses côtés goûte-t-il le sel de la situation ? Quels sont ses sentiments au moment de prendre la parole à cette même réunion ? Qui pourrait se douter, en entendant l'ouvrier tonner contre la bourgeoisie, que quelque temps plus tard, il va permettre l'arrestation d'Alain Geismar ?

Quand Raymond Marcellin me convoque, avec le préfet Lenoir, début juin, Geismar vient de se manifester par le truchement d'une bande magnétique rendue publique lors d'un nouveau meeting à la Mutualité. « Nous allons vers un été chaud qui portera l'insécurité pour les bourgeois jusque dans leurs porcheries », promet l'ancien secrétaire du SNES-Sup. Excédé, Raymond Marcellin décide de tout mettre en œuvre pour l'arrêter. Peut-être a-t-il déjà demandé à la DST et à la PJ de partir en chasse ? Le ministre pense sans doute que, fort de ses correspondants à l'étranger, le contre-espionnage peut disposer d'informations intéressantes. Il sensibilise la police judiciaire à ce milieu qu'elle connaît peu. N'est-elle pas spécialisée avant tout dans les affaires de droit commun ?

– Harstrich, me dit Marcellin, vous avez suffisamment de connaissance de l'organisation pour me retrouver Geismar.

– Je ferai mon possible.

– Quand même, avec votre « Paul » !

Comment Marcellin est-il au courant de l'existence de mon informateur ? Jamais je n'ai évoqué son nom mais mon directeur a dû lui rendre compte. Jacques Lenoir ne voyait jamais « Paul » : les directeurs des RG ne manipulent pas les informateurs. Ce redoutable privilège se trouve réservé aux hommes de terrain qui les ont recrutés ou qui les maintiennent en activité.

– Il faut m'arrêter Geismar, conclut Marcellin. Vous avez un mois.

« Paul » habite en province. Il connaît mal Paris et éprouve toujours des difficultés à s'y déplacer, d'autant que nos rendez-vous varient souvent. Il n'est jamais venu à mon bureau : le risque est trop grand. Je préfère le retrouver dans divers cafés parisiens où j'ai habituellement mes contacts. Situés à Saint-Lazare, Montparnasse ou aux Champs-Élysées, relativement loin du Quartier latin et de ses rencontres fâcheuses, ces établissements possèdent tous deux sorties distinctes, pour le cas où une fuite précipitée de notre informateur s'imposerait. Généralement, quand « Paul » arrive à Paris, une équipe l'attend sur le quai de la gare. Un de mes inspecteurs, Jean-Pierre Moreau, qui a sa préférence, se charge alors de le conduire à moi sous la surveillance de deux policiers – le plus souvent un homme et une femme chargés de vérifier qu'ils ne sont pas suivis par ses amis. Formé à l'ancienne, tels mes aînés de la police des années 50, « Paul » ne fait pas confiance aux femmes. Aussi ne lui ai-je présenté que des hommes.

Début juin, répondant à ma convocation, « Paul » arrive à Paris. Il ignore où se cache Geismar. Mais peut-être possède-t-il des informations qui peuvent nous conduire jusqu'à lui ? Commencée tôt le matin, la réunion se poursuit lors du déjeuner. J'ai apporté mes notes de contacts pour recouper ses dires.

– Geismar ne peut aller que chez des amis de l'organisation. Vos réunions se tiennent toujours chez des fidèles. On va tout reprendre à zéro et parler de tous ceux qu'il peut contacter en dehors des militants déjà repérés.

Je sais que les assemblées à huis clos de la GP ne se déroulent jamais au même endroit, les chefs maos adoptant des règles de sécurité draconiennes. Nous connaissons tous les endroits déjà utilisés. En ressassant les mêmes informations, j'espère tomber sur un indice. Pendant des heures, nous échafaudons toutes les hypothèses. Rien ne colle, pas le moindre début de piste. A la fin du repas, force m'est de quitter « Paul ». Nous convenons de nous revoir le soir même. Je l'enverrai chercher par Jean-Pierre Moreau à une station de métro.

C'est une chaude soirée de printemps. Je ne sais trop où aller pour continuer à interroger « Paul ». Il nous faut un endroit discret. Non loin du métro Franklin-Roosevelt, une de mes relations tient une boîte de nuit. Il y a quelque temps, j'avais aidé le patron à obtenir une autorisation de nuit, moyennant quoi il me rendait de menus services. Je décide d'y conduire « Paul » : nous ne risquons pas d'y croiser ses camarades maos.

Le patron nous place à une table discrète, au fond de la salle. Avant de s'éclipser, il veille à ce que nous soyons bien traités :

– Foie gras et champagne pour ces messieurs! C'est la maison qui offre.

– Va pour le foie gras. Mais pour ce qui est du champagne, notre ami n'aime que la bière.

Quelques minutes plus tard, attablé devant son demi, « Paul » tartine son foie gras sur des toasts.

– Il est bon ton pâté!

Pénombre, musique de circonstance : sur la scène une fille se déshabille. Visiblement, « Paul » n'a jamais assisté à un numéro de strip-tease.

– C'est la première fois que je vois un truc comme ça. Elle est belle, hein, elle est belle! Je peux te dire que les prolétaires n'ont pas l'habitude de voir un spectacle pareil. Il faudrait qu'un ouvrier voit cela au moins une fois! Je m'en souviendrai.

– Allez, on est ici pour travailler! Continue à chercher.

« Paul » fait à nouveau appel à sa mémoire. Deux heures plus tard, alors que nous allons arrêter, le déclic :

– Je me souviens de quelque chose. Un jour, je me suis rendu avec Alain dans le quartier de l'Europe, derrière la gare Saint-Lazare.

– L'adresse?

– Je ne sais pas, c'est un grand appartement sur deux étages.

– Quoi encore?

– C'est dans les étages, assez haut.

– Et les occupants? Qui sont-ils? Combien y en a-t-il?

– Une femme. Elle s'appelle Louise. Je crois qu'il y a aussi un homme mais je ne l'ai pas vu. Il y a un piano. Louise en joue souvent.

– Du personnel de maison?

– Oui, il y a une femme de ménage arabe, je crois, car elle a un tatouage sur le visage.

– Tu saurais retourner à l'appartement ?

– Peut-être que oui.

Peut-être que non. Pendant deux heures, nous tournons dans le quartier de l'Europe en voiture. En vain « Paul » ne parvient pas à reconnaître les lieux. Venu à pied, il avait remonté une rue en sens unique. Nous patrouillons lentement, scrutant le moindre porche. Brusquement, une voiture nous fait des appels de phares. A son bord, des policiers des Brigades spéciales de nuit. Ils nous prennent pour des voyous et je dois leur montrer ma carte pour que tout rentre dans l'ordre. Il est plus d'une heure du matin, les rues sont désertes. Dissimulé dans notre voiture banalisée, « Paul » ne court pas grand risque.

Le lendemain, je convoque mes troupes que je répartis en équipes de deux :

– Il va falloir user les chaussures. Vous allez « tapiner » dans toutes les rues du quartier de l'Europe pour trouver cet appartement.

Le matin même, douze de mes inspecteurs quadrillent le secteur immeuble par immeuble, regardant les listes des locataires pour essayer de trouver une Louise qui habite dans les étages, traquant les duplex, à l'affût de femmes de ménage maghrébines et de jeunes mélomanes.

Le 24 juin au soir, deux inspecteurs m'annoncent :

– Ça y est, on a trouvé! 58, rue de Londres.

Je téléphone à mon directeur :

– Je crois que nous venons de trouver un endroit où Geismar pourrait se cacher, mais il n'est pas dit qu'il y soit. Je vous demande la permission de brancher le téléphone.

– Oui, faites-le. Je ferai régulariser par la suite. J'appelle le colonel Caillot au Groupement interministériel de communication (GIC). Vous êtes en bons termes avec lui, n'est-ce pas ?

Par politesse, je joins aussi Eugène Caillot pour lui expliquer ce dont il s'agit :

– Tu m'embêtes, jure Eugène Caillot. C'est toujours au dernier moment. Bon, je te fais confiance. C'est bien parce que tu es un bon gars !

De sa propre autorité, sans même attendre que lui parvienne la procédure réglementaire, il branche le téléphone. Conscient de l'urgence de la situation, il prend l'écoute à son compte et donne l'ordre qu'on le prévienne des communications enregistrées. Le lendemain midi, il m'appelle :

– Pas de nouvelles de ton client. On se parle après déjeuner.

Nous passons l'après-midi du 25 juin dans une attente tout de même fébrile. Pour ne pas donner l'alerte, nous avons décidé de ne pas surveiller l'immeuble.

19 heures, pas d'appel sur la ligne. Nous sommes tous sur le pied de guerre dans nos bureaux 127, rue du Faubourg-Saint-Honoré. Chacun sait ce qu'il doit faire. La moindre manœuvre a été décomposée au tableau noir.

Rien, sinon l'intuition, ne justifie de passer à l'action. J'ignore si l'appartement de la rue de Londres sert de planque à Geismar et si le chef de la GP s'y trouve en ce moment. Nous pouvons toujours agir dans le cadre de la loi mais la fin de l'heure légale (20 heures) approche.

19 h 30 : je décide.

– On y va.

Inutile donc de prévenir le préfet Lenoir. Si je me suis trompé, je m'expliquerai. Nous sommes sur les lieux en dix minutes, grâce à nos voitures deux tons, dont on tait les sirènes peu avant d'arriver rue de Londres. Cinq minutes plus tard, le dispositif est en place.

Le duplex est un atelier de peintre. Des baies vitrées en avancée permettent d'accéder facilement au toit de l'immeuble contigu sur lequel deux de mes inspecteurs,

Christian Bracco et Bernard Mariel, ont pris position, entre deux cheminées. Trois autres inspecteurs, Gilbert Falcini, Jean-Pierre Moreau et Claude Pichereau se placent en embuscade dans l'entrée prêts à intervenir le cas échéant. Les autres, sous la direction de l'officier de police principal Jean Mouillefarine, s'égaillent rue de Londres. Je m'engouffre dans l'escalier, suivi du commando d'attaque : Henri Blaise et Valentin Jouaire.

Sur le palier, je me tourne vers mes hommes :

– On y va, on sonne et on rentre, on ne dit rien. Tintin, tu gardes la porte. Je fais le bas de l'appartement avec Riquet et je monte ensuite.

J'identifie immédiatement la personne qui vient ouvrir : nous avions photographié Louise lors de nos reconnaissances. A son expression, je vois qu'elle a compris qui nous sommes. Je n'ai même pas besoin d'annoncer ma qualité de policier :

– Madame, vous permettez que je visite l'appartement ? et, lui montrant un fauteuil : asseyez-vous ! Tintin, tu restes là ! Riquet, la porte de gauche !

Blaise s'exécute, provoquant un flot de protestations : une jeune femme s'habille. Avec mondanité, il la prie de l'excuser, avant de refermer la porte.

Après avoir inspecté toutes les pièces sur le côté droit de l'appartement, je grimpe à l'étage.

Par la grande baie vitrée, j'aperçois mes deux hommes sur le toit d'en face. Dans le fond de la pièce des caisses de livres, un piano à queue et un grand tapis roulé. Je crois voir le tapis bouger. Quelqu'un se cache sans doute derrière. Craignant qu'il ne se précipite vers la fenêtre, je ferme l'angle de tir à l'instar d'un footballeur.

– Riquet, arrive !

Blaise monte à toute vitesse, l'arme au poing. Je ne suis jamais armé lors des arrestations. Ne voulant pas faire courir aux autres des risques du fait de mes propres décisions, j'estime que c'est mon rôle de maîtriser les suspects. Dans l'action, j'ai toujours un garde du corps armé, généralement Riquet. Une fois ce dernier à mes côtés, je lance à haute voix :

– Allons, monsieur Geismar, nous n'allons pas jouer à cache-cache !

Il sort de sa cachette, pâle comme un mort. Il croit que nous sommes des barbouzes venues pour le tuer. Blaise lui avance un siège. Je fais monter son hôtesse.

– Vous êtes la propriétaire des lieux ?

– Oui.

– Vous hébergez M. Geismar depuis longtemps ?

– Je ne vous répondrai pas.

– Oh ça... Je peux quand même utiliser le téléphone ?

– Si vous voulez.

Il est un peu moins de 20 heures. Je tiens à informer moi-même mon directeur de la bonne nouvelle. Je me souviens que les oreilles indiscrètes du GIC sont à l'écoute. Le colonel Caillot sera un des premiers à apprendre le succès de l'opération. Après avoir passé toute la journée en une vaine attente, les « orioneurs » du GIC auront au moins quelque chose à enregistrer. A l'autre bout du fil, j'ai mon collègue Guy Chos qui répond sur le téléphone du préfet.

– J'ai M. Geismar devant moi, tu peux prévenir le patron.

– Tu as Geismar ! Qu'est-ce qu'il va être content ! Mais tu...

– Je te raconterai.

– Il est chez le ministre.

– Je te donne le numéro où je me trouve en ce moment. Dis-lui qu'il peut m'appeler.

Dans les secondes qui suivent, le téléphone sonne. Jacques Lenoir :

– Je suis dans le bureau du ministre. Je vous le passe.

Marcellin prend l'appareil :

– Félicitations Harstrich. Bon boulot.

– Merci monsieur. A qui dois-je remettre le colis ? A la PJ ?

– Ne vous inquiétez pas, je m'occupe de tout. Je donne des ordres au préfet de Police. Du monde va venir.

Dans son coin, Alain Geismar est encore tout pâle. La gorge sèche, il engloutit deux verres d'eau.

Alain Geismar commence à se remettre de ses émotions :

– Vous êtes bien de la police ? demande-t-il avec une inquiétude que la vue de ma carte tricolore ne semble pas calmer.

20 h 30 : arrivée de mon collègue, le commissaire divisionnaire Poiblanc de la PJPP avec ses troupes. Tandis que la perquisition de l'appartement bat son plein, le téléphone sonne : Guy Chos me transmet les instructions du ministre. Je dois conduire Geismar au Quai des Orfèvres avec une escorte de la police municipale qui va m'être envoyée. Je connais assez mon monde pour savoir que si j'obtempère, il nous faudra attendre les motards et les fourgons dont l'utilité ne s'impose pas.

– On va y aller sans attendre, dis-je à Moreau. Tu conduis. Pichereau, tu lui passes les menottes. Tintin tu lui sers de nounou. Les autres, allez boire un coup au bureau : je vous rejoins.

J'entraîne Alain Geismar hors de l'appartement. Dans l'escalier, le chef de la GP essaie de se dégager. Il bouscule Jouaire, qui le tient par une menotte. L'inspecteur manque de tomber. Furieux, il attrape Geismar, le soulève et lui dit :

– Ne t'avise pas de recommencer.

Geismar se calme. Dans la voiture, il demande :

– Où me conduisez-vous ?

– A la PJ.

– Alors, vous êtes vraiment des policiers ? Je croyais que vous étiez du SAC, ou des barbouzes et que vous alliez me tuer.

– Allons, monsieur Geismar, pas de phobies. Vous croyez qu'ils s'occupent d'affaires comme la vôtre ? Quel intérêt auraient-ils à vous tuer ? Personne ne souhaite faire de vous un martyr.

– Vous avez eu de la chance, confie le chef de la GP. Je venais tout juste de rentrer avant votre intervention et je devais quitter l'appartement demain matin. Une demi-heure plus tôt ou quelques heures plus tard, vous ne trouviez personne.

Au Quai des Orfèvres, le sous-directeur des affaires criminelles de la PJPP, Jobard, nous accueille rayonnant :

– Bonjour, Harstrich, je croyais que tu venais avec une escorte ?

Puis, se tournant vers Geismar :

– Monsieur Geismar, une fois de plus, nous nous revoyons.

Notre mission s'arrête là. Ultime péripétie : l'inspecteur Pichereau a oublié les clés des menottes dans son blouson resté rue de Londres et il nous faut patienter quelques minutes avant de pouvoir nous en aller.

Quelques mois plus tard, Alain Geismar est condamné à deux ans de prison à l'issue d'un procès devant la Cour de Sûreté de l'État. La GP se lance dans une violente campagne comparant son dirigeant au chef de l'OLP Yasser Arafat, précisant qu'il montrait « le chemin de l'honneur ». Elle annonce en guise de représailles son intention de briser les cadences, mater les chefs, saboter la production, lyncher les députés et séquestrer les patrons. Libéré le 23 décembre 1971, Alain Geismar continuera à « montrer le chemin de l'honneur » quelque temps encore. Dix-neuf ans plus tard, alors qu'il vient d'être nommé inspecteur général de l'Éducation nationale au Conseil des ministres du 17 octobre 1990, il déclare lors d'une émission de radio qu'il ne veut plus entendre parler de son passé.

L'affaire de Wendel

Les maos s'enhardissent. L'année 1971 connaît un regain de tension sur l'ensemble du territoire. Les manifestations se font plus violentes. Le 9 mars, les groupes gauchistes se heurtent aux CRS et aux gendarmes mobiles disposés autour du Palais des Sports où le groupe d'extrême droite Occident tient meeting. Le 13 juillet, la destruction des Halles de Baltard donne lieu à des affrontements d'une violence extrême. Mutineries de détenus dans les prisons, manifestations de paysans, de petits commerçants, de journalistes : autant de signes qui confortent les idéologues de la GP, convaincus que la France est mûre pour la guerre civile. Insensiblement Benny Lévy se rapproche du terrorisme. Les informations de « Paul » prouvent que la structure clandestine de la GP, la NRP, prend de plus en plus d'importance.

Hiver 1971-1972 : « Paul » sort d'une réunion présidée par Benny Lévy. Les chefs de la GP viennent de projeter l'enlèvement d'un industriel. Le 26 novembre 1970, un commando de la NRP kidnappe pendant quelques heures le député UDR Michel de Grailly avant de le relâcher. A la tête des apprentis terroristes : Olivier Rollin, qui deviendra par la suite un écrivain apprécié. A l'instar des Tupamaros uruguayens, la NRP prévoit de séquestrer une nouvelle victime dans un appartement et de ne la relâcher que sous certaines conditions. Quelle sera la cible ?

– Je ne sais pas, dit « Paul ». Ils ont dit un nom que je n'ai pas bien retenu. C'est un gars qui est dans l'aciérie. C'est un noble.

– Ça ne serait pas de Wendel par hasard ?

– Si, c'est ça ! Comment le sais-tu ?

Pas besoin d'être devin. Le groupe Wendel-Sidélor, dont Henri de Wendel est l'héritier, vient d'annoncer le licenciement de 12 000 ouvriers. Un crime pour la NRP, qui entend sans doute demander l'annulation de cette décision en échange de la libération de son otage.

– Ils vont l'enlever chez lui, précise « Paul », dans le garage souterrain de son immeuble avant qu'il ne prenne l'ascenseur qui doit le conduire à son appartement. Dès que Wendel garera sa voiture, un autre véhicule bloquera la sortie. Le commando doit s'emparer de l'industriel avant de le mettre dans une camionnette qui le conduira dans une des caches de l'organisation dont j'ignore tout.

Avant d'alerter ma hiérarchie, je vérifie si les informations de « Paul » sont exactes. Les lieux correspondent à sa description. Le plan mis au point par la NRP semble pouvoir fonctionner. Je rédige ma note de contact que je porte à mon directeur. Peu après, nous nous retrouvons tous deux chez Raymond Marcellin.

– Il faut immédiatement prendre contact avec de Wendel, dit le ministre. L'affaire se passe à Paris, en conséquence, du ressort de la Préfecture de Police. Mais comme vous êtes à l'origine de l'information, Harstrich, vous mettrez des observateurs. Allez prévenir de Wendel avec votre collègue Massoni des RGPP. J'avise le préfet pour qu'il alerte la PJPP.

Nous voilà donc chez Henri de Wendel. Nous lui demandons de procéder comme à l'accoutumée quand il rentre chez lui. Nous voulons prendre les kidnappeurs en flagrant délit. Nous le rassurons : il se trouvera toujours des policiers dans les parages. Il devra rester dans sa voiture tant que nos hommes ne viendront pas le chercher. De notre côté, nous nous chargeons d'intercepter les gauchistes juste avant qu'ils ne passent à l'action. Courageux, de Wendel accepte.

Massoni et moi-même laissons chacun un observateur au sein de l'équipe, qui s'installe place de Colombie autour de la demeure de l'industriel.

Henri de Wendel possède des habitudes immuables. La tâche du commando s'en trouve facilitée, celle des policiers aussi. Les hommes du commissaire divisionnaire Robert Broussard se relaient sur place afin de ne pas trop attirer l'attention des riverains ou d'éventuels observateurs de la NRP. Apparemment, tout a l'air tranquille aux alentours du domicile de la cible. Pas de présence suspecte. Personne ne vient repérer les lieux : les maos de la NRP ont sans doute terminé leur enquête préliminaire. Dans ce cas, l'opération paraît imminente.

« Paul » ignore la date de l'enlèvement. Il ne peut poser trop de questions sans risquer d'attirer les soupçons de ses camarades. Ne participant pas à l'affaire, il se contente d'écouter. En vain : les chefs de la Gauche prolétarienne se montrent discrets. En tout cas, en sa présence.

Dès le début de l'opération, nos collègues de la PJ obtiennent la collaboration du gardien du parking. Quoi qu'il arrive, il ne doit surtout pas bouger. Il lui suffit de laisser les policiers agir. L'homme tombe malade le jour où la NRP passe à l'action. Comble de malchance, son remplaçant, qui ignore tout de la situation, prend son travail à cœur.

Voyant la Mercedes blanche des maos entrer dans le parking, le nouveau garde s'approche. Le véhicule ne fait pas partie du parc de la maison. Il interpelle ses occupants et leur demande ce qu'ils désirent. Les policiers ne bougent pas. Au-dehors, les observateurs des RG s'énervent. Il faut intervenir. On a notre flagrant délit. Le temps que les policiers se décident enfin à agir, il est trop tard. Sentant quelque chose de suspect, les maos de la NRP décrochent. Crissements de pneus, hurlements de moteur : la Mercedes et la camionnette s'éloignent avant que des véhicules de police ne puissent barrer leur fuite.

L'enlèvement de Nogrette

La NRP n'en restera pas là. Elle cherche une cible de rechange. Qui ? « Paul » l'ignore. La tension sociale est telle qu'elle n'a que l'embarras du choix. Il semble évident que le bras armé des maos interviendra dans une grande usine.

Depuis mai 1968, Renault-Billancourt, la forteresse ouvrière, subit les assauts de différents groupes gauchistes. La GP a marqué des points importants en organisant un comité de lutte bien implanté dans certains ateliers. Les OS immigrés écoutent les maos avec bienveillance. Le 14 février 1972, la GP fait entrer clandestinement le plus illustre de ses sympathisants : Jean-Paul Sartre, lequel, juché sur un tonneau, apostrophe les ouvriers. La tension monte, les maos multiplient les distributions de tracts aux portes de l'usine. Parfois, ils en viennent aux mains avec les syndicalistes de la CGT ou encore avec le personnel de sécurité de l'entreprise. Le 25 février, Pierre Overney, un militant de la Gauche prolétarienne, est abattu par un vigile de Renault.

Le 4 mars, 200 000 personnes assistent aux funérailles de Pierre Overney. Je m'y rends accompagné de quelques-uns de mes inspecteurs. Au départ, nous suivons le cortège depuis les rues avoisinantes. Devant le cimetière du Père-Lachaise, perdu dans la foule, j'entends le discours d'Alain Geismar sorti de prison depuis quelques mois seulement. Tout en appelant à la mobilisation dans les usines, le responsable de la GP modère ses troupes. L'heure n'est pas encore venue d'armer les militants. Pourtant, je ne peux m'empêcher de craindre le pire. « Paul » m'a prévenu que quelque chose qu'il ignore se trame. Dans les réunions, le ton monte : les chefs maos ne peuvent laisser un tel assassinat impuni.

Quatre jours plus tard, Robert Nogrette, un cadre de Renault est enlevé dans des conditions qui ne sont pas sans rappeler la tentative de kidnapping de de Wendel. Étant le seul policier à manipuler un infiltré d'importance au sein de la GP, je suis sollicité par ma hiérarchie.

Mon informateur a peur. Il est convaincu que ses camarades de la direction de la GP finiront par s'apercevoir de son double jeu. J'essaie de lui faire comprendre qu'il est la dernière personne qu'ils soupçonneraient. Comment les chantres de la révolution prolétarienne pourraient-ils se douter que leur meilleur modèle les trahit ? Je suis convaincu que ces intellectuels sont trop ouvriéristes pour l'envisager.

Quoi qu'il en soit, « Paul » devient de plus en plus réticent. Ses informations sont de moins en moins précises. Pis : il prend du recul et semble n'avoir d'autre souci que d'en savoir le moins possible sur les activités de la NRP. La GP convoque « Paul » à une réunion au sommet le lendemain de l'enlèvement de Nogrette. Voici l'occasion attendue de recueillir des informations. Un des membres du commando ou un observateur de la NRP y participera peut-être. Malgré toutes les pressions, « Paul » refuse d'aller au plénum, observant une grève de la peur qui ne sert pas nos intérêts.

Le directeur de la PJPP Maurice Bouvier me demande de venir le voir. Mauvais signe : au moment de l'affaire du Petit-Clamart, Bouvier ne s'était-il pas déjà attribué tout le mérite d'arrestations qui n'auraient sans doute pas eu lieu sans une information d'un de mes indicateurs ?

– Je vous préviens amicalement Harstrich, me dit Bouvier. Si j'apprends que vous retenez des informations, cela se passera mal. Si vous arrêtez les auteurs de l'enlèvement ou si vous retrouvez Nogrette, je ne le tolérerai pas. Je ferai prendre des sanctions contre vous.

– Je suis venu en fonctionnaire respectueux de la hiérarchie pour vous informer que je ne possède aucun élément susceptible d'orienter votre enquête. Je n'aime pas les menaces et je ne reçois d'ordre que de mon préfet.

Je suis furieux. Je tiens la PJ pour partie responsable de ce qui arrive. Si elle avait effectué correctement son travail lors de la tentative d'enlèvement de de Wendel, nous n'en serions pas là. Il fallait intervenir au moment où le gardien du parking interpellait le commando de la NRP. Parmi les gens que nous aurions arrêtés, il s'en serait trouvé certains connus de nos services. On aurait découvert des armes, des menottes ou du matériel pour immobiliser la victime. En outre, la PJ ne retrouva pas la camionnette utilisée par les maoïstes. « Paul » l'avait pourtant abondamment décrite. Fâcheuse coïncidence : après avoir été enlevé en bas de chez lui, Nogrette a été transporté dans un véhicule semblable. Comme mes troupes, lors de notre filature perdue à la gare du Nord, nos collègues de la PJ n'aiment guère travailler avec les fonctionnaires d'autres directions.

L'affaire aurait pu avoir de graves conséquences si, quelques jours après son enlèvement, Robert Nogrette n'avait été libéré sans contrepartie. Faisant marche arrière, les apprentis terroristes de la Gauche prolétarienne eurent la sagesse de ne pas tenter l'aventure sanglante de la lutte armée comme leurs homologues allemands de la Bande à Baader ou italiens des Brigades rouges. La France vient d'échapper à la menace terroriste même si, par la suite, les piètres élèves des apprentis sorciers de la Gauche prolétarienne – Action directe, Napap et autres Brigades internationales – reprendront le flambeau de leurs aînés.

« Paul » et **Libération**

Effectuant le seul acte raisonnable de leur courte carrière politique, les dirigeants de la Gauche prolétarienne dissolvent leur organisation en 1973 et mettent fin à la publication de son organe *La Cause du peuple.* Les militants se dispersent dans la nature; les chefs commencent une lente reconversion. Après avoir rejoint le giron universitaire, Alain Geismar se rapproche du Parti socialiste puis obtient, comme on l'a vu, un poste de haut fonctionnaire à l'Éducation nationale. Abandonnant son pseudonyme de Pierre Victor, Benny Lévy devient le secrétaire particulier de Jean-Paul Sartre avant de faire retraite et de se consacrer exclusivement aux études talmudiques.

De son côté, Serge July prend la direction d'un nouveau quotidien, *Libération.* Présenté le 4 janvier 1973 à la presse, *Libération* est à l'origine un organe de contre-information au même titre que l'*Agence de Presse Libération* spécialisée dans les luttes ouvrières. Les maos veulent créer un journal sans parti, ni banque ni publicité, en osmose avec ses lecteurs au travers des comités

Libération. « Peuple, prends la parole et garde-la » : tel est le slogan du premier *Libération.* Après la dissolution de leur organisation, bien des maos placent leurs espoirs dans ce quotidien d'un genre nouveau. Ils ne vont pas tarder à déchanter.

Traînant dans les couloirs de *Libération,* « Paul » m'informe régulièrement des polémiques qui déchirent déjà la rédaction. En tant que prolétaire, son aura est toujours intacte auprès de journalistes qui se veulent différents de leurs collègues. Il guide les pas de certains rédacteurs dans une petite ville de province en ébullition qu'il connaît particulièrement bien. Sa vision simpliste du monde se reflète dans certains articles.

Parfois, il arrive à « Paul » de participer aux réunions de la rédaction de *Libération.* Il profite de son statut d'ouvrier modèle pour se mêler à nouveau de politique éditoriale. A l'époque, *Libération* oscille entre une ligne ouvriériste et une conception plus libertaire du monde. « Paul » sert alors de conseiller occulte aux sympathisants maos que compte la rédaction. Dois-je préciser que les RG déclinent toute responsabilité dans les appréciations éditoriales parfois fantaisistes de leur taupe ?

« Paul » est le seul informateur que j'aie eu au sein de la rédaction de *Libération.* Longtemps, les journalistes du quotidien se sont interrogés sur la présence de policiers dans leurs rangs. Ils n'ont jamais su que les RG n'avaient jamais implanté de taupe ni recruté d'informateurs à l'intérieur du quotidien de la rue de Lorraine.

Le travail de « Paul » au sein du quotidien va s'interrompre au bout de quelques mois. Il a l'impression que le directeur du journal, Serge July, l'évite. Les deux hommes se connaissent pourtant bien. N'ont-ils pas partagé, de longs mois durant, le quotidien des dirigeants de la GP ? Déjà, les journalistes d'aujourd'hui s'apprêtent à brûler ce qu'hier ils adoraient. Les maos perdent de l'influence à l'intérieur de la rédaction de *Libération.* Il n'est plus vraiment question des comités *Libération* ou de donner la parole au peuple. Rapidement, les journalistes vont acquérir du métier. Au fil des crises, *Libération* recherche une image qu'il finit par se forger en devenant un grand journal national. Déçu comme tant d'autres militants, « Paul » s'éloigne du quotidien pour tenter d'autres aventures.

La fin de « Paul »

Désœuvré, « Paul » essaie de se reconvertir en infiltrant un des noyaux de la GP qui tente de basculer dans la lutte armée. L'expérience est amère. Jusqu'alors, il se trouvait au milieu d'intellectuels auxquels il apportait une caution ouvrière. Il en va tout autrement pour les manœuvriers du terrorisme et de la contestation, qui font peu de cas des prolétaires. Se rendant compte de la vanité de ses efforts, « Paul » renonce rapidement à infiltrer les disciples des maos.

Il se retrouve de fait au chômage sans pourtant y avoir droit. Rétribués au moyen de fonds secrets, les indicateurs, s'ils n'ont pas d'impôts à payer, ne possèdent pas non plus de droits sociaux. Voyant que « Paul » se donne du mal, qu'il tente de renouer des contacts, je lui octroie une petite somme d'argent détournée des frais de ma section, avec l'accord de mes collaborateurs. Muté à la tête des RG de Seine-Saint-Denis, je n'ai plus aucune nouvelle de lui jusqu'au jour où le service des manipulations des RG m'avertit que « Paul » demande à me revoir. En souvenir du passé, je déjeune avec lui. Triste repas. Il parle du bon vieux temps et sollicite un conseil. Quel groupe pourrait-il bien infiltrer pour reprendre son métier de taupe ? Malheureusement pour lui, je ne peux rien lui proposer. A l'aube des années 80, le péril terroriste s'est déplacé. Le terrorisme international n'a pas encore commencé à ensanglanter les rues de Paris; Action directe nous accorde un répit à la suite de l'arrestation de ses chefs : il ne reste plus que les « indépendantistes » contre lesquels il est impensable d'employer « Paul ».

Les RG travaillent avec des informateurs et des correspondants. Les seconds ne posent pas de problèmes. Un commissaire des RG peut garder ses correspondants jusqu'à sa retraite. Ils ne sont jamais rétribués. Généralement bien placés, ils informent par amitié ou en échange de menus services (problèmes de contravention autre autres). Ils ne coûtent rien d'autre que l'effort de les voir régulièrement. Il n'en va pas de même pour les informateurs, qu'on ne peut employer que ponctuellement. Ce fut le cas de « Paul » qui ne pouvait m'être d'aucune utilité pour la suite de mon travail. Que le policier qui ne vit pas avec tristesse, nostalgie ou amertume ce genre de séparation me jette la première pierre...

III

MISSIONS SPÉCIALES

1

INFILTRATIONS ET MANIPULATIONS

La révolte des boutiquiers

L'après-Mai 68 voit l'éclosion de toutes les révoltes. La Brigade opérationnelle centrale des RG et les BOR vont donc s'occuper de différentes organisations qui représentent toutes les couches de la population : paysans du Larzac en colère contre l'armée, ouvriers de Lip en guerre contre le système, indépendantistes bretons ou occitans en mal de terrorisme et, surtout, une petite armée de boutiquiers s'estimant plus taxés que les autres catégories socioprofessionnelles.

Société de consommation oblige, les grandes surfaces envahissent la France. La multiplication des supermarchés représente le spectre de la ruine qui se profile à l'horizon pour les épiciers. Croulant sous le poids des taxes et des impôts, les artisans viennent leur prêter main-forte. « En mai nous avons fait marcher la boutique, déclarent-ils à *L'Express.* Parce que les commerçants et les artisans ont refusé de faire grève, la France n'a pas tout à fait sombré dans l'anarchie. Résultat : comme nous n'étions ni sur les barricades ni à Grenelle, personne ne s'est soucié de notre sort. » A la tête de la révolte qui gronde le Cidcapl (Comité d'information et de défense des commerçants, artisans, professions libérales), créé par Maurice Mesny et Gérard Nicoud, dont le sigle sera plus tard CID-UNATI (raccourci en CID : Comité d'information et de défense). Le mouvement s'étend au plan national et, rapidement, Gérard Nicoud, doté d'une forte personnalité, en devient le leader incontesté. En ce début de l'année 1969, il va faire parler de lui.

Ancien garçon de café de Marseille, Gérard Nicoud a acheté un café-restaurant à La Bâtie-Montgascon. L'homme donne l'impression de savoir tout juste lire, écrire et compter, mais quand il prend la parole, il a le don de captiver son auditoire. Il n'a pas son pareil pour chauffer les foules au nom d'un petit commerce sérieusement maltraité. Il faut l'entendre expliquer les drames de ses semblables : cotisations exagérées, protection sociale réduite et retraite pratiquement inexistante. Son charisme de tribun plaît, sa violence mal contenue fascine.

Gérard Nicoud conduit ses troupes sur le chemin de l'illégalité. Manifestations dures et sacs de perceptions vont s'enchaîner. Au mois d'avril, les militants du CID saccagent les locaux de l'inspection des contributions directes de La Tour-du-Pin, emportant quatre tonnes de documents fiscaux. « Du banditisme ! », s'écrie le préfet de l'Isère. Après l'arrestation de deux de ses amis, Gérard Nicoud menace de s'en prendre aux représentants de l'État : « Aucun préfet, aucun ministre ne sera plus en sécurité. » Raymond Marcellin décide de ne pas laisser passer la menace. Une dizaine de commerçants et artisans sont arrêtés par la Police judiciaire à la suite d'une enquête menée par son directeur adjoint Henri Tarniquet venu de Paris.

Le 25 septembre, les délégués locaux du CID tiennent leur assemblée générale à Montalieu (Isère). Deux mille personnes participent à cette réunion peu agitée. Pourtant, décidé à frapper un grand coup, le cafetier de La Bâtie-Montgascon s'empare de deux fonctionnaires des RG chargés de couvrir la réunion : l'inspecteur divisionnaire Jacques Gentil et l'officier de police adjoint Couvreur. Venu peu avant minuit demander la libération des deux fonctionnaires, le maire de La Tour-du-Pin est retenu en otage pour n'être relâché que deux heures plus tard. Au cours de la journée du lendemain, Nicoud laisse partir Couvreur comme messager, mais conserve l'inspecteur divisionnaire, ancien de la PJ avec qui il entretient de bonnes relations. Quarante-huit heures après, Jacques Gentil peut enfin s'en aller. Pour Nicoud commence la fuite en avant : il entre dans la clandestinité à la suite d'un mandat d'amener délivré par le parquet de Grenoble.

La traque

Le ministre de l'Intérieur ne peut tolérer que le rapt de ses inspecteurs demeure impuni, il sensibilise ses directeurs. Nicoud se joue des policiers et des gendarmes. Le 23 octobre, le « Mandrin du petit commerce » est condamné par défaut à dix mois de prison pour le rapt des deux fonctionnaires des RG. Il fait appel et annonce qu'il se présentera libre au second procès. Raymond Marcellin désire que Nicoud vienne devant la justice, mais en état d'arrestation. Il faut faire vite : le procès en appel est prévu pour le 27 novembre. Le ministre convoque alors le préfet Jacques Lenoir :

– Vous allez envoyer Harstrich et son équipe aux trousses de Nicoud qui, protégé par ses militants, ne peut trouver refuge que dans le département de l'Isère.

Les services de police, et particulièrement les RG, ont toujours entretenu de bonnes relations avec les petits commerçants car ils représentent souvent en province une excellente source d'information.

Prévenus par leurs correspondants, les RG apprennent que Nicoud interviendra lors d'un meeting national au stade de Bourgoin-Jallieux. Une bonne occasion pour l'intercepter. Mon directeur, le préfet Jacques Lenoir, me transmet les instructions du ministre. Comme mes collègues du département de l'Isère et ceux du service régional du Rhône risquent d'être identifiés par les militants, mon équipe se rendra sur place et tentera de l'appréhender.

Je suis tout à fait conscient du côté quasi suicidaire de l'opération : il ne sera pas facile d'arrêter Nicoud au milieu de ses troupes. Les organisateurs attendent cinq à dix mille personnes, venues de la France entière, chauffées à blanc par les précédents affrontements avec les forces de l'ordre et galvanisées par la venue de leur chef.

En entrant dans le stade, mes hommes et moi comprenons ce que ressentaient les premiers chrétiens au milieu des arènes romaines. Dans nos poches, seulement des menottes et le mandat d'arrêt. J'ai interdit à mes inspecteurs de venir armés. Il ne fait pas de doute que les amis de Nicoud vont s'opposer par la force à son arrestation et je ne veux pas prendre le risque qu'un de mes fonctionnaires tire, ou à l'inverse que la foule en colère, nous désarmant, ouvre le feu sur nous. En outre je leur ai demandé de ne pas emporter d'affaires personnelles ni leur carte de police, pour éviter de se les faire confisquer. Nous ne sommes pas vraiment seuls. Le commissaire divisionnaire Jean Milhiet, chef du service régional des RG de Lyon, assiste également à cette manifestation avec des observateurs qui ne nous quittent pas des yeux. Ils sont chargés, dès que nous pourrons « serrer » Nicoud, d'appeler la garde, en l'espèce une Compagnie républicaine de sécurité qui attend le moment de venir nous prêter main-forte.

Dans la foule des commerçants, un charcutier parisien, mari d'une amie d'enfance, m'aperçoit. Peut-être va-t-il prévenir les instances dirigeantes du CID de l'arrivée des RG ? Toujours confiant en ma bonne étoile, je n'ai pas peur. Comme le reste de mon équipe, je ne suis pas homme à reculer devant l'action et les risques qu'elle suppose. Je demeure convaincu qu'un affrontement physique va nous opposer, mais je sais que les amis de Nicoud ne sont pas des voyous.

Nous prenons place au pied de l'estrade et attendons l'arrivée de Nicoud. La tension retombe rapidement quand tout le monde comprend que la vedette ne viendra pas : quelqu'un d'autre lira son discours à sa place. Que s'est-il passé ? Le dirigeant du CID devait certainement venir présider cette réunion pour narguer les autorités. Mais ses amis le dissuadèrent d'accomplir cette bravade en raison du danger que cela pouvait présenter pour lui comme pour le mouvement. Rentré bredouille à Paris, j'apprends par mon directeur que le ministre veut que l'on arrête le cafetier de La Bâtie-Montgascon au plus tôt.

Ne pouvant jouer à cache-cache avec le dirigeant des petits commerçants, il me faut trouver autre chose. Solidement implanté dans l'Isère, l'homme se terre certainement dans l'arrondissement de La Tour-du-Pin. Accompagné d'une dizaine de mes hommes, je me rends à Grenoble après avoir averti le commissaire divisionnaire Maurice Renard de ma mission. L'opération Aiguille commence.

Opération Aiguille

D'emblée, mon expédition dans l'Isère s'engage sous les auspices les plus défavorables.

Je demande à mon collègue de mettre à ma disposition un ou deux bureaux et de me donner sa production sur les responsables du CID. Qui sont-ils ? Où habitent-ils ? Quels sont leurs numéros de téléphone ? Possède-t-il des photos des intéressés ?

– Nous n'avons pas grand-chose, me répond-il. Quelques notices individuelles et comptes rendus de réunions. Quant aux photos, vous en trouverez dans les coupures de presse.

Force m'est de constater que le service départemental

des RG, qui devrait se montrer le plus actif dans ce milieu, ne peut nous présenter des archives fournies. Je téléphone la mauvaise nouvelle à Lenoir.

– Il faut recommencer à zéro. Faire une enquête sur tous les membres du CID. On ne sait rien d'eux : le désert absolu !

– A vous de jouer Harstrich. Je préviens le ministre.

Je comprends que l'affaire va durer. Mon adjoint à la BOC, le commissaire René Psalmon, le chef de la BOR de Lyon le commissaire Jean-Pierre Auclair ainsi que les inspecteurs divisionnaires Camille Damien, Jean Mouillefarine et Edmond Driay dirigent les équipes qui se relaient chaque semaine (certaines restent parfois quinze jours d'affilée pour assurer la continuité). Par ailleurs, mes troupes vont visiter les inspecteurs des impôts qui, victimes des exactions du CID-UNATI, ne demandent pas mieux que de collaborer. Les brigades de la gendarmerie nationale nous fournissent également des renseignements utiles.

Le travail de routine démarre. Un inspecteur se rend au service des cartes d'identité et des passeports pour obtenir les reproductions des photos des intimes de Gérard Nicoud dont nous avons les noms. J'évite ainsi de longues heures de surveillance inutiles tout en obtenant immédiatement des clichés fort utiles dans le cadre de nos enquêtes. Je commence à réunir quelques documentations et je fais placer deux ou trois téléphones sur écoute.

Les premières filatures sont décevantes. Si elles nous permettent de compléter notre connaissance de l'organisation, elles ne nous donnent pas l'occasion d'approcher Nicoud. Peu à peu, notre connaissance du mouvement s'améliore, et nous ne surveillons plus qu'une demi-douzaine de militants. Nous apprenons que Suzanne Nicoud, l'épouse de Gérard, quitte de temps à autre son établissement pour disparaître pendant quelques heures. Elle va sûrement voir son mari. Le seul moyen de s'en assurer est de la suivre.

Mme Nicoud est une femme rusée qui n'a pas sa pareille pour nous semer en rase campagne. Engage-t-elle sa voiture dans la cour d'une ferme? C'est pour exécuter un demi-tour et s'éloigner à toute allure, ne nous laissant même pas le temps d'effectuer une manœuvre identique. Lui arrive-t-il d'emprunter une petite route de montagne qu'elle repart en sens inverse. Le temps de l'imiter et elle nous a semés. Plaçons-nous un dispositif de surveillance le long des routes qu'elle emprunte? Elle change de voiture après nous avoir distancés. En désespoir de cause, nos services techniques posent des mouchards sonores sous sa voiture. Nous parvenons à la suivre dans les plaines de l'Isère, mais dès qu'elle arrive dans les régions montagneuses, l'écho des bip-bip sonores n'est plus audible en raison de la succession des virages et des collines.

Gérard Nicoud a un point faible : les médias. Homme de communication, il sait que les journaux peuvent l'aider dans son combat. La lecture des quotidiens et hebdomadaires prouve qu'il entretient des contacts avec différents journalistes. A Bourgoin, il communique très souvent avec Marc Perry, correspondant du *Dauphiné libéré,* du *Progrès de Lyon* et de l'agence de presse Aigles. Le directeur du *Dauphiné libéré* est un ancien résistant. Je vais le voir en me recommandant d'amis communs, anciens camarades de son réseau. Il ne fait aucune difficulté pour reconnaître que le dirigeant du CID rencontre fréquemment son localier. Il lui remet des communiqués enflammés et le tient régulièrement informé de ses actions. C'est bon pour le journal : très populaire dans la région, Nicoud fait vendre de la copie. Le patron de presse m'assure de son appui si le besoin s'en fait sentir, mais il ne connaît pas les lieux où Marc Perry rencontre Nicoud.

En surveillant de près le localier, nous arriverons à connaître certains des déplacements de Nicoud. L'affaire semble presque mûre. Je suis venu à Grenoble avec une équipe relativement importante. La présence de tous sur le terrain ne s'impose plus. Ne reste donc sur place qu'un petit noyau de quatre ou cinq hommes. L'arrestation de Nicoud paraît une question de jours. Mon rôle s'arrête là. Il ne me reste plus qu'à quitter la scène et rentrer à Paris. En m'éloignant, je suis convaincu que le bouillant dirigeant du CID sera sous les verrous bien avant que ne débute son procès, mais il reste à « peaufiner » notre opération en mettant un joker dans notre jeu.

Herbert Lewis, un envoyé très spécial

Quel joker ?

Le préfet Lenoir et son chef de cabinet Guy Chos arrivent à la même conclusion que moi. Le moyen le plus sûr d'arrêter Nicoud est de trouver un journaliste qui nous mènera à lui par l'intermédiaire de son compère localier. Opération délicate. La presse aime jouer au policier lors de ses enquêtes, mais accepte difficilement de servir de leurre lors des nôtres.

Le préfet demande à un commissaire divisionnaire travaillant à l'état-major de tenir le rôle. Le choix de Jacques Lenoir est habile : son candidat connaît parfaitement les médias. Une carrière en dents de scie dit assez l'originalité du personnage. Fonctionnaire brillant et cultivé, il parle plusieurs langues et possède des nerfs d'acier. L'homme accepte la mission.

Soupçonneux par nature, les journalistes possèdent les moyens de tout vérifier. Notre collègue a besoin d'une solide couverture s'il veut endormir la méfiance de son « confrère » du *Dauphiné libéré.* Ayant eu l'occasion de rendre d'immenses services à des journalistes américains et canadiens, il n'a aucun mal à se faire accréditer auprès d'un grand quotidien anglo-saxon. Pour la mission, il se fera appeler Herbert Lewis. Une couverture parfaite que le journaliste n'arrivera jamais à percer. Pour plus de précautions, mon camarade va d'abord voir en mon nom le directeur du *Dauphiné libéré* qui demande au localier d'aider notre envoyé spécial. Dans toutes ses démarches Herbert Lewis est accompagné d'un photographe français. En l'occurrence, un de mes collaborateurs de la BOR de Bordeaux qu'il a eu, dans le passé, sous ses ordres.

Déguisé en journaliste américain voilà donc notre commissaire divisionnaire dans le bureau du correspondant du *Dauphiné.* Beau parleur, il déploie tout son talent pour convaincre l'ami de Nicoud.

– Après quelques déboires professionnels, je cours après un scoop. En Amérique du Nord, Nicoud est déjà une vedette. Il passionne les Canadiens francophones qui s'enflamment pour ce Mandrin des temps modernes. Mon journal a déjà publié de nombreux articles sur sa guerre contre les nouveaux gabelous. Mais j'ai besoin de lui parler. Mon directeur m'a dit que ce n'était pas la peine de rentrer sans son interview. Le directeur pense qu'un seul homme peut m'aider : vous.

Flatté, séduit, le localier transmet la demande d'entretien. La proposition est alléchante : elle donne à Nicoud une tribune internationale qui ne manquera pas d'avoir des retombées en France. Aussi ne sommes-nous pas surpris quand, quelques jours plus tard, le cafetier de La Bâtie-Montgascon accepte de recevoir notre « envoyé spécial ».

Maladresse? Malchance? Les policiers chargés d'arrêter le leader du CID n'arrivent pas à accomplir leur mission.

Mécontent, le ministre demande que l'on recommence. Deux fois, le même scénario, c'est une gageure! Et pourtant, Herbert Lewis réussit et le préfet Lenoir m'envoie derechef dans l'Isère.

L'arrestation de Gérard Nicoud

Dès le début de l'enquête, nous avons branché la ligne téléphonique du correspondant du *Dauphiné.* Par souci de discrétion, le renvoi s'effectue à la gendarmerie nationale. C'est ainsi que le 25 novembre, nos services apprennent qu'un nouveau rendez-vous aura lieu. A la demande de Nicoud, mon camarade doit attendre dans un hôtel de Bourgoin qu'un messager vienne le chercher. Je préviens immédiatement mon collègue de Lyon, le directeur adjoint des RG Charles Picod, chapitré pour avoir manqué Nicoud une première fois. C'est un bon policier, sur le point de passer divisionnaire. Sa présence au moment de l'arrestation effacera l'affront précédent.

7 h 57. L'épouse de Marc Perry téléphone à notre « journaliste » pour lui demander de rejoindre le plus tôt possible son mari à l'agence Aigles. Herbert Lewis répercute immédiatement le message. Je place deux de mes hommes à proximité des bureaux de l'agence de presse avant de retrouver mes collègues des RG de Lyon et de Grenoble au PC de la gendarmerie. Nous avons juste le temps de boucler discrètement les voies d'accès à Bourgoin et de placer aux endroits stratégiques des guetteurs à mobylette et à bicyclette.

Ne sachant pas si mon collègue serait suivi par les hommes du CID, nous sommes convenus qu'il s'arrangerait pour griffonner l'adresse où il devait se rendre sur un bout de papier qu'il arriverait bien à nous passer à un moment ou à un autre. S'apercevant qu'il n'est pas suivi, il nous téléphone à 10 h 20 :

– Nicoud est, à l'instant, route du Ruy chemin du bourg, nous dit-il, dans une villa appartenant à un certain Fabre, plâtrier.

Par radio, je donne l'ordre aux voitures de boucler le secteur : des dizaines d'habitations coincées entre la route et l'Isère sur un terrain vague, en bordure de l'agglomération. Je reste au centre du dispositif.

– Je crois qu'on l'a logé, me dit mon adjoint Psalmon. C'est au fond, près de l'Isère. Blaise l'a vu par la fenêtre, dans une pièce au sous-sol. Nous lui barrons le passage sur l'arrière.

Tout a l'air calme. Personne dehors. Me voilà devant la porte. Je sonne. Une femme m'ouvre.

– Bonjour madame. Je crois que vous hébergez Gérard Nicoud ?

Nous descendons au sous-sol. A ma droite, une porte est entrouverte. J'aperçois une forme dans l'entrebâillement.

– Coucou, monsieur Nicoud !

Je pénètre dans la pièce. Face à moi, se présente le dirigeant des petits commerçants en colère. A ses côtés : une carabine. A mon habitude, je n'ai pas pris d'arme en dépit des rodomontades de Nicoud qui avait affirmé qu'on ne le prendrait pas vivant, qu'il se défendrait les armes à la main.

– Allez, monsieur Nicoud, ne faites pas de bêtise.

Il me regarde, gêné :

– Je sais, c'est de l'enfantillage. Mais j'avais dit que je me défendrais.

Il me tend son arme.

– Venez avec moi et ne faites pas de scandale. Je ne vous mets pas les menottes, mais si vous tentez de nous échapper, nous nous battrons. Dès que l'on vous a repéré, j'ai passé un message radio. La PJ ne va pas tarder à débarquer pour perquisitionner l'endroit. Avec cette arme, vos hôtes risquent des ennuis. Vous allez leur dire de faire disparaître la carabine. En plus du délit de recel de malfaiteur, ils seront inculpés de détention d'arme. S'ils collaborent avec nous, je n'ai rien vu.

L'arrestation de Nicoud fut à l'époque un événement soigneusement orchestré par Raymond Marcellin. Si nous l'avons conduit à Lyon à bord d'une voiture avec une « suiveuse », il fut en revanche réceptionné par une demi-douzaine de véhicules et transporté en prison par hélicoptère. Sans doute grisé par une telle publicité, Nicoud laissa entendre que, s'il ne s'était pas rendu, la police ne l'aurait jamais arrêté. Je dus lui faire parvenir une lettre lui rappelant l'épisode de la carabine pour qu'il se calme.

Comme avec la plupart des personnes que j'ai arrêtées, je conserve d'excellentes relations avec Gérard Nicoud. Aussi n'ai-je point été surpris quand, après avoir purgé quelques mois de détention, il me téléphone à sa sortie de prison au printemps 1971. Dès lors, nous allons nous voir régulièrement. Quand il le voulait, sans doute non sans malignité, Gérard Nicoud me renseignait sur les manifestations qu'il allait organiser et sur les meetings qu'il allait tenir. En échange, je lui rendais de menus services, facilitant l'obtention de licences pour ses amis ou l'annulation des contraventions que lui valaient ses excès de vitesse répétés.

Gérard Nicoud n'était pas à proprement parler un informateur. Empreintes d'amitié, nos relations faisaient les affaires aussi bien des RG que du CID. Grâce à lui, je résolus certaines affaires; grâce à moi, il évita que son organisation ne pâtisse des dérapages des plus excités de ses membres.

Certains petits commerçants en colère n'hésitaient pas à avoir recours à des pratiques terroristes. Ils s'étaient ainsi manifestés à Saint-Lô en faisant exploser deux petites bombes et menaçaient de perpétrer d'autres attentats. Mon collègue des RG de Saint-Lô avait bien fait son travail. Il connaissait le nom des dynamiteurs et savait qu'au fond ils n'étaient pas trop dangereux. Arrêtés à temps, ils seraient simplement empêchés de commettre d'autres bêtises. Avec l'accord de ma hiérarchie, j'ai pensé qu'il valait mieux étouffer l'affaire et éviter une trop grande publicité. Le mouvement des petits commerçants n'avait pas besoin de nouveaux « martyrs » : mieux valait calmer le jeu et les esprits. Seul Gérard Nicoud pouvait m'aider.

Après avoir menacé de rafler les dynamiteurs du CID, je proposai à Nicoud de passer l'éponge à condition que ses hommes nous remettent leurs explosifs. Nicoud accepta et je me rendis à Saint-Lô pour récupérer quelques kilos de plastic que je rapportai à Paris.

Les RG déboulonnent, recensent et espionnent

L'été est agité. Après les petits commerçants, les viticulteurs occupent la rue, de la plus violente manière. Au point que la BOC est mobilisée pour aider les forces de l'ordre en leur fournissant tous les renseignements permettant de contenir les débordements. Une grande manifestation nationale doit se dérouler à Béziers. Mon directeur m'y envoie. Ma mission consiste à noyauter les viticulteurs et obtenir le plus d'informations possible sur leurs intentions. Mes collègues en redoutent l'issue qui s'annonce violente. Les organisateurs ont bien préparé leur affaire : instructions et objectifs ne seront communiqués que sur place, au début du cortège.

Heureusement, le CID ayant décidé de se joindre aux viticulteurs, Gérard Nicoud est venu les appuyer avec ses troupes. Je le retrouve à son hôtel :

– Le CID ne va rien faire, mais les viticulteurs ont l'intention d'occuper la gare et de déboulonner les voies ferrées. Si tu veux, viens avec moi.

– D'accord.

Je communique à mes collègues de Béziers l'objectif des viticulteurs. Avec les responsables des forces de l'ordre, nous convenons d'une stratégie. J'irai dans le cortège avec Nicoud; mes hommes suivront à distance. Il est évident que nous ne pouvons emporter de talkies-walkies sous peine d'être lynchés. Nous convenons d'établir un réseau de messagers afin d'informer les forces de l'ordre de l'évolution de la situation.

Après avoir vidé nos poches de tous papiers, menottes et armes, mes hommes et moi nous rendons en ordre dispersé sur les lieux de la manifestation. J'y retrouve Gérard Nicoud. Le cortège s'ébranle et, ainsi que prévu, les plus excités d'entre eux se retrouvent au milieu des voies ferrées qui conduisent à la gare de Béziers. Déjà, on s'acharne sur les rails que l'on commence à déboulonner. Je regarde faire sans rien dire. Un des viticulteurs m'apostrophe :

– Dis, tu ne peux pas venir nous aider ?

– A mon âge ?

Puis avisant deux de mes hommes, les inspecteurs Moreau et Falcini :

– Tiens, demande à mes neveux. Ils ont l'âge de ce genre d'effort.

Pestant contre moi, les deux inspecteurs des RG commencent alors à déboulonner les rails, à la grande satisfaction des viticulteurs présents. Ils s'interrompent rapidement. Postés non loin de la gare grâce à nos renseignements, les CRS se massent à quelques centaines de mètres de nous. Aux jets de pierres et de bouteilles des manifestants répondent des tirs de grenades lacrymogènes puis suit une violente charge. Je crois que j'ai dû battre mes records personnels de course à pied ce jour-là, conscient que je pourrais passer un sale quart d'heure avant de pouvoir faire connaître ma qualité.

Le Mai rampant à la française s'achève en 1973 par un véritable feu d'artifice : après les petits commerçants, les soldats, les viticulteurs, les paysans entrent dans la danse. Une des dernières actions antigauchistes de mon service fut d'aider la Sécurité militaire qui faisait face aux paysans du Larzac en révolte contre l'extension de la base militaire. Face aux expropriations, la population civile se mobilise. Les groupuscules d'extrême gauche aussi. Le 25 août, ils organisent une marche de protestation sur le plateau du Larzac. Chargées de connaître les intentions de la population, mes brigades doivent aussi repérer ceux qui s'opposent à l'armée. Un travail de fourmi qui nous aurait demandé des mois sans l'astuce de mes collaborateurs. Puisqu'on veut savoir ce que pense la population, pourquoi ne pas la sonder ? A la demande des RG, la préfecture organise une vaste enquête, invitant les citoyens à manifester par écrit leurs opinions sur des registres placés dans les mairies. Les milliers de personnes qui répondent à l'appel ignorent que leurs avis sont recueillis par des inspecteurs des RG.

Occupé ailleurs, je ne participe pas à cette opération. L'été 1973 est celui de la dernière grande lutte ouvrière de la décennie. Depuis le mois d'avril, l'usine de montres Lip de Palente est en grève. Occupant les locaux, les employés reprennent à leur compte la production à partir du mois de juin. « C'est possible, on produit, on se paie », disent les slogans largement repris par les journaux. Lip sera le chant du cygne des gauchistes qui, après avoir marché sur le plateau du Larzac, décident de se retrouver à Besançon pour défiler en faveur des ouvriers. Connaissant mon expérience des manifestations, l'ancien directeur adjoint du cabinet de Raymond Marcellin, le préfet Schmidt, en poste dans le Doubs, demande que je vienne prêter main-forte à ses forces du maintien de l'ordre. La manifestation s'étant déroulée sans incident, mes hommes n'ont pas eu à intervenir. Outre mes équipes parisiennes, j'avais fait venir la BOR de Metz pour quadriller cette manifestation, sans doute la plus imposante qu'il m'ait été donné de voir.

Le préfet Schmidt me demande ensuite d'essayer de récupérer les mouvements d'horlogerie dont les ouvriers se sont emparés après l'occupation de l'usine. A l'époque, dans toute la France, de nombreux comités d'entreprise vendent les montres Lip montées par les ouvriers afin de soutenir leur combat. Il suffit donc de s'emparer du stock de pièces pour mettre fin au mouvement. Au bout de quelques jours de surveillance, nous découvrons que les montres sont envoyées par la poste. Profitant de cette faiblesse, j'ébauche un plan que je soumets au préfet. En établissant une souricière dans les locaux des PTT, nous repérons les coursiers chargés d'expédier la marchandise des Lip. Après, il nous sera facile de les suivre, ou de les arrêter pour avoir des chances de retrouver le trésor de guerre. Ma mission s'arrête là. Le préfet n'aura pas à mettre en application mon plan, ayant choisi de privilégier une solution sociale et non des mesures coercitives. L'usine passera de repreneur en repreneur, amorçant un déclin aussi implacable qu'un mouvement d'horlogerie.

Bras de fer avec Israël

1972 : les Palestiniens se lancent à corps perdu dans le terrorisme international. Le monde découvre Septembre noir, un groupe de tueurs qui emprunte son nom à ce tragique mois de l'année 1970 qui vit le roi Hussein de Jordanie faire massacrer les membres de la guérilla palestinienne qui se trouvaient dans son pays. La première action de Septembre noir a lieu au Caire, le 28 novembre 1971, avec l'assassinat du Premier ministre jordanien Wasfi Tell. Rapidement, l'Europe devient le terrain de prédilection des terroristes palestiniens. Cinq Jordaniens accusés d'être des agents israéliens sont assassinés en RFA. L'ambassadeur de Jordanie à Londres échappe de justesse à la mort. Des attentats détruisent une usine à Hambourg et une raffinerie à Trieste. A Paris, une attaque à la bombe contre l'ambassade d'Israël est déjouée au dernier moment. La situation est inquiétante : les terroristes palestiniens agissent avec d'autant plus de facilité que des groupes gauchistes en mal de révolution leur assurent les complicités indispensables à la réalisation de leurs attentats.

Les Israéliens multiplient les contacts discrets avec le gouvernement français. Le ton monte : la France est accusée de fermer les yeux sur les activités des groupes terroristes palestiniens qui ont trouvé refuge sur son territoire. C'est dans ce contexte chargé que le 30 mai 1972, trois terroristes japonais de l'Armée rouge, appointés par leurs homologues palestiniens, tirent dans la foule des passagers à l'aéroport de Lod, à Tel-Aviv. Le bilan est lourd : 26 morts, 85 blessés. Pour arriver en Israël sans attirer les soupçons, les Japonais avaient fait escale dans différentes capitales européennes dont Paris. Fureur du gouvernement israélien, qui demande des comptes au gouvernement français.

« Plaque tournante du terrorisme arabe », « sanctuaire palestinien » : les Israéliens n'ont pas de mots assez durs pour qualifier la France. Ils prétendent que les groupes armés palestiniens agissent au vu et au su d'une police pour le moins indifférente. Propos exagérés tenus dans le feu de l'action par des Israéliens escomptant une réaction du gouvernement français. Sans doute souhaitent-ils nous voir arrêter et juger des commandos armés. Comment les trouver et en combien de temps? L'effet est loin d'être celui désiré. Le gouvernement français possède une riposte paradoxale, dont je serai le modeste instrument.

Samedi 3 juin 1972 alors que les radios consacrent encore leurs titres au massacre de Lod, le directeur général de la Police nationale, Jean Dours, me téléphone à la campagne pour me convoquer au ministère. Je ne pose pas de question, mais le fait d'utiliser mes services donne à penser que l'affaire sort de l'ordinaire. Plus tard, me voici dans le bureau du directeur général qui m'explique le but de la manœuvre :

– J'ai une mission pour vous. Mais vous ne devez en parler à personne.

– Cela m'est difficile de ne rien dire à mon préfet!

– A personne.

– Bien.

Je me promets *in petto* d'en parler tout de même à mon directeur. J'ai toujours informé ma hiérarchie des convocations des supérieurs et rendu compte scrupuleusement des missions qui m'étaient confiées. Les ministres passent, les fonctionnaires restent. Combien de mes collègues voient leur carrière brisée pour n'avoir pas procédé de même?

– Harstrich, me dit Jean Dours, vous devez m'arrêter des Israéliens armés.

Ma stupeur est d'autant plus grande qu'il pouvait en

confier l'exécution à la DST. Je ne comprends pas bien la logique de cette décision et mon directeur général me donne des explications complémentaires :

– Après l'attentat de Lod, le ministre des Affaires étrangères, Maurice Schumann, s'est fait incendier à l'ONU par les Israéliens, qui ont eu beau jeu de faire remarquer que les tueurs japonais sont d'abord passés par la France. Ils nous accusent d'être trop faibles avec les Arabes qui, prétendent-ils, se promènent armés en France. Furieux, le ministre des Affaires étrangères est venu grogner à l'Intérieur. Alors on a décidé de donner une leçon aux Israéliens. C'est pourquoi, vous devez m'arrêter des Israéliens armés, au plus vite.

– Des Israéliens! Si j'en prends un, cela sera déjà bien beau. Comment voulez-vous que j'y arrive? Vous me prenez de court. Jamais je ne me suis orienté dans ce milieu. Je ne vois pas comment je pourrai commencer mes investigations.

– J'ai un tuyau, me dit Dours. A Sèvres, il y a une école israélite. Des personnalités y mettent leurs enfants. Elle est gardée par des hommes armés.

Le piège

Ayant pris bonne note de l'adresse, je remarque que, visiblement, le directeur général ne veut pas qu'on arrête n'importe quels Israéliens. Pourquoi ceux de Sèvres l'intéressent-ils à ce point? Mystère. L'opération est simple à réaliser : elle ne nécessite pas de stratégie particulièrement élaborée. De retour chez moi, j'ai déjà une idée sur la manière dont je vais agir. Je convoque mes hommes pour le lendemain dimanche en fin de matinée.

Depuis longtemps, chacun m'indique si, le week-end, il reste chez lui ou s'il s'absente, car il nous arrive plus souvent qu'à notre tour de travailler le samedi et le dimanche. De bonne heure avec mon adjoint René Psalmon et mon homme de confiance l'inspecteur divisionnaire Jean Mouillefarine, nous allons reconnaître les lieux et nous retrouvons notre équipe à l'heure de l'apéritif. Je leur fais part de mon plan de bataille.

Lundi 5 juin, 7 heures du matin. Nous sommes en place avec un groupe déguisé en balayeurs municipaux, un autre en géomètres avec le théodolite pour les relevés. Et, pièce maîtresse du dispositif, j'ai fait garer contre le mur de l'école une de nos voitures. Pas n'importe laquelle : une 4L immatriculée 135VJ75.

Cette voiture possède le mauvais œil. Elle nous est arrivée dans un état impeccable, tout droit sortie des chaînes de montage. Je l'essaie et le réservoir à eau explose. Depuis, sa vie n'est qu'une succession d'accidents et d'incidents. Chaque fois qu'elle sort du garage de Jaurès, il lui arrive quelque chose de fâcheux. Quand elle ne se fait pas écharper, la voilà sur le toit à la suite d'un carambolage. Avec une appréhension compréhensible, Blaise la conduit à l'aube du 5 juin jusqu'à Sèvres.

J'ai décidé de m'en servir comme appât. Difficile de ne pas la remarquer. Elle est encore toute cabossée. Pour attirer un peu plus l'attention, ses plaques d'immatriculation sont enduites de boue et les vitres ouvertes.

Il ne me reste plus qu'à m'installer avec Henri Blaise. Histoire de nous faire remarquer, nous avons déposé à nos pieds un paquet.

Selon le directeur général, les gardes armés escortent les élèves jusqu'à l'intérieur de l'établissement. Depuis l'attentat de Lod, ils doivent être particulièrement attentifs. S'ils ne remarquent pas l'allure suspecte de la 4L, je présume qu'ils ne manqueront pas d'être intrigués par le couple que je forme avec Henri Blaise. Un grand type avec des cheveux blancs et un petit gros en train de discuter non loin de l'entrée de l'école ont de quoi alerter le moins méfiant des gardiens. Qu'ils viennent à notre contact et la moitié de mon plan se trouve réalisée.

7 h 30, branle-bas de combat. Trois cars de ramassage scolaire se présentent au bout de la rue. Dans le premier

véhicule, je repère à côté du chauffeur un jeune homme blond. Il a vu la 4L : il s'agite. Les deux cars sont reliés par radio : il hurle sans doute ses instructions. Le véhicule ralentit. Il descend en marche, suivi par un autre homme qui se dirige immédiatement vers l'entrée de l'école. Les bus accélèrent et disparaissent au loin. Autant éloigner les élèves. L'homme connaît son affaire.

A peine est-il arrivé à la hauteur de la 4L que les inspecteurs des RG l'interceptent. Je le fouille. Rien dans ses poches. Et pour cause, elles sont cousues! Je me trouve face à un professionnel qui sait que la meilleure manière de ne rien mettre dans ses poches est encore de ne pas en avoir. Ainsi évite-t-on d'être identifié chez les hommes de l'ombre. De même, aucun de ses vêtements ne porte de marque de fabrique. Mais dans sa ceinture est glissé un pistolet calibre 22. C'est gagné : nous avons notre Israélien armé. Nous pouvons nous replier.

– Vous êtes armé? Que faites-vous là? Vous alliez commettre un attentat contre l'école? Qui êtes-vous?

Autant de questions, autant de silences.

– Vous ne voulez pas répondre? On va au commissariat le plus proche.

Toujours pas de réaction.

Remous diplomatiques

En me voyant arriver, mon collègue de Sèvres comprend que je vais bouleverser la tranquillité de son commissariat, situé non loin de l'école privée. Confraternellement, il met un bureau à ma disposition. Les ordres sont simples : je dois tenir toute la journée et, quelles que soient les pressions, faire l'idiot. Je fais asseoir mon hôte en face de moi. L'homme ne desserre toujours pas les mâchoires. J'attends. Pas longtemps.

Un premier visiteur s'annonce : le proviseur de l'école.

– Toute cette affaire est un affreux malentendu, m'explique-t-il. Monsieur est un de mes éducateurs. Il faut le relâcher immédiatement.

– Un instructeur qui se promène avec un calibre, sans papiers d'identité et qui ne dit pas qui il est ? Avouez qu'il y a de quoi se poser des questions. Je ne peux pas le relâcher tant qu'il ne me répond pas.

Puis le proviseur change de ton. Il est nettement moins aimable :

– Si vous ne voulez pas avoir d'ennuis, je vous conseille de le libérer. Vous ne savez pas où vous mettez les pieds. Cette affaire vous dépasse. Vous risquez de créer un incident diplomatique.

On verra bien. Moins d'une heure après le départ du proviseur, une deuxième visite : l'attaché militaire adjoint de l'ambassade d'Israël. Ma prise doit être importante, suffisamment en tout cas pour que le chef de l'antenne française des services secrets israéliens, le Mossad, se déplace. Réalisant l'inutilité de ses efforts, il bat en retraite. Les Israéliens ne se donnent pas pour battus.

A la fin de la matinée, une troisième personne franchit le seuil de mon bureau provisoire. Cette fois, c'est la grosse artillerie : l'ambassadeur d'Israël en personne vient me demander de renvoyer mon prisonnier. Redoublant de politesse, je continue à faire celui qui ne comprend rien. Je conviens qu'il ne peut s'agir que d'un malentendu qui sera rapidement éclairci mais que, dans l'attente d'ordre supérieur, je ne peux lui donner satisfaction. L'ambassadeur quitte le commissariat de Sèvres, promettant que l'affaire aura des répercussions.

Dans l'après-midi, l'agitation est à son comble. Le téléphone n'arrête pas de sonner. Le directeur de la PJPP, des responsables du Quai d'Orsay, des hauts fonctionnaires envoyés par on ne sait trop qui, viennent aux nouvelles. J'ai fait venir un de mes hommes pour filtrer les appels, occuper les curieux et prendre les messages de protestation.

L'Israélien sort enfin de sa réserve. Peut-être a-t-il

compris ce qui se passe ? Après un sandwich et un café, il me demande dans un français impeccable :

– Vous allez me garder longtemps ?

– Tant que vous ne m'expliquerez pas votre présence à la porte de l'école.

– Mais j'étais dans le car de ramassage.

– Comment voulez-vous que je le sache ? J'avais une information qui faisait état de l'éventualité d'une attaque terroriste. Je vous vois vous précipiter vers une voiture suspecte, le blouson un peu enflé.

Il éclate de rire, il a enfin compris qu'il est tombé dans un piège :

– Allez, vous n'êtes pas des policiers ! Vous êtes du SDECE ?

– Voici ma carte, professionnelle.

– Nous aussi on en fabrique.

– Vous êtes désarmant. Je vous dis que je suis flic ! Vous voyez bien : je vous ai amené dans un commissariat après votre interpellation. Si j'étais un agent secret, je ne vous aurais jamais conduit en ce lieu.

– Vous avez raison. C'est ce qui m'a fait douter que vous soyez un agent secret... Quand même, me faire avoir par des policiers, c'est un comble !

Visiblement en veine de confidence, l'homme me dit s'appeler Teitelbaum. Né dans un camp de concentration, il avait perdu sa mère en déportation. Je crois comprendre que son père était peut-être un SS. Après l'horreur de la Shoah, il est élevé dans un kibboutz. Puis c'est l'armée où il obtient le grade de capitaine.

18 h 30 : un coup de téléphone de mes supérieurs me signifie de mettre fin à la comédie. Visiblement, le message a été reçu par Israël.

– Dours vous appellera demain. Raccompagnez votre prisonnier à son ambassade. Mettez-y les formes.

Dans la voiture, Teitelbaum n'en revient toujours pas de s'être fait piéger par des policiers.

– Je vais vous dire, monsieur le commissaire, vous m'avez fait du mal. Je suis grillé. Si ce n'est pas demain, ça sera après-demain, mais ils vont me renvoyer dans ma compagnie ou dans mon kibboutz. C'est dommage, j'aimais bien Paris.

– Allez, je vous offre le pot de l'amitié.

– J'accepte. Je ne peux pas vous l'offrir, vous avez vu mes poches. Mais j'insiste pour que l'ambassade paie mon repas de midi.

Il n'en est pas question.

– Cela fait un an que je suis à Paris, m'explique Teitelbaum. Mon patron, l'attaché militaire adjoint dont vous avez fait la connaissance tout à l'heure, est le gendre du général Moshé Dayan. Ses enfants sont à l'école de Sèvres et je suis leur ange gardien. Eh oui, vous avez arrêté le garde du corps des petits-enfants du plus célèbre de nos officiers, le héros du Sinaï, le ministre de la Défense de l'État d'Israël pendant la guerre des Six Jours!

Je comprends enfin pourquoi mon directeur général voulait que j'intercepte un des protecteurs des écoliers de Sèvres. En arrêtant Teitelbaum, le gouvernement français n'a pas seulement l'intention de créer des remous diplomatiques : il veut aussi envoyer un message de fermeté à Israël. J'ignorerai toujours d'où provenait la source de l'information et quelles en furent les répercussions diplomatiques, mais d'après ce que j'ai pu apprendre, elle permit à notre ministre des Affaires étrangères de sermonner l'ambassadeur israélien.

Je n'ai plus jamais entendu parler de Teitelbaum. Quand j'ai appelé l'ambassade quelques jours plus tard pour savoir ce qu'il devenait, j'ai appris son départ pour Israël. J'espère que le Mossad n'a pas été trop dur pour lui. Les services secrets israéliens ont besoin d'hommes de sa trempe (l'incident se passait quelques mois seulement avant la tuerie du village olympique de Munich qui fit douze victimes au sein de la délégation israélienne). Il ne se serait jamais fait piéger sans son grand professionnalisme.

Teitelbaum est un bon. Et les meilleurs se font toujours piéger par d'autres presque aussi compétents...

2

LE MINISTÈRE DES SOUPÇONS

Écoute sauvage place Beauvau

Pilier de la Ve République, plusieurs fois ministre sous de Gaulle, ministre de l'Intérieur depuis Mai 68, Raymond Marcellin suit, depuis la place Beauvau, la lente agonie du règne de Georges Pompidou, au milieu d'un climat empoisonné par les rumeurs et les complots montés par des maîtres chanteurs et des aventuriers de tout poil. Lui-même n'est pas à l'abri des intrigues les plus diverses.

Le ministre de l'Intérieur prend par exemple très au sérieux des menaces qui pèsent sur la vie de son fils. Au point de m'envoyer surveiller les environs de l'école religieuse où l'adolescent effectue ses études. Mission que je ne peux accomplir qu'en déployant mes hommes sur le chemin emprunté par les écoliers pour aller du dortoir aux classes et réciproquement, seul endroit où une personne extérieure puisse tenter une action. Le déploiement des inspecteurs des RG provoque la panique des autres parents d'élèves et celle des autorités ecclésiastiques, qui prient Raymond Marcellin de retirer ses policiers. Ce que nous faisons quelques semaines plus tard, d'autant que nous n'avons rien remarqué d'anormal. L'affaire en reste là. Ces menaces étaient-elles réelles? Si oui, d'où venaient-elles? Je l'ignore. Je vois mal les gauchistes ou les petits commerçants en vouloir au fils d'un ministre. Alors qui? Quelqu'un du sérail? Un service étranger? Peut-être ne s'agissait-il que d'une manœuvre contre le ministre de l'Intérieur? A l'époque, tout paraissait possible.

Dans les coulisses de la place Beauvau, le climat est loin d'être serein. La méfiance semble de règle. Pourtant, quand Raymond Marcellin me convoque pour me dire qu'il est convaincu que l'on écoute son téléphone, je ne peux m'empêcher de me montrer sceptique. Qui donc se permettrait de faire une telle chose? Marcellin me fait part de sa certitude que l'on rapporte ses propos. En conséquence, je dois vérifier ses lignes téléphoniques, ainsi que celles de son directeur de cabinet et de mon préfet qui assistait à notre conversation.

Dès le début de mon enquête, je suis persuadé que, si écoute sauvage il y a, elle ne peut se situer au niveau de la ligne Regis du ministère de l'Intérieur. Comme ses autres collègues et certains de ses chefs de service dont je fais partie, Raymond Marcellin a accès au réseau interministériel Regis, qui fonctionne en circuit fermé. Il est certes possible d'écouter ces lignes, qui relient directement les ministres entre eux et leur permettent de s'entretenir sans passer par les centraux téléphoniques. En principe, il semble facile de poser une dérivation sur une ligne de ce genre à condition de connaître son tracé. De même est-il théoriquement possible à n'importe qui d'écouter le répartiteur du Regis. Mais dans la réalité, l'opération est plus compliquée : tout ce qui touche au Regis s'effectue sous la surveillance de fonctionnaires de la Défense qui assurent son inviolabilité.

Reste donc le réseau traditionnel. Pour plus de précautions, je demande au colonel Caillot, qui dirige le GIC, si d'aventure on n'écoute pas mon ministre. La réponse est celle que j'attendais :

– Tu es fou? Je ne veux pas perdre ma place!

Je suis convaincu de la sincérité de son démenti. Je vois mal les « orioneurs » de l'armée intercepter les conversations du ministre de l'Intérieur. En raison du nombre de personnes employées au GIC, un risque de fuite devient toujours possible. Si dérivation il y a, elle ne peut qu'être sauvage. Il me faut donc commencer mon enquête par le standard du ministère de l'Intérieur.

Je suis en excellents termes avec les fonctionnaires des télécommunications qui travaillent à l'Intérieur. Régulièrement, je les invite aux pots que j'organise avec mes inspecteurs. Ainsi ai-je pu obtenir des lignes directes à l'usage exclusif de mes informateurs. Mais je ne veux pas leur dire que je cherche une écoute : inutile d'alerter tout le ministère. La discrétion s'impose et nous devons agir de manière clandestine.

L'inspecteur Gilbert Falcini, un de mes hommes, a un ami qui travaille au standard du ministère et, de ce fait, accède aux installations téléphoniques de la place Beauvau. Un déjeuner suffit à nous assurer de sa complicité. Nous lui demandons d'être notre cheval de Troie à l'intérieur de la salle des communications. Il craint que son chef de service ne remarque notre manège. Nous faisons de notre mieux pour le rassurer. N'avons-nous pas l'habitude des enquêtes difficiles ? En dépit de ses réticences, il fournit les informations nécessaires. Si nous savons que tous les circuits téléphoniques du ministère sont centralisés dans une salle souterraine sous la grande cour après les grilles d'entrée, nous ignorons en revanche tout de l'agencement des lieux. Il nous indique l'endroit où se trouvent les registres qui nous permettront de nous repérer. Mieux vaut agir le soir : sans être désert, le ministère se vide pratiquement de ses employés. Un nombre réduit d'appels téléphoniques entraînant une diminution des effectifs préposés aux communications, nous avons moins de risques de nous faire surprendre.

Avant d'arriver à notre objectif, il nous faut passer devant des huissiers qui contrôlent la porte d'accès. La disposition des lieux est telle qu'elle permet à un de nos hommes d'occuper les fonctionnaires tandis que nous nous faufilons dans l'antre souterrain. J'y pénètre peu avant 23 heures, en compagnie de Blaise et d'une poignée de techniciens des RG.

L'endroit est vaste, bourré de pylônes le long desquels courent des réseaux inextricables de lignes téléphoniques. C'est ici que transitent toutes les communications privées ou non des fonctionnaires, que passent les liaisons directes avec les préfectures et les sous-préfectures. Nous nous précipitons sur les registres. Ils sont bourrés de codes dont la signification nous est étrangère. Impossible de trouver la ligne du ministre dans ce fatras. Dépités, nous battons en retraite.

Il nous faut un professionnel. Pas question de faire appel à un Parisien. Je demande à tous mes chefs de Brigade s'ils connaissent un employé des télécommunications susceptible de nous rendre un service. Seule condition : il doit être discret. La BOR de Lille me propose un candidat. On peut compter sur lui; il n'est pas vénal. On saura quand même le récompenser.

Quelques jours plus tard, nous voici à nouveau sous la place Beauvau avec l'employé des télécommunications de Lille et son correspondant, un fonctionnaire du service technique des RG de cette même ville. Cette fois nous sommes entrés sans aucun problème, l'huissier n'occupant pas son poste de garde.

L'employé lillois parcourt les registres à la recherche des lignes du ministre et de son directeur de cabinet. Il ne lui faut que quelques minutes pour les trouver. Puis il se dirige vers une des colonnes. Heureusement, pour faciliter le travail des dépanneurs, le système est organisé de manière cohérente en fonction des numéros attribués. Notre homme suit la ligne téléphonique du ministre. Rien. Puis celle de son directeur de cabinet et du préfet directeur des RG. Pas la moindre dérivation non plus.

Pour plus de précautions, il vérifie une seconde fois. Au milieu de son travail, il s'exclame :

– Ah! tiens, voilà une ligne qui est branchée, nous dit-il en montrant une bretelle qui part d'une ligne pour aboutir sur un autre fil.

Il est tombé dessus par hasard. Nous prenons note de l'installation, que nous nous gardons bien de toucher. Ne jamais rien transformer : c'est un principe de base que tout enquêteur se doit de respecter. En sortant, nous croisons l'huissier qui a regagné son poste. Il nous salue sans poser de questions.

Avant d'avertir le ministre, je poursuis mon enquête sur l'écoute clandestine de la place Beauvau. Elle concerne un numéro du service de la réglementation qui se charge aussi bien des étrangers que des casinos. Le fonctionnaire écouté est un commis d'administration apparemment sans histoire. *A priori* j'exclus une affaire interne. Ma tâche devient d'autant plus compliquée que je ne sais même pas quand la dérivation a été effectuée. Peut-être même a-t-elle dix ans d'âge? On l'aurait donc oubliée dans les sous-sols de la place Beauvau. Auquel cas, en raison de la rotation des bureaux, il devient pratiquement impossible de savoir sur qui elle portait sans reconstituer l'historique de tous les déménagements du ministère de l'Intérieur.

J'essaie de prendre l'écoute par l'autre bout. Sans plus de résultat. Le renvoi est l'œuvre d'un professionnel : il aboutit à un des téléphones de la bibliothèque du ministère, pièce commune à tous les fonctionnaires de la place Beauvau. Les bibliothécaires n'ont jamais vu personne se servir du poste où se termine la dérivation, réputé constamment en dérangement. Impossible donc de savoir qui l'a effectuée. Je transmets l'information à mon directeur pour qu'il communique le résultat de mon enquête au ministre. Raymond Marcellin pouvait m'ordonner de poursuivre mes investigations. Il ne l'a pas fait considérant sans doute que l'enjeu ne valait pas la peine de mobiliser ses hommes pendant de longues semaines. On reparlera d'écoutes dans quelque temps lorsqu'une affaire de micros placera Raymond Marcellin dans une position fort délicate.

Les micros du Canard

Le 12 septembre 1973, *Le Canard enchaîné* publie deux documents émanant de l'Office central des Stupéfiants. Il s'agit de deux lettres de son directeur, le commissaire divisionnaire François Le Moel, demandant à ses supérieurs l'autorisation de procéder à l'audition d'une personnalité gaulliste, dans le cadre d'une enquête concernant un trafiquant arrêté avec 60 kilos d'héroïne. L'affaire n'est pas mince : député UDR de Paris, rapporteur général du budget de la ville de Paris, ancien ministre, l'intéressé serait intervenu pour que le possesseur de stupéfiants obtienne un passeport établi sous un faux nom « selon la procédure d'urgence ».

Le Canard enchaîné n'aurait jamais dû entrer en possession des documents internes de l'Office central des Stupéfiants. Le ministre ordonne une enquête interne afin de trouver l'origine des fuites. La presse affirme qu'il va même jusqu'à faire mettre sur écoute le sous-directeur des affaires criminelles à la direction centrale de la police judiciaire, Honoré Gévaudan. Dans son édition datée du 31 octobre, *Le Canard enchaîné* publie un long papier intitulé : « La pêche et la chasse aux fuites. » L'auteur de l'article, Claude Angeli, semble bien informé. Trop. Il narre dans le détail les remous provoqués place Beauvau par la publication des documents mettant en cause le député UDR et donne des précisions sur les investigations en cours.

Claude Angeli prétend que Raymond Marcellin m'a demandé d'enquêter sur l'origine de ces indiscrétions, ce qui est faux. Reste qu'une telle accumulation de renseignements suppose une source à l'intérieur du ministère, dont il connaît bien des secrets comme le prouve la suite de son article.

« (La Brigade opérationnelle centrale) dispose même d'un artiste réputé dans l'ouverture discrète des serrures.

A savoir l'inspecteur Blaise dit " Riquet ", dont l'habileté est bien connue chez Marcellin. Exemple, quand un haut fonctionnaire ou un quelconque flic oublie les clés de son bureau ou de son coffre, on fait toujours appel à sa technique et à son matériel. Brave *Riquet.* »

Le 4 décembre 1973 éclate l'affaire des micros du *Canard enchaîné.* Un responsable de l'hebdomadaire découvre par hasard qu'une équipe de « plombiers » sonorise les nouveaux locaux que la rédaction de l'hebdomadaire doit inaugurer incessamment. Les « plombiers » s'enfuient aussitôt, et la presse s'enflamme.

S'il ne fait de doute pour personne que l'équipe chargée de sonoriser *Le Canard* n'a pu agir que sur ordre, on ignore en revanche encore quel corps de la police a été mis à contribution. Déjà, des noms circulent, dont le mien. Au début de leur enquête, les journalistes du *Canard* demeurent convaincus que je suis à l'origine de la pose des micros. Il est vrai qu'à l'époque, l'hebdomadaire satirique m'attribuait bien des « mérites » qui ne me revenaient pas.

Le vendredi 6 décembre 1973, aux alentours de 20 heures, alors que je dîne en famille, on sonne à ma porte. C'est Claude Angeli, le rédacteur en chef du *Canard.* L'homme ne manque pas d'assurance :

– On peut discuter ? demande-t-il avec aplomb.

– Je finis mon repas. Installez-vous dans le salon. Ne prêtez pas attention au désordre. Je veux finir de lessiver ma cuisine ce soir pour la repeindre demain.

Claude Angeli se fraie un chemin au milieu du frigo et des ustensiles de cuisine qui encombrent la pièce. Je lui offre un whisky avant de le rejoindre peu après un verre de vin à la main.

– Qu'est-ce qui vous amène ?

– Ça ne vous étonne pas que je vienne vous voir ?

– Si, mais cela ne me dérange pas.

Puis Angeli se lance :

– C'est vous pour *Le Canard?*

– Vous me prenez pour un imbécile ? Si je m'étais

occupé de votre immeuble, le ministre se serait montré généreux pour mes troupes et moi-même. Avec une prime, je ne repeindrais pas ma cuisine moi-même.

– Alors qui ?

J'étais persuadé que les « plombiers » n'étaient pas des policiers. Je pensais qu'il ne pouvait s'agir que d'un coup du SDECE. Mais je ne pouvais pas le dire à Angeli.

– Ce n'est pas vous qui avez fait le coup, hasardai-je, provocateur, pour faire monter votre tirage ?

– Vous le croyez vraiment ?

– Non. Mais pour ce qui est de la police, je ne vois pas qui aurait pu faire cela.

Malin, Angeli évite de me questionner sur la BOC : il préfère insister sur mes collègues des RG. Il me pose des questions sur Gérard Dussauchoy qui s'occupe du matériel technique au ministère. Puis il me lance les noms de Philippe Massoni, mon équivalent aux RGPP et René Libeaud homologue de Dussauchoy pour la PP.

Angeli conclut :

– Alors c'est vous ?

– Vous me preniez pour un imbécile tout à l'heure et maintenant pour un idiot ? Si c'était moi, pensez-vous que je vous le dirais ?

Après le départ de Claude Angeli, j'informe mon directeur, Eugène Camata, qui me reproche d'avoir reçu le rédacteur en chef du *Canard enchaîné*.

– Vous avez fait une grosse bêtise, me dit-il.

– Pourquoi ? Je n'ai rien à cacher.

– Vous vous rendez compte du bruit que cela va faire...

Un quart d'heure plus tard, nouveau coup de téléphone, de Raymond Marcellin cette fois.

– Allô ! Harstrich... Vous m'avez reconnu.

– Oui monsieur.

– Vous avez eu de la visite ? me demande le ministre ironique. Camata est furieux contre vous.

– Et encore, je ne lui ai pas dit qu'à mon avis, Angeli enregistrait notre conversation ! Je suis certain qu'il possédait un petit magnétophone sur lui. En lui passant son whisky, je me suis arrangé pour lui toucher la poitrine et j'ai senti quelque chose de dur.

Aujourd'hui Angeli nie formellement avoir possédé un micro. « Je n'ai jamais recours à ce genre de procédé, dit-il, même avec les crapules. » Je veux bien le croire. A l'époque, j'étais en tout cas convaincu du contraire. Le ministre ne s'en offusque pas outre mesure.

– Bien, me dit-il. Faites-moi un rapport en deux exemplaires et venez me voir demain matin à 11 heures.

A 2 heures du matin, ma note est prête. Avant de la remettre au ministre, je vais rendre compte à Eugène Camata. Il m'accompagne et me morigène pendant le trajet. Il croit que ce sont mes hommes qui ont sonorisé les locaux du *Canard enchaîné.* Mes dénégations n'y font rien. Il va même jusqu'à me demander de lui signer un papier affirmant que je suis totalement étranger à toute cette affaire.

– Monsieur le préfet, lui dit Raymond Marcellin, je suis ravi de vous voir. Revenez demain à midi : je dois discuter avec Harstrich.

Une fois Camata sorti, nous faisons le point de la situation. Mon nom figurait déjà dans les périodiques et les hebdomadaires du samedi matin. Cela ne m'étonnait qu'à moitié : je savais que je n'avais pas convaincu Angeli.

– J'ai menacé Angeli, ai-je dit au ministre, l'informant que je voulais bien me laisser embêter, je suis payé pour ça. Mais je l'ai prévenu que si des retombées atteignaient ma famille, je deviendrais méchant et vindicatif.

– Vous avez bien fait, me dit Raymond Marcellin. Que pensez-vous de tout ça ?

– Monsieur le ministre, je ne sais pas ce qui s'est passé. Mais si vous avez besoin d'un bouc émissaire, devrais-je dire d'un bouc commissaire ?, je veux bien laisser entendre officieusement qu'il se pourrait peut-être que...

– Non. Je ne vous en demande pas tant. C'est bien Harstrich, merci.

Mon sacrifice aurait d'ailleurs été inutile puisque quelques jours plus tard, *Le Canard enchaîné* révèle que les « plombiers » sont des agents de la DST. J'en suis le premier étonné. Quand Angeli m'a demandé si des agents de la Surveillance du territoire pouvaient être les auteurs de la sonorisation, je lui ai rétorqué que la chose paraissait impossible, la DST s'occupant exclusivement du contre-espionnage. En tout état de cause, voilà une grosse casserole que beaucoup me soupçonnent encore d'avoir traînée alors que je n'y étais pour rien. Il est vrai qu'on ne prête qu'aux riches.

La vengeance chiraquienne se mange froide

La mort de Georges Pompidou le 2 avril 1974 entraîne un bouleversement profond de toutes les structures de l'État. Raymond Marcellin quitte la place Beauvau. Son successeur s'appelle Jacques Chirac. Depuis son arrivée à l'Intérieur, les rumeurs vont bon train. Certains inspecteurs qui avaient travaillé sous mes ordres me rapportent que le préfet Jacques Lenoir est dans le « collimateur » du ministre. Ses heures sont comptées.

J'ai beaucoup d'estime pour Jacques Lenoir. Dynamique, charmeur, il a été à mon avis un très bon directeur des RG. Notre première rencontre remonte à l'affaire du mont Faron. Il était alors sous-préfet de Toulon. Je le croisai à nouveau à la préfecture de La Roche-sur-Yon dans le cadre d'une tentative d'attentat contre le général de Gaulle, moins dangereuse que la précédente. Grand résistant, ancien commandant de maquis, il doit sa carrière, non seulement à ses mérites mais aussi à son passé de combattant antinazi. Il était toujours secondé par Guy Chos, un technicien du renseignement. Après deux ans de direction des RG, Jacques Lenoir est nommé préfet de Police de Paris puis directeur de la Police nationale où le surprend l'arrivée de Jacques Chirac.

Le sachant matinal, je me rends chez mon directeur

général de bonne heure pour le mettre en garde contre les mauvaises intentions de son ministre.

– Harstrich, me dit Lenoir, je ne vous reconnais plus. D'habitude, vos tuyaux ne sont pas crevés. Le ministre me reçoit ce matin à 11 heures. J'ai préparé mes dossiers sur les affaires importantes en cours; vous savez à quel point je suis méthodique.

Jacques Lenoir avait en effet l'habitude de rédiger des fiches sur des bristols verts à petits carreaux, pendant le week-end. Le lundi, chaque chef de service recevait ses questions numérotées, et gare à celui qui ne répondait pas. Le préfet avait une excellente mémoire et il lui arrivait de rappeler au fautif quelques jours plus tard, qu'il attendait toujours sa réponse.

– Monsieur le directeur général, méfiez-vous quand même.

– Harstrich, j'ai eu le ministre comme stagiaire de l'ENA quand j'étais directeur des affaires politiques à Alger, je ne crois pas à votre information.

– Je souhaite de tout cœur m'être trompé.

A 19 heures, Jacques Lenoir me convoque. Il est consterné :

– Je suis rentré dans le bureau du ministre avec mes dossiers. Il ne m'a pas laissé parler : « Rapportez vos documents, m'a-t-il lancé, cela servira à votre successeur. Je change de directeur général de la police. Vous choisissez la Cour des comptes ou le Conseil d'État. Je veux votre réponse à 16 heures. » Il ne m'a même pas donné mes huit jours, comme je pourrais les accorder à ma femme de ménage!

Moralité : toujours se méfier de ses anciens stagiaires. Par la suite, on m'a confié que Jacques Chirac aurait proposé au Conseil des ministres, la nomination de Lenoir à la Cour des comptes en souvenir de son séjour en Algérie. Il voulait se débarrasser de ce collaborateur qui prétendait lui apprendre les ficelles du métier à la sortie de l'ENA. J'ignore si des motifs aussi dérisoires ont emporté la décision du ministre. Ce qui paraît certain, en revanche, c'est qu'il se comporta de manière on ne peut plus abrupte.

Sonnette et retenue

Au mois de décembre 1973, mes bureaux sont déplacés au 11, rue d'Argençon. Loin des yeux, je vais m'éloigner un peu plus du cœur du ministère avec le départ de Raymond Marcellin et son remplacement par Jacques Chirac pendant quelques mois. Rapidement, il est question de dissoudre mes Brigades, de me retirer les enquêtes voire de m'envoyer en province. Mais au début, ce semi-exil avait ceci de bon que, contrairement aux autres chefs de service, je n'étais pas soumis à la sonnette. Généralement, quand le directeur veut voir un de ses hommes, il lui suffit d'appuyer sur un bouton. En raison de mon éloignement, cela ne peut être le cas. Il me faut une dizaine de minutes pour me rendre rue des Saussaies. Le temps d'arriver et mon directeur reçoit d'autres personnes. Il a parfaitement compris qu'il est inutile de me faire perdre mon temps dans son antichambre et me convoque à heure fixe. Généralement avant le déjeuner ou le soir, à la sortie des bureaux : ainsi avons-nous plus de temps pour discuter.

Cette situation entraînant bien des jalousies, il était normal que le préfet Louis Morel, successeur d'Eugène Camata à la direction des RG, tentât d'y remédier. Peu après son arrivée Louis Morel me téléphone. Il est 9 heures du matin et, pour une fois, je ne suis pas présent de bonne heure. Je le rappelle. Il ne peut pas me prendre et sa secrétaire me demande de venir le voir à 18 h 30.

Prudent, je me rends place Beauvau un quart d'heure avant le rendez-vous pour découvrir que le préfet vient de partir, annonçant qu'il ne serait pas de retour avant le début de la soirée. Fonctionnaire avisé, je vais prendre quelques journaux et j'attends. A 20 h 30, le préfet n'étant toujours pas là, je rentre chez moi.

Je suis convaincu que le directeur central des RG essaie de me piéger. Mais je sais comment contrer la manœuvre. Par bonheur, j'entretiens d'excellentes relations avec tous les plantons chargés de garder les différentes issues du ministère : place Beauvau, rue des Saussaies et rue Cambacérès. Pour leur avoir rendu maints menus services, je peux leur demander de me montrer discrètement la main courante. Je veux savoir à quelle heure le préfet est rentré. Je commence par l'entrée de la rue des Saussaies. Gagné. C'est par là qu'il est revenu à 21 h 04 hier soir. Il ne me reste plus qu'à me rendre à mon bureau et attendre la convocation de mon directeur. Elle ne manque pas d'arriver, à 9 heures précises. Obéissant, je retourne au ministère.

– Je ne vous ai pas trouvé hier, me dit Morel. Je vous avais pourtant demandé de m'attendre.

– Monsieur le préfet, vous m'aviez convoqué à 18 h 30. Je vous ai attendu deux heures bien que mes collègues m'aient dit que vous ne rentreriez que très tard. Je n'allais quand même pas rester à vous attendre jusqu'à 21 h 04!

Le préfet accuse le coup :

– Vous avez autre chose à me dire?

– Oui, monsieur le préfet. Ce n'est pas parce que je suis en retard que j'ai l'âge de me trouver en retenue le jeudi matin.

Mon directeur éclate de rire.

– Incident clos. Je vois que vous êtes un bon flic, Harstrich.

Contrairement à certains, le préfet Morel était un honnête homme et je l'aimais bien.

L'affaire Françoise Claustre

Le 21 avril 1974, au Nord du Tchad dans la région du Tibesti, des rebelles Toubous commandés par Hissène Habré enlèvent trois Européens. Le médecin allemand

Christophe Satewen est rapidement relâché contre le versement d'une rançon. Le coopérant français Marc Combe réussira à s'évader. L'archéologue française Françoise Claustre, dont la détention est au départ ignorée par le nouveau président Valéry Giscard d'Estaing, se trouve retenue prisonnière. Cette affaire va provoquer des remous au sein du gouvernement à la suite d'une campagne de presse conduite par *Le Figaro*.

Le conseiller aux Affaires africaines et malgaches de Valéry Giscard d'Estaing, René Journiac, est une vieille connaissance. La première mission que j'ai effectuée pour lui remonte à 1966. A l'époque adjoint de Jacques Foccart, l'éminence grise du général, il m'avait chargé de participer à l'organisation du voyage du général de Gaulle au Cambodge. Sachant ce qu'il voulait, il était doté du talent de tout ramener à des choses simples et, ce qui ne gâtait rien, appréciait mes méthodes de travail.

Sur les instructions de Robert Pandraud, directeur adjoint du cabinet du ministre de l'Intérieur Michel Poniatowski, je vais voir René Journiac à l'Élysée plus d'un an après l'enlèvement de Françoise Claustre, alors que les événements se précipitent. Le négociateur du gouvernement, le commandant Galopin, a été exécuté par Hissène Habré le 4 avril 1975. En ce mois d'août 1975, le gouvernement français décide de récupérer Mme Claustre par la force et le conseiller aux Affaires africaines et malgaches de l'Élysée me demande d'aller libérer l'otage.

Pour ce type de mission, le gouvernement dispose de moyens plus appropriés que les Renseignements généraux, à commencer par la section action du SDECE. Mais René Journiac veut que la libération de Françoise Claustre soit une opération de police. Pourquoi ? Je l'ignore. Peut-être pour des raisons de politique étrangère qui m'échappent. Quoi qu'il en soit, j'aurai tous les moyens nécessaires. Il sait que je n'arriverai jamais à mes fins sans le soutien logistique de l'armée. Le chef de l'état-major, le général Ailleret, a déjà reçu ordre de m'aider.

Il m'accueille au siège de l'état-major, boulevard Saint-Germain, et met à ma disposition des bureaux dans les sous-sols de ses bâtiments. Un colonel d'un régiment de parachutistes vient de la base de Pau pour m'aider à élaborer un plan d'essence militaire. Les Services de renseignement de l'armée ont fait du bon travail; ils ont déjà d'honorables correspondants parmi les ravisseurs et savent précisément où se trouve Françoise Claustre. Chaque jour, nous suivons l'évolution de la situation grâce à des photos aériennes. Aux clichés de satellites géostationnaires s'ajoutent ceux pris par les équipages d'avions de ligne dont les appareils s'écartent à dessein des couloirs aériens de l'aviation civile.

Après s'être assuré des possibilités d'attaque du camp d'Hissène Habré, il nous reste à trouver un terrain d'atterrissage. L'étude des cartes nous permet de découvrir un endroit acceptable en plein Tibesti, non loin du campement. Nous avons déjà recensé les besoins en armement et en vivres des trois sections de parachutistes qui doivent débarquer avec les policiers. Les militaires sont là pour empêcher les troupes régulières d'intervenir et isoler les rebelles d'Hissène Habré, tandis que mes hommes – dix volontaires – et moi-même partirons délivrer Françoise Claustre.

Quelques jours avant le jour J, alors que tout semble prêt, Journiac décommande l'opération. Hissène Habré menace d'exécuter Françoise Claustre dont il détient l'époux, Pierre Claustre, depuis le 23 août. Mieux vaut ne pas intervenir directement : l'Élysée négociera avec Hissène Habré. Je me rendrai quand même au Tibesti, mais dans le cadre d'une mission de conciliation.

En échange de la vie des époux Claustre, Hissène Habré demande 10 millions de francs. L'Élysée avait décidé d'accéder aux conditions du chef des rebelles Toubous en lui versant 4 millions en espèces et le reste en livraison de matériels divers. Accompagné de deux de mes inspecteurs, René Allard et l'inévitable Henri Blaise, je me rends à l'Élysée pour recevoir deux énormes sacs postaux bourrés à ras bord de francs français et CFA. Impossible de les fermer. Il nous faut faire attention à ne pas semer les billets en route. Nous nous rendons à l'aéroport militaire de Villacoublay, accompagnés d'une voiture suiveuse en cas de panne. Nous n'avons emporté que nos armes de service et quelques grenades.

Mon ancien directeur, Louis Morel, m'attend à la base de Villacoublay. Il participe au voyage car il connaît bien Hissène Habré qu'il a accueilli comme stagiaire de l'ENA lorsqu'il était préfet des Ardennes. Il est chargé de remettre la rançon, une petite fortune à l'époque, qui suscite la curiosité des équipages, aussi bien dans le Mystère 20 qui nous conduit à Istres que dans l'avion ravitailleur en vol supposé nous amener directement au Tchad.

Un représentant de l'OUA, deux de l'ONU et deux fonctionnaires des Affaires étrangères embarquent à Istres. Ils doivent veiller à la bonne marche de l'opération. Les représentants du Quai d'Orsay demeurent constamment en liaison radio avec un de leurs correspondants qui se trouve non loin du campement d'Hissène Habré. Ils entrent en contact avec lui quand le Niger nous refuse l'atterrissage, contrairement à ce qui avait été convenu. Force nous est de nous rabattre sur le Sénégal. La rançon repartira le lendemain 24 septembre, mais sans mes hommes et moi. Le préfet Morel préfère s'y rendre seul, bien que je lui aie fait part de mes craintes pour sa vie.

Ce n'est que plus de deux ans après la remise de la rançon, soit le 1er février 1977 que Françoise Claustre sera libérée par Hissène Habré. L'affaire n'est pas terminée pour autant. Bien des choses ont été écrites sur les coulisses de l'enlèvement de Françoise Claustre. Dans leurs souvenirs respectifs, deux ambassadeurs de France mettent gravement en cause Pierre Claustre. Dans un troisième ouvrage, le mari de Françoise Claustre répond à certaines allégations parfois diffamatoires. « Pourquoi des diplomates s'acharnent-ils ainsi sur moi et mon épouse ? », demande en substance Pierre Claustre. Ignore-t-il que les fonctionnaires du Quai d'Orsay demeurent convaincus qu'un trafic d'armes est au départ de toute l'histoire ? Hissène Habré ayant payé pour du matériel qu'il n'a jamais reçu, l'idée lui est venue de prendre des otages qu'il libérerait en échange d'équipements militaires. Voilà qui expliquerait, disent les fonctionnaires du Quai d'Orsay, la raison pour laquelle Pierre Claustre tenta, lors des négociations, d'acheter de l'armement destiné à Hissène Habré. L'Élysée empêcha la livraison des armes en accédant à la demande de rançon sous forme d'argent et d'équipements divers. Il va sans dire que Pierre Claustre nie une telle interprétation des faits.

Vérité ? Mensonge ? Je dois confesser qu'à l'époque, je me suis totalement désintéressé de l'affaire. D'autant qu'en 1983, Hissène Habré prendra le pouvoir à N'Djamena pour en être évincé en décembre 1990 par Idriss Deby, chef du Mouvement patriotique de salut (MPS). Peut-être avec la bénédiction de l'Élysée dans les deux cas.

Ma disgrâce à l'ère Poniatowski

L'arrivée place Beauvau du nouveau ministre de l'Intérieur Michel Poniatowski, nommé après l'élection de Valéry Giscard d'Estaing à la présidence de la République, sonne le glas de la BOC et entraîne une baisse sensible de mon activité. Petit à petit, on me retire mes moyens, j'ai de moins en moins d'enquêtes, je ne manipule aucun informateur et je ne suis plus destinataire des écoutes. Quand, par hasard, j'en obtiens une, je n'ai pas le droit d'en conserver les transcriptions qui me sont montrées presque à la sauvette. Visiblement, je ne suis plus en odeur de sainteté.

Quelqu'un m'en voudrait-il d'avoir participé de manière trop active à la lutte contre l'OAS ? Les nouveaux hôtes de l'Élysée se sont distingués par leurs prises de position en faveur de l'Algérie française. Les sympathies pro-OAS de Valéry Giscard d'Estaing alors qu'il occupait la charge de secrétaire d'État aux Finances de janvier 1959 à janvier 1962 ne sont un mystère pour personne. Elles ont été révélées par Bastien-Thiry lors de son procès. On sait aussi que le conseiller à la présidence Hubert Bassot était un des chantres de l'Algérie française.

En revanche, les liens entre l'OAS et le nouveau ministre de l'Intérieur Michel Poniatowski sont plus mystérieux. Le responsable des réseaux de l'OAS en France, Pierre Sergent, n'a-t-il pas prétendu, sans être démenti, que Poniatowski l'informait de ce qui se passait au gouvernement [1] ? Je dois avouer que nous pouvions le supposer. Après l'arrestation d'un avocat, le BDL avait relevé sur une liste de sympathisants OAS celui d'un certain Michel Leprince suivi du numéro de téléphone du ministère des Finances.

Je ne peux pas non plus compter sur la solidarité de mes collègues qui me reprochent d'avoir entretenu des liens privilégiés avec Raymond Marcellin. Pourtant, j'ai toujours pris soin de rendre compte à ma hiérarchie.

Sans doute sur instruction ministérielle, le directeur central des RG, le préfet Marc Buchet, décide de réorganiser les RG. La BOC et les BOR dissoutes et leurs fonctionnaires éparpillés, je deviens à nouveau responsable de la section Recherches !... L'effectif s'amoindrit car je conseille à mes collaborateurs de « quitter le navire » et de se trouver un poste de leur choix.

1. Déclarations de Pierre Sergent citées par Rémi Kauffer in *L'OAS : histoire d'une organisation secrète*, Fayard, 1986.

Mon adjoint, le commissaire René Psalmon va diriger la section des moyens techniques.

Heureusement, reste encore avec moi l'inspecteur divisionnaire Jean-Claude Dessaint, fidèle ami, compétent, dévoué et travailleur, que j'avais débauché des années auparavant d'un commissariat de la Préfecture de Police pour qu'il vienne faire profiter l'équipe, des arcanes de la « maison » voisine. J'avais d'ailleurs doublé le potentiel PP en recrutant simultanément l'inspecteur divisionnaire Pierre Massa qui exerçait dans une Brigade territoriale de Police judiciaire des Hauts-de-Seine.

Succède ensuite, au préfet Buchet, le directeur des Renseignements généraux de la Préfecture de Police, Raymond Cham, ancien chef de la Section politique (au ministère) et de la documentation du Bureau de liaison. Il décide que les informateurs d'intérêt national seront désormais centralisés dans une section de manipulation, à l'instar de ce qui existait autrefois à la DST, procédé aujourd'hui abandonné par le contre-espionnage. Ainsi, comme la plupart de mes collègues, je perds le contrôle des sources recrutées.

La tâche de ces nouveaux manipulateurs tient de la mission impossible puisqu'ils doivent gérer des affaires dans pratiquement tous les domaines. Ainsi sont-ils censés connaître le PCF, les gauchistes, les terroristes, les séparatistes basques, occitans, bretons, les mouvements d'extrême droite... N'étant pas des encyclopédies professionnelles ils commettent des erreurs d'interprétation et leurs correspondants en arrivent à douter de la qualité de leurs contacts.

Situation déplorable. Le travail ne manque pourtant pas. Des embryons de groupes terroristes opèrent dans la capitale et leurs membres étant presque tous issus des décombres de la Gauche prolétarienne, mon intervention ou celle de mes anciens collaborateurs auraient dû s'imposer.

En lisant les journaux, je suis les méfaits des Brigades internationales, trois diplomates (deux Latino-Américains et un Espagnol) assassinés en deux ans sans que la police puisse rien faire. Avant de disparaître, à la suite d'une violente crise interne, les Brigades internationales signent deux autres attentats meurtriers, ceux d'un conseiller de l'ambassade d'Iran et de l'ambassadeur de Mauritanie.

Simultanément, un autre groupe terroriste voit le jour : les Napap (Noyaux armés pour l'autonomie prolétarienne). Également composés d'anciens militants maos de la dernière heure, les Napap commencent par revendiquer divers crimes et délits : tentative d'incendie d'un parc auto des usines Renault, plasticage d'un local du syndicat pro-patronal CFT, attaques de bâtiments de Citroën et de Simca-Chrysler, fusillade contre des façades d'immeubles. Puis c'est l'engrenage fatal. Le 23 mars 1976, l'organisation terroriste revendique l'assassinat d'Antoine Tramoni, l'ancien vigile de Renault qui avait mortellement blessé en 1972, le militant de la GP Pierre Overney. Depuis la disparition de la BOC, les RG de la direction centrale ne travaillent pratiquement plus sur la mouvance terroriste et si les tueurs du groupuscule clandestin n'avaient pas commis une erreur, la police ne posséderait pas la moindre piste.

Le 3 mars 1976 à Alfortville, trois semaines avant l'attentat, une patrouille de la sécurité publique du Val-de-Marne repère une Simca 1300 non loin de l'appartement de l'ex-vigile de Renault. Il fait nuit. Le véhicule est garé tous feux éteints. A l'intérieur, un jeune homme attend. A la vue des policiers, le conducteur démarre. La voiture est interceptée sur un parking. Avant de disparaître, le conducteur ouvre le feu sur les policiers. Dans la voiture : un fusil de chasse à répétition, une dizaine de cartouches, un blouson et des papiers d'identité au nom d'un ancien militant de la GP : Christian Harbulot.

Au lendemain de l'assassinat de Tramoni, un mandat d'arrêt est lancé contre l'ancien mao. Les enquêteurs pensent que la voiture où se trouvait son blouson servait aux travaux de repérages. Christian Harbulot, témoin numéro un de l'affaire, disparaît. Mon nouveau bureau se situait sur le même palier que l'appartement du directeur général de la Police nationale Robert Pandraud dans l'immeuble Persigny. En passant un soir, il m'annonce qu'Harbulot est devenu l'homme à rechercher. Le ministre décide de mettre les moyens et d'accorder une prime de 50 000 F au service qui arrêtera le jeune homme.

Le nom d'Harbulot ne nous est pas inconnu. Militant maoïste de la dernière heure, il n'a jamais joué de rôle important au sein de la GP. Mais il faisait partie de ces jeunes que nous surveillions de temps à autre afin de vérifier leurs faits et gestes. Nous savions qu'un de ses amis habitait près du métro Pasteur. On organise des filatures et une planque au bas de la maison du suspect. J'obtiens une écoute interministérielle et j'alerte mon ancien complice, le colonel Caillot, qui dirige le GIC. Chaque fois que ses assistants se trouvaient à la base d'une arrestation, je ne manquais pas de les en faire profiter. Ainsi se sentaient-ils un peu moins isolés dans leur bunker. Je pouvais leur demander de me communiquer immédiatement toutes les informations importantes au lieu d'attendre qu'elles passent par la voie hiérarchique.

J'attire l'attention des « orioneurs » du GIC pour leur expliquer ce que nous cherchons.

– Le téléphone placé sur écoute est celui d'un proche d'Harbulot, leur dis-je. Je ne crois pas que notre homme se hasarde à téléphoner directement. S'il le fait, il ne se présentera sûrement pas. De même, si les interlocuteurs parlent de lui, ils éviteront de prononcer son nom. Vous devez être capables de comprendre les allusions. Soyez attentifs. Au sein de la GP, Harbulot possède un surnom : « le Croc ». Retenez-le bien !

Le samedi 3 décembre 1977 à 8 heures du matin, l'enquêteur Bonsergent me téléphone : – Ça remue, me dit-il. La personne que nous contrôlons a parlé d'un rendez-vous pour le matin même avec « le Croc » « au même endroit que d'habitude ». Nous ignorons où se trouve l'endroit en question.

Sans perdre un instant, je convoque le personnel. J'arrive en même temps que Jean Mouillefarine, suivi de près par l'inspecteur Gilles Kaehlin. J'avais recruté ce dernier à l'époque où j'exerçais encore une activité de coordination. Je soumettais alors mes candidats à des stages au cours desquels je les faisais participer à ce qu'ils croyaient être de vraies arrestations de malfaiteurs. En fait, les interpellés appartenaient à mes services. Gilles Kaehlin s'était distingué lors d'une de ces manœuvres : il était l'un des seuls à n'avoir pas perdu la filature et, lors de l'arrestation, s'était précipité le premier sur le « lièvre », qu'il avait maintenu avec vigueur. Par la suite, Gilles Kaehlin s'illustrera notamment en participant à l'arrestation particulièrement mouvementée des dirigeants d'Action directe, Rouillan et Ménigon, ou encore dans le cadre d'enquêtes « sensibles », mais je me trouvais déjà en Seine-Saint-Denis.

A 9 heures, tous mes hommes sont dans mon bureau. Je rappelle le GIC. Rien de nouveau de leur côté. Le chef de la section politique Jean Malpel a eu l'occasion de travailler sur Harbulot et ses amis. Je lui demande s'il sait où ils se retrouvent habituellement. Il répond sans hésiter : dans un café près des Invalides. J'y envoie Pierre Massa. L'endroit est fermé. Je n'hésite pas : on fonce chez l'ami d'Harbulot.

La chance est avec nous. Au moment même où nous arrivons sur place, le jeune homme manque de se jeter sous nos roues en traversant la rue à toute allure pour sauter dans un taxi qui attendait à une tête de station de l'autre côté du métro aérien. Je descends de voiture accompagné des inspecteurs Serge Savoie et Pierre Massa tandis que le chauffeur attend que le feu passe au vert. Kaehlin, qui se trouve dans un second véhicule, m'imite, laissant à Blaise le soin de conduire. Au moment où je m'engouffre dans un second taxi avec mes trois collaborateurs, la voiture où se trouve notre lièvre franchit à toute allure un carrefour, passant à l'orange. Il est suivi par Blaise qui grille deux feux rouges coup sur coup. La menace de voir sa licence retirée incite notre chauffeur de taxi à en faire autant.

C'est ainsi que moins d'une heure plus tard, nous arrêtons Christian Harbulot et son ami qu'il venait de retrouver dans un café situé devant la bouche du métro Arts-et-Métiers. Après un procès-verbal de mise à disposition, nous le conduisons à la direction centrale de la Police judiciaire.

Quelques jours plus tard, le directeur de cabinet du directeur général de la Police nationale Maurice Paoli (l'ancien chef de cabinet du directeur des RG Boucoiran) m'annonce que Robert Pandraud venait de remettre 50 000 F à mon directeur, je m'attends à être convoqué.

Le temps passe. Deux jours avant Noël, Raymond Cham me donne enfin les enveloppes espérées. Elles sont bien maigres : 10 000 F au total.

– Les fonctionnaires du GIC qui nous ont renseignés sont exclus de la récompense? Sans eux, il n'y aurait pas eu d'affaire. Il me semble que le directeur général vous a remis 50 000 F de prime.

– De quoi vous plaignez-vous? Vous êtes bien traité : votre enveloppe est de 4 000 F.

– Oui et celle des fonctionnaires qui ont participé à l'arrestation n'est globalement que de 6 000 F! Et encore vous avez oublié les autres. Tous ceux qui ont travaillé en amont, qui ont effectué les filatures, les planques.

– J'ai réparti l'argent entre tous les autres chefs de sections et leurs adjoints.

Trop généreux. Quand se déroulent des élections, le ministre donne toujours des primes aux fonctionnaires de la section politique qui ont travaillé à affiner les pronostics et les commentaires des résultats. Je n'en ai jamais vu la couleur.

De retour à mon service, je donne les 10 000 F à notre pivot de la section Jean Mouillefarine, le chargeant de répartir cet argent entre tous, y compris les dactylographes et les fonctionnaires du GIC, sans lesquels Harbulot n'aurait pas été arrêté. Mes collaborateurs m'accordent 1 000 F, plus du double de ce qu'ils perçoivent.

Harbulot sera relâché après quelques mois de détention préventive. Les Napap vont rapidement disparaître tandis que d'autres groupuscules clandestins sortent de la mouvance des groupes baptisés Autonomie ouvrière. Parmi eux : Action directe. Mais ce n'est déjà plus de mon ressort. Les hommes que j'ai formés participeront au démantèlement de ces clandestins en dépit d'erreurs de commandement qui furent fatales à un indicateur.

L'adieu à la place Beauvau

Depuis le départ de Raymond Marcellin, mes supérieurs saisissent le moindre prétexte pour m'empoisonner l'existence. Je représente peut-être une certaine image des RG dont on veut se débarrasser. Ma hiérarchie me le signifie d'abord en limitant ma liberté de mouvements. Un premier incident m'oppose au successeur de Jacques Lenoir, le préfet Buchet.

Un de mes amis, alsacien, ancien déporté, financier de renom, me parle un jour d'un de ses clients qu'il soupçonne d'être un homme du Mossad. Ne pourrais-je, pour lui rendre service, regarder les archives, à commencer par celles de la DST ? J'en profite pour mener une enquête discrète.

J'aurais pu, bien sûr, passer une note de synthèse à mon ami sans rien dire à personne et l'affaire en serait restée là. Mais j'avais en ma possession suffisamment d'éléments pour identifier formellement un agent israélien opérant en France. S'il n'y a pas matière à poursuite, l'information n'en est pas moins précieuse pour nos collègues de la DST. Je décide donc de la leur transmettre en suivant la voie hiérarchique. Que n'ai-je pas fait ?

– Harstrich!, me dit le préfet Buchet, qui est-ce qui vous a donné des instructions?

– Personne, monsieur le préfet. Un de mes amis m'a demandé de lui trouver des renseignements, je l'ai fait. Ayant démasqué un agent israélien, je vous ai communiqué l'information pour que vous la transmettiez à la DST.

– Je vous interdis de prendre des initiatives. C'est inconcevable, vous ne faites que ce que vous voulez. Désormais contentez-vous d'obéir aux ordres!

– Monsieur le préfet, si vous avez juste besoin de quelqu'un qui vous obéisse, vous feriez mieux de prendre un brigadier à ma place. Ça coûtera moins cher à l'administration.

Les directeurs passent, les avanies se multiplient. Après Marc Buchet, Raymond Cham accède au poste de directeur central des RG. Profitant d'une solide amitié africaine, je vais donner des cours d'antiterrorisme à la police gabonaise dans le cadre de la coopération internationale. Je connais bien les Gabonais pour avoir assuré la sécurité du sommet de l'OUA de Libreville en 1973. Mon retour dans la capitale gabonaise, cinq ans plus tard, me vaut d'être mêlé de manière marginale à l'affaire Luong. Amant de la femme du président gabonais, Luong est expulsé en France. Un ancien de la DST, l'inspecteur Casimir, qui dirige les services secrets gabonais (CEDOC) accompagne Luong. L'histoire finira très mal puisque Luong est assassiné le 27 octobre 1979 en France.

M'étant contenté d'informer de l'arrivée de Luong et de Casimir afin de faciliter leur débarquement à Marseille, mon rôle dans cette affaire ne mériterait pas d'être mentionné s'il ne s'inscrivait dans un contexte déjà chargé. Convaincu que je suis mêlé au scandale d'une manière ou d'une autre, Raymond Cham devient soupçonneux. N'étant pas au mieux avec l'ancien documentaliste du BDL depuis sa nomination au poste de directeur central des RG, je réalise à nouveau que tous les prétextes sont bons pour me chercher querelle.

– Monsieur le directeur, faites-moi passer en conseil de discipline pour une faute quelconque et l'affaire sera réglée.

– Je ne vous veux plus à la direction. Je vous offre le poste de directeur régional à Metz.

Pour alléchante qu'elle soit, l'offre ne m'agrée pas.

– Ça ne m'intéresse pas.

– Mais vous serez très bien à Metz! insiste Cham.

– Je me souviens d'un commissaire principal qui disait à Henri Boucoiran : « Je voudrais bien devenir divisionnaire mais pas au point de quitter Paris. »

– C'est de moi que vous parlez.

– Oui, j'étais présent à votre entretien. Vous aviez expliqué à Boucoiran que vous n'aviez pas les moyens d'aller à Bordeaux. Il en va de même pour moi. Je n'ai pas les moyens d'aller à Metz. J'ai des enfants à l'université. Mettez-moi à la disposition de l'administration.

Vantardise! En fait je refusais d'aller en province mais je désirais conserver mon indice de commissaire divisionnaire à l'échelon fonctionnel et trouver un poste classé dans une direction ou un détachement. Mon camarade et collègue Yves Le Borgne, de Bobigny m'ouvrit les yeux. Son poste était fonctionnel, mais lui, il revendiquait le SRRG de Metz. Nous n'avions qu'à échanger.

Finalement, après que mon directeur, qui ne me voulait pas de misères, m'eut proposé la direction départementale de l'Essonne, plus tranquille que la Seine-Saint-Denis, je débarquai à Bobigny.

3

LA CEINTURE ROUGE

De l'extrême droite au PC

En arrivant place Beauvau en 1974, Michel Poniatowski annonce qu'un vent de moralisation va souffler sur les différents corps de la police. Six ans plus tard, le régime est empêtré dans les scandales. *Le Canard enchaîné* multiplie les révélations sur les diamants de Giscard d'Estaing; les polémiques se déchaînent à propos de la mort mystérieuse de l'ancien ministre gaulliste Robert Boulin, tandis que l'affaire Jean de Broglie rebondit. Au mépris de la présomption d'innocence et de la séparation des pouvoirs, cinq jours seulement après l'assassinat du prince devant son domicile, le 29 décembre 1976, le ministre de l'Intérieur affirme qu'il tient les coupables et que l'affaire est close. Or, l'un des accusés de Michel Poniatowski est innocenté par l'instruction bouclée en mars 1980. Enfin, *Le Canard enchaîné* révèle que la police surveillait les tueurs quinze jours avant l'assassinat. « De deux choses l'une, accuse *Libération*, soit le ministre de l'Intérieur et son état-major de police ont laissé faire les meurtriers pour une cause inconnue, soit c'est une négligence inqualifiable mais toujours possible. Plus grave encore : pourquoi a-t-on obligé les responsables de la police à cacher en partie, sinon totalement pour certains, leurs rapports de filature? »

Loin du marigot, je m'efforce de travailler en faisant abstraction de l'atmosphère de fin de règne qui marque le début des années 80. En m'envoyant à Bobigny, le directeur des RG Raymond Cham m'a mis en garde. Il ne veut plus d'histoires. Les opérations spéciales sont terminées. Il ne tolérera pas que je recommence à agir comme au temps des Brigades. J'ai promis de me tenir tranquille. Pourtant, en arrivant à la direction des RG de Seine-Saint-Denis, je trouve une belle équipe de jeunes inspecteurs qui connaissent bien leur travail et qui ont compris que, pour obtenir des résultats, il faut faire preuve d'initiative. Pourquoi ne pas employer de tels talents? Sans aller jusqu'à recréer sur le plan local mes Brigades, je ne les incite pas moins à employer des méthodes rodées par ailleurs. Ils fouillent dans les corbeilles des uns et des autres, recrutent des informateurs, traînent dans diverses réunions politiques ou se chargent d'infiltrer des groupuscules néonazis comme la FANE de Marc Frederiksen qui habite sur mon territoire.

Le 3 septembre 1980, la FANE (Fédération d'action nationale et européenne) est dissoute par décret en Conseil des ministres pour « manifestations violentes visant à l'installation d'un nouveau régime nazi, organisation paramilitaire et incitation à la discrimination raciale ». L'organisation renaît sous le sigle FNE (Faisceaux nationalistes européens). L'espace de quelques jours, les enquêteurs pensent que les FNE pourraient être impliqués dans l'attentat contre la synagogue de la rue Copernic qui fit 4 morts et 16 blessés, le 3 octobre 1980. Par la suite, l'enquête s'orientera sur une piste palestinienne. L'ex-FANE n'en est pas moins un groupuscule qu'il convient de contrôler étroitement.

Infiltrer la FANE ne nous pose aucune difficulté. Il ne nous faut que quelques semaines pour retourner un des proches de Frederiksen. Après avoir repéré un candidat possible et confirmé nos impressions par une enquête d'environnement, nous allons voir la personne qui nous semble le plus manipulable. Ses motivations sont évidentes : il veut de l'argent. Notre budget informateurs est maigre et nous ne lui accordons des subsides qu'avec parcimonie. En contrepartie, il est immatriculé chez nous et possède un pseudonyme. Tous les mois, le ministère nous envoie une petite somme d'argent qui lui est remise en fonction de sa production. Le travail de notre infiltré est décevant. Nous décidons de tenter une approche directe. Un de mes inspecteurs se présente ès qualités à Frederiksen et se lie avec lui. Comme tous les exaltés, Frederiksen est un être crédule qui parle trop. Nous obtenons directement de lui toutes les informations dont nous avons besoin sur les réunions de son groupuscule nazillon, ce qui nous permet de surveiller étroitement leurs assemblées. En quelques semaines, nous avons fiché tous les militants de ce groupuscule sans envergure ni grand intérêt.

Je transmets régulièrement toutes les informations dont je dispose à la direction des RGPP, à la direction centrale des RG mais surtout, presque en priorité, à mon préfet quand il s'agit d'une affaire départementale.

En vertu de la séparation des pouvoirs, ce n'est pas à la justice d'informer le préfet de ce qui se passe dans ses palais. C'est pourquoi les RG fréquentent les tribunaux car les relations sont presque toujours excellentes entre le président ou le procureur de la République et le directeur départemental des RG. Outre certaines opérations à chaud comme la lutte antiterroriste, le gros du travail des RG de province concerne surtout la situation sociale. Qu'il s'agisse du délicat problème des fermetures d'usine, des possibilités de dérapage ou des risques d'explosion. A cet effet, les fonctionnaires des RG entretiennent des contacts suivis avec les personnels et les magistrats des tribunaux de commerce. Les préfets doivent connaître les mauvaises nouvelles, comme les licenciements massifs, afin d'avertir Matignon suffisamment à l'avance. Somme toute, dans ce domaine, le travail des RG n'est guère différent de celui des journalistes, à ceci près que l'on se confie plus volontiers aux seconds qu'aux premiers.

L'expérience apprend que dans chaque entreprise, il existe toujours des personnes disposées à aider les enquêtes des RG, généralement en échange de menus services. La tradition voulait que l'interlocuteur privilégié des RG soit le chef du personnel. A mon avis, la meilleure technique consiste à s'adresser directement au P-DG qui désignera un interlocuteur valable capable de répondre à nos questions. Après avoir inauguré cette technique avec succès, je fais le tour des entreprises à problèmes de la Seine-Saint-Denis. J'en profite également pour les sensibiliser à la protection de leurs secrets de fabrication. L'espionnage industriel est certes du ressort de la DST mais pourquoi les RG ne compléteraient-ils pas le travail de leurs collègues ?

J'avais insisté pour obtenir le poste RG de Seine-Saint-Denis. Mes chefs me faisaient remarquer qu'ils me proposaient mieux – en l'occurrence Metz, service régional et non départemental. Mais je ne puis m'empêcher de penser qu'outre le désir de m'éloigner de Paris, ils redoutaient de m'envoyer au cœur de la Ceinture rouge. Sans doute craignaient-ils que, du fait de ma réputation, je sois mal vu du PCF, qui y régnait encore en maître.

Conscient de ce que mes nouvelles fonctions comportent de représentation, je m'efforce, dès le début, d'avoir les meilleures relations avec les élus locaux. Un de mes premiers soucis est d'aller rendre visite aux députés et aux sénateurs de Seine-Saint-Denis. Je ne rencontre aucune difficulté pour ces visites protocolaires même auprès des parlementaires communistes. Il m'est en revanche plus difficile d'approcher le président de l'assemblée départementale, Georges Valbon. C'est un problème : je ne peux rencontrer les conseillers généraux sans l'avoir vu au préalable. D'où mon insistance à solliciter une audience, qui vient finalement un mois plus tard.

– Monsieur le président, lui dis-je, vous êtes un homme difficile à voir. Vos services avaient-ils du mal à établir ma biographie ?

– Nous avons tous nos dossiers, dit Valbon, enjoué. Chez vous, aux RG, je crois que vous appelez ça des *curriculum vitae* ?

– Alors, demandais-je, j'ai réussi l'examen ?

– C'est favorable.

– Pour les gens de gauche, je suis un homme d'extrême droite et pour les giscardiens, je suis un socialiste. Connaissant la politique, je n'appartiens à aucun parti. Ce qui ne m'empêche pas d'être quand même un militant... dans le domaine de la mutualité. Je suis surtout un policier soucieux uniquement de bien faire son métier.

– Je vous crois, mais il n'empêche que vous êtes un fonctionnaire des RG dévoué qui fait ce qu'on lui dit de faire. Je suis persuadé que vous avez dans vos archives une enquête sur moi ?

– Oui.

– Comment ? dit-il interloqué, vous enquêtez sur un élu parce qu'il est communiste ?

– Monsieur le président, vous découvrez des choses évidentes. Il est tout à fait normal que nos services enquêtent sur vous. Les RG s'intéressent systématiquement à tous les élus, quelle que soit leur étiquette. Ils travaillent sur les hommes politiques avant même qu'ils ne se présentent. Il n'y a là rien que de très banal.

– Mais enfin, de telles pratiques paraissent contraires à la démocratie !

– C'est l'inverse. Les RG établissent une notice sur tous les postulants aux élections pour que ne se produisent pas d'incidents fâcheux. Par exemple, dans le passé, on s'est aperçu trop tard que certains candidats maintenus à un deuxième tour d'élections locales se trouvaient déchus de leurs droits civiques et de famille à la suite d'une condamnation. Vous ne voulez quand même pas voir une élection annulée parce qu'un élu ne remplit pas toutes les conditions prévues par la loi ? Nous devons aussi vérifier que les candidats habitent bien la commune où ils se présentent, qu'ils y paient leurs impôts et surtout qu'ils ne se présentent pas ailleurs. Qui mieux que les RG peut faire ces enquêtes ? Et puis, il est bon que le préfet connaisse ses futurs élus.

– Quand même, reprend Valbon, je serais curieux de voir ce qu'il y a dans mon *curriculum* établi par les RG.

– Qu'à cela ne tienne, je vous le fais porter dans l'heure.

– C'est bien la première fois que je vois un RG livrer ses archives !

Pourquoi ne pas le faire ? Ayant consulté le dossier du président Valbon avant notre entretien, je sais qu'il n'y a rien qui puisse provoquer son indignation.

Dix ans après avoir quitté la Seine-Saint-Denis, je conserve encore des relations avec le président Georges Valbon, élu affable et sympathique qui me convie souvent à des manifestations... patriotiques ou « conviviales ».

Notre taupe au PC

Même s'il me témoignait quelque estime, Georges Valbon n'en était pas moins convaincu que les RG ne pouvaient s'occuper que du Parti communiste. J'avais beau lui expliquer que notre travail couvrait l'ensemble des partis politiques, y compris ceux de la majorité au pouvoir, il n'arrivait pas à comprendre que je puisse m'intéresser à ses ennemis politiques. Je dois reconnaître à sa décharge que les RG ont, tout au moins à une certaine époque, œuvré plus sur le PCF que sur d'autres partis. C'est ainsi que dérogeant, sur ordre, de mes objectifs habituels, je m'étais aussi occupé du PCF.

L'opération, qui remonte aux années 70, fut dirigée par un de mes collaborateurs les plus brillants, un commissaire que j'avais connu à Nantes, alors que les RG s'occupaient de démanteler les groupes armés du front de libération de la Bretagne (FLB). Lors de la création des Brigades, je lui proposais la direction de la BOR de Metz avant de lui demander de m'aider à la direction quand il s'avéra que mon adjoint René Psalmon ne suffisait plus à me seconder en raison du volume de travail.

Certains policiers estiment que la manipulation doit se faire sous le signe de la fermeté, de l'éloignement et du mystère le plus absolu. Cette tactique devient à la longue fastidieuse et compliquée. Après une enquête de voisinage, le manipulé se trouve confronté à son manipulateur selon des techniques relativement sophistiquées. La règle de ce genre de manipulation, dite « à distance », consiste à ne jamais fixer de rendez-vous. Il suffit de bien connaître l'emploi du temps de son informateur pour se trouver sur son chemin. En cas d'urgence, il existe toujours un numéro de téléphone, sur liste rouge, qui correspond généralement à une des planques des RG, un local loué à cet effet où peuvent parfois dormir des collègues de passage qui ne répondent jamais au téléphone. Seul le manipulateur possède le droit de prendre les appels.

Je ne suis pas un fanatique de la manipulation à distance. Je préfère travailler plus en confiance, de manière plus proche. Les personnes que j'ai pu rencontrer ont toujours su qui j'étais, et à la longue, ont fini par m'apprécier. Mais aucune de ces amitiés n'a résisté à la fin de notre complicité. Ce genre d'informateur est d'autant plus facile à tenir que les sentiments entrent en jeu. Ce fut le cas avec un des meilleurs informateurs de mon adjoint.

Un jeune homme sans ressources apparentes avait été approché début 1972 par le fonctionnaire des RG qui souhaitait l'infiltrer dans une université en agitation. A l'époque, on avait réussi sans trop de mal à lui trouver de l'argent. Le ministre Raymond Marcellin comprenait qu'il fallait payer les informateurs et que, dans certains cas, classer les contraventions ne suffisait plus. Nous ne nous adressions pas à une personne que l'on peut tenir en rendant quelques menus services qui ne nous coûtent rien. Si nous voulions l'infiltrer dans une université, il fallait lui payer son année d'étude. Ce qui fut fait.

Le jeune homme est intelligent et sait s'y prendre. Sur notre suggestion, il infiltre les Jeunesses communistes. Son avenir est prometteur tant au sein de sa cellule qu'à l'université, qu'il fréquente avec assiduité.

Nous allons même jusqu'à lui payer son permis de conduire. En contrepartie, il fournit un travail appréciable. Grâce à lui, nous pouvons suivre en direct les activités de la base du PCF. Grimpant dans la hiérarchie, notre taupe se présente à des élections locales. Deviendra-t-il le premier élu communiste des RG ? Nous l'appelons déjà le « sénateur ».

Les réactions psychologiques individuelles de toute personne manipulée sont impénétrables. Quel que puisse être le bien-fondé de la cause qu'il défend et en dépit de nos efforts pour lui donner bonne conscience, l'indicateur sait qu'il peut à tout moment être déconsidéré aux yeux de ses amis et de sa famille. Le meilleur des informateurs reste celui qui croit pleinement à ce qu'il fait. Nous allions nous apercevoir que notre homme possédait des états d'âme. Notre taupe commence à manifester quelques réticences alors qu'il devient intéressant pour nous.

Peu avant une nouvelle élection, il sollicite un rendez-vous avec le supérieur de son manipulateur. Je le retrouve donc dans un café pour une ultime explication. Ce qu'il va me dire, je le pressens : touché par la foi communiste, il paraît convaincu de la justesse du combat mené par le PCF et entend se défaire de l'engagement contracté avec les RG. Ma réponse est toute prête. Ignore-t-il que j'ai les moyens de le discréditer à tout jamais aux yeux de son entourage ? Ne sait-il pas que chacune de ses rencontres avec un fonctionnaire des RG entraîne une note de contact ? Affichant la ferveur du converti, il tient bon. Qu'importent l'opprobre et la honte, il est prêt à assumer les conséquences de ses actes.

Les RG lui avaient payé ses études, lui avaient permis d'accéder à la situation de permanent au PCF. Bien sûr, se retirer au moment où le grand jeu allait commencer n'apparaissait pas loyal voire cavalier. Mais après tout, c'était de bonne guerre. Je pouvais le briser en dévoilant toute l'affaire. Pourquoi le faire? Cela n'aurait rien changé. Pourquoi ruiner à tout jamais la vie d'un homme qui, par son attitude, attirait quand même ma sympathie?

Ma prudence tenait également au fait que j'ignorais exactement ce qu'il avait dit au PCF. Peut-être même jouait-il depuis longtemps un double jeu? Dans ce cas, le Parti formait un de ses cadres en faisant financer ses études par les RG. Mieux valait donc ne rien dire et suivre l'évolution de sa carrière à travers la presse. Pendant des années, au moment de Noël, nous échangeâmes nos vœux. Une manière comme une autre de nous souvenir du secret qui nous lie.

La première dame de France

Comme dans toutes les régions, les RG de Seine-Saint-Denis sont chargés de participer aux visites officielles assurant la protection, en second rideau, après les officiers de sécurité, des visites ministérielles, du chef de l'État, voire du pape, comme cela fut le cas à Saint-Denis et au Bourget.

La préparation de ce dernier voyage, qui entraîna la collaboration de la RATP, de la SNCF, de l'Équipement, des contrôleurs aériens, de la PAF, de la PJ et surtout des polices urbaines fut éprouvante pour les nerfs de chacun. Ce n'était pourtant rien en comparaison d'autres missions plus insignifiantes, mais nécessitant une solide dose de savoir-faire et de diplomatie parce qu'elles impliquent les plus hautes instances de l'État.

En 1981, lors de la campagne pour l'élection présidentielle, le Président de la République décide d'envoyer Mme Giscard d'Estaing le représenter en Seine-Saint-Denis. Deux haltes sont prévues au Raincy et à Montreuil. Immédiatement, il s'avère que la seconde étape ne paraît pas particulièrement bien choisie. L'épouse du Président-candidat doit s'arrêter dans un café, dont le patron milite au sein de la section locale du Parti républicain, situé derrière la mairie communiste, juste à l'heure de sortie des bureaux. Autant dire avec certitude que la réunion sera perturbée par les employés municipaux et autres militants du PCF. Prévenu de mon avis défavorable, le préfet rencontre le directeur de cabinet du Président, qui en réfère au Président, lequel confirme sa volonté.

Arrive le jour fatidique. J'ai donné des instructions de fermeté à mes hommes, chargés comme il sied de la protection éloignée de la première dame de France. Par précaution, je me rends sur place pour superviser l'opération. Mme VGE arrive à l'heure dite au Raincy et descend de voiture pour rencontrer quelques militants. Dans moins d'une heure, elle repartira en direction de Montreuil où se tiendra la réunion qui doit marquer la fin de la visite.

Cela me laisse le temps d'y aller en avant-garde. Autour du café, de nombreuses personnes se trouvent déjà rassemblées. J'aperçois l'inspecteur des RG chargé du secteur.

– Ce sont les militants giscardiens? lui dis-je en indiquant les petits groupes.

– Pensez-vous! Les militants sont dans le bistrot. Audehors, il n'y a que des sympathisants du PCF.

On court à la catastrophe. Je rends compte au préfet au moment où le cortège arrive à Montreuil.

A sa descente de la voiture, Mme Giscard d'Estaing est entourée d'une foule hostile qui l'insulte. Mon collègue, le directeur des polices urbaines de la Seine-Saint-

Denis, se trouve aux prises avec les manifestants. Dans la mêlée qui s'ensuit, il se fait désarmer. Un de mes hommes, Jean Boilet, qui assiste à la scène intercepte le voleur de l'arme de service. C'est un père de famille. Il vient de confier le pistolet à un de ses enfants, de crainte d'être pris avec. Mon collaborateur récupère l'objet du délit et laisse partir l'homme. Ce n'est pas la peine de faire du scandale.

Entre-temps, Mme Giscard d'Estaing entre dans le café au milieu d'un brouhaha indescriptible. Je vais voir les policiers des Voyages officiels chargés de sa protection, en leur indiquant qu'ils feraient mieux de monter avec l'épouse du Président dans la voiture suiveuse pendant que nous polariserons la foule en entourant le véhicule officiel. Apparemment mécontente, Mme Giscard d'Estaing suit ses gardes du corps tandis que les policiers contiennent les militants communistes. L'affaire n'en restera pas là, j'en suis bien conscient. Le préfet qui suivait l'incident par radio me semble très ennuyé. J'essaie de le rassurer.

Le soir même, le préfet me téléphone chez moi.

– Harstrich, je crois bien qu'au prochain Conseil des ministres vous allez perdre votre préfet. Mercredi prochain, je serai « démissionné ». L'Élysée m'a appelé.

– Si je puis me permettre, vous devriez remettre en mémoire au cabinet du Président que vous et moi avions lourdement insisté pour que Mme Giscard d'Estaing ne vienne pas à Montreuil. Nous savions ce qui allait se passer. Je viens vous voir demain matin.

Le lendemain, je convoque l'inspecteur divisionnaire Paul Lesquer, responsable des RG de Montreuil. Nous reconstituons l'incident. Je lui demande de me commenter les événements puisque, comme moi, il se trouvait sur place.

– Je me souviens que Mme Giscard d'Estaing, qui venait de sortir de voiture, a été accueillie par la femme du cafetier.

– Elle est bien jeune cette femme. Qui est-elle ? demandai-je.

– C'est la fille d'un conseiller communal de la mairie de Montreuil.

– Communiste ?

– Le père oui, mais pas la fille.

– Vous m'étonnez. Elle a bien dû appartenir aux Jeunesses communistes ?

– Je vais voir aux archives.

Mon collaborateur avait partiellement raison. La jeune épouse du cafetier-restaurateur, sans que son militantisme soit avéré, participait, adolescente, aux manifestations communistes.

Ensuite, je tape mon rapport. Si mes hommes s'étonnent de me voir faire une tâche qui échoit d'habitude à ma secrétaire, ils n'en soufflent mot en ma présence. Je sais que la note sera truffée de fautes de frappe mais l'affaire est trop délicate pour être confiée à autrui. Pour ne pas ridiculiser mon collègue des polices urbaines du département, j'évite de parler du vol de son arme. En revanche, j'assume pleinement la responsabilité d'avoir placé Mme Giscard d'Estaing dans la voiture suiveuse. Puis j'en viens à l'histoire qui pourrait sauver mon préfet : le charivari, les cris et les sifflets que madame la Présidente a pu remarquer à son arrivée, ne lui étaient pas destinés. Les quolibets de la foule s'adressaient à la jeune femme du cafetier, une ancienne militante communiste passée du côté de l'ennemi de classe.

En remettant mon rapport au préfet, je lui dis :

– Vous prenez ou pas, mais cela me semble tenir la route. Je vais me faire engueuler une fois de plus par mon directeur central parce que je n'ai pas vérifié les archives.

Après avoir lu, le préfet me regarde, sceptique. Puis il lâche :

– Ce n'est pas pensable.

– Croyez-moi, ceci est la vérité, foi de commissaire. Donnez au cabinet de l'Élysée le rapport tel quel. Ne le récrivez pas. Il faut qu'il soit transmis avec toutes les erreurs d'origine. Mettez juste un petit mot pour expliquer que la note vient des RG. Vous verrez bien.

Le préfet hésite encore.

– Monsieur le préfet, si c'est pour moi, ne vous gênez pas. Je suis à quelques années de la retraite. Que voulez-vous que l'on me fasse ? Je suis commissaire divisionnaire à l'échelon fonctionnel. Si l'on ne veut plus de moi ici, j'irai ailleurs. J'ai commis une erreur en omettant de transmettre une information importante. Je rectifie. Si vous avez bien lu ma note, je reconnais ma faute.

Connaissant la classe politique, je n'avais aucun doute sur l'issue de l'affaire. Au fond, le préfet me faisait de la peine. C'était un brave homme et nous entretenions d'excellentes relations. Si cela n'avait pas été le cas, j'aurais agi différemment.

Il est un peu plus de 23 heures, le soir même, quand le préfet me téléphone. Il manifeste sa joie :

– Le directeur de cabinet à l'Élysée vient de m'informer que le Président, qui acceptait difficilement que Mme Giscard d'Estaing soit insultée par la foule, comprend maintenant que les quolibets s'adressaient à la traîtresse de la classe ouvrière... Harstrich, je vous remercie.

– Juste un peu de courage, monsieur le préfet.

Les militants figurants

Ne se donnant pas pour vaincu dans la Ceinture rouge, le cabinet du Président de la République téléphone la semaine suivante à mon préfet afin qu'il trouve une salle où Valéry Giscard d'Estaing pourrait tenir un meeting. En tant que responsable des RG, j'ai mon mot à dire sur le choix de l'endroit. Je ne crains pas tant les problèmes de sécurité que ceux posés par des considérations d'ordre logistique. La salle ne doit pas être trop grande, car, dans ce département où le PCF est majoritaire, les militants acquis au Président sont peu nombreux. Le parc Moreau à Montreuil fera parfaitement l'affaire. Dans les années 60 on avait du mal à y entasser les communistes venus écouter leur secrétaire général.

Le jour dit, la foule n'est pas au rendez-vous. Je suis sur place bien avant l'arrivée du Président, contemplant rêveusement la salle au tiers remplie par des sympathisants. Il y a pratiquement autant de CRS et de gendarmes mobiles dehors que de public dedans. Au fond de la salle, une certaine agitation me tire de mes pensées. Les policiers des Voyages officiels font leur entrée. Ils viennent s'assurer de la sécurité rapprochée du Président. Des envoyés spéciaux de l'Élysée les accompagnent. Parmi eux, une vieille connaissance : Hubert Bassot.

On se souvient que j'avais eu l'occasion de croiser sa route à l'époque du BDL. Je savais qu'il était conseiller du Président mais, depuis sa prise de fonction à l'Élysée, je n'avais jamais eu l'occasion de le revoir. Il me regarde, dit quelque chose à un de ses collaborateurs – sans doute lui demande-t-il qui je suis ? – et se dirige vers moi.

– Je crois qu'on se connaît, me dit Bassot.

– Oui, je vous ai vu en d'autres circonstances. Vous n'étiez pas au poste que vous occupez aujourd'hui.

– Vous non plus.

Le conseiller reprend, ironique :

– Alors on vous a envoyé ici...

– Vous voyez, je suis en punition.

Notre conversation tourne vite court. Comme par miracle, la salle se remplit. Bientôt, le public envahira les travées. Les spectateurs sont remarquablement jeunes et parfaitement en forme. Solidement taillés, tous vêtus de jeans et de blousons, ils prennent place peu avant l'entrée des journalistes et des caméras de télévision. Ces étranges militants donneront sans doute le change au journal télévisé de 20 heures, les mauvaises langues, y compris les observateurs du PCF, m'avaient indiqué que pour remplir la salle, le comité de soutien avait fait appel à des sociétés de gardiennage qui recrutent des figurants payés au cachet. Cette pratique assez couramment employée par l'entourage des hommes politiques coûtera sa place au ministre Olivier Stirn en 1990.

La manipulation des sondages

La campagne électorale bat son plein. Le Président Giscard d'Estaing est certain de sa réélection. Lors d'une partie de chasse, il se déclare convaincu d'obtenir 60 % des suffrages et parle de son « allégresse » face à ce qui devrait être « une promenade de santé » : son affrontement avec François Mitterrand. La joie présidentielle a de quoi surprendre. En tout cas, au sein des RG.

Comme à la veille de chaque élection, le ministère mobilise les RG sur tout le territoire pour sonder la population française. Les centaines d'inspecteurs chargés de cette tâche ingrate ont tous une carte de l'Office central de sondages et de statistiques qui ne fait pas mention de leur qualité de policier même si elle indique l'adresse du ministère. Aux yeux des citoyens, nous appartenons à un institut de sondage comme les autres. Les consultations des RG sont généralement très fiables. Les fonctionnaires, bien ancrés dans leur département, possèdent leur propre échantillon représentatif de la population qu'ils consultent régulièrement lors des élections.

Comme le sondage se déroule sous pli fermé, il n'est théoriquement pas possible d'en connaître le résultat. Alors comment informer son préfet de la volonté des électeurs dans le département? Nos inspecteurs, avec beaucoup de malignité, aident les uns et les autres à remplir le questionnaire ou posent des questions pertinentes sur les souhaits qu'ils manifestent. Il suffit que chacun raconte son histoire pour connaître la tendance de ce sondage à quelques décimales près.

En Seine-Saint-Denis, j'apprends que mes sondeurs donnent la victoire de François Mitterrand pour acquise.

Théoriquement, je n'ai aucun moyen d'avoir accès aux résultats nationaux. Mais, connaissant chacun de mes homologues régionaux, je leur téléphone pour comparer nos résultats. Le verdict est sans pitié. Selon les RG, le Président sortant va être sorti. L'information est importante : elle va à contre-courant des chiffres des grands instituts de sondage qui donnent Giscard d'Estaing vainqueur avec une faible majorité.

Ce sont pourtant d'autres chiffres que ceux recueillis par les enquêteurs des RG qui sont communiqués au Président de la République. Je sais que le sondage transmis à l'Élysée le donne largement en tête du scrutin. Ceci expliquerait en partie son assurance. Il y a donc eu manipulation. De la part de qui ? Sûrement pas des RG. Il est évident que chaque responsable départemental a communiqué en toute impartialité ses données au service des sondages, qui n'a pas manqué de les rapporter fidèlement. De même, je vois mal le directeur central transmettre à son ministre des résultats erronés. En revanche, une manipulation des chiffres à un niveau plus élevé me semble probable.

Moralité : à l'instar d'autres sondages dont les chiffres dérapent parfois, le pouvoir politique saura toujours faire dire ce qu'il veut à ceux des RG.

L'homme qui inventa « Tonton »

10 mai 1981 : comme prévu par les RG, François Mitterrand l'emporte sur son rival (Mitterrand : 51,75 % des inscrits; Giscard d'Estaing 48,25 %). L'histoire retiendra la liesse populaire qui marque l'arrivée au pouvoir de la gauche, la fête place de la Bastille et les manifestations improvisées un peu partout en France.

L'entrée aux affaires des socialistes marque un nouveau tournant dans l'histoire des RG. Deux ministres, Gaston Defferre et Pierre Joxe, réorganisent certains services des RG, leur redonnant cette fonction opérationnelle pour laquelle je m'étais toujours battu. Si mon nom circule un temps dans la presse comme directeur possible des RGPP, je finirai en réalité ma carrière au sein de l'Inspection générale de la police nationale (IGPN), la police des polices, comme disent les journalistes. Dès lors, c'est avec satisfaction que je constate que les inspecteurs que j'avais formés se distinguent dans diverses enquêtes des plus délicates, notamment dans le cadre du démantèlement du groupe terroriste Action directe.

Gilles Kaehlin, que j'ai fait débuter aux RG en le recrutant dans ma section à la direction centrale, est celui qui connaîtra l'ascension la plus fulgurante. J'avais remarqué ce jeune Niçois pour son intelligence et son goût du paradoxe. Peu avant mon départ pour la Seine-Saint-Denis, il vient me trouver afin de me demander conseil. Par nécessité autant que par goût, ses fréquentations l'amenaient à se lier à des journalistes dont le moins que l'on puisse dire est qu'ils ne paraissaient pas tous aussi bien-pensants que leurs collègues du *Figaro*.

L'inspecteur Gilles Kaehlin possède assez de pertinence pour ne pas considérer les journalistes de gauche qu'il fréquente comme des porte-plume du ministère de l'Intérieur. Mais il craint qu'une certaine hiérarchie policière ne lui reproche ses fréquentations. Que doit-il faire ? Mon conseil est simple : surtout ne pas renoncer à des contacts qui pourraient se révéler utiles ne serait-ce que pour la compréhension du milieu terroriste qu'il combat. D'autre part, il convient d'être prudent : il ne doit s'en ouvrir à personne, pas même à ses collègues de travail.

Malgré sa discrétion, Gilles Kaehlin n'en sera pas moins l'objet de campagnes de dénigrement dans le cadre de ses différentes activités, aussi bien au sein de la section des RG chargée de lutter contre le terrorisme que dans celle qui s'occupe plus spécifiquement des courses et jeux. Certains policiers mal dans leur peau supportent difficilement de voir le jeune inspecteur propulsé au cœur de l'État français à la suite de la victoire de François Mitterrand. N'a-t-il pas été affecté à l'Élysée, aux Voyages officiels comme garde du corps de François de Grossouvre, chargé de mission du Président ? La petite histoire retiendra que son passage à l'Élysée vaudra à François Mitterrand le surnom de Tonton.

Ami de journalistes du *Canard enchaîné,* Gilles Kaehlin parle tout le temps du Président comme de son « nouveau Tonton ». « Tonton » était le surnom dont m'avaient affublé mes troupes, car je présentais toujours les collaborateurs auxquels je devais rendre service comme mes neveux ou nièces. Participant également à la sécurité du Président, Kaehlin introduit le nom de code « Tonton » lors des communications radio des VO. C'est ainsi que, la presse et le bouche à oreille aidant, le surnom de « Tonton » fut accolé au nom de François Mitterrand à la plus grande surprise de l'intéressé qui, sans le récuser, s'est longtemps interrogé sur son origine.

La campagne contre Gilles Kaehlin bat son plein en novembre 1990 avec la publication d'articles de presse (notamment dans *Le Point, Le Quotidien de Paris* et *Le Monde*) dénonçant « ce bien curieux play-boy qui travaille pour Joxe » et affirmant que « ce golden boy de la place Beauvau a surtout été omniprésent dans les affaires de " barbouzerie " de ces dernières années ». Propos tendancieux et inspirés qui vaudront à leurs auteurs d'être poursuivis pour diffamation. Parallèlement, un député RPR, Georges Tranchant, s'en est pris nommément au jeune inspecteur dans l'hémicycle de l'Assemblée nationale, l'accusant de mener des enquêtes illégales et de s'acharner sur ses entreprises. Inspecteur divisionnaire à la sous-direction RG des courses et jeux, Kaehlin s'est intéressé par la force des choses aux activités du député qui a travaillé à la société Techni-import, importatrice de machines à sous. La « loi Pasqua » sur les jeux imposant le contrôle de telles entreprises, il entre dans les attributions des RG de s'y intéresser. Il devient donc particulièrement déplacé de lui reprocher d'exercer son travail et d'insinuer, dans le contexte des différents scandales qui secouent alors une partie des RG, que l'affaire est politique.

Conclusion

UNE MORALISATION DES SERVICES?

A l'automne 1990 les RG, et tout particulièrement les RG de la Préfecture de Police, se situent au cœur de divers scandales qui amènent certains hommes politiques à demander leur dissolution. Sans aller jusque-là, une moralisation de certaines pratiques semble indispensable.

Avant mon départ des RG, à l'orée des années 80, tous les éléments de la crise étaient déjà en place. Pour éviter le scandale, il eût fallu plus de rigueur. Il y a longtemps, par exemple, que l'on aurait pu empêcher les inspecteurs des RG d'effectuer des écoutes clandestines pour le compte de la société privée de gardiennage Century. Alors que je me trouvais en Seine-Saint-Denis, je m'étais déjà accroché avec un des P-DG de cette société qui nous proposait d'arrondir nos fins de mois en échange de nos services. La menace de renvoyer sur-le-champ tout policier coupable de détournement de fonction et de poursuivre la Century avait calmé l'ardeur de ses directeurs. Ceux-ci se tournèrent alors vers des inspecteurs moins scrupuleux affectés aux RGPP.

Les méthodes musclées employées par l'inspecteur Jean-Marc Dufourg, du Groupe des enquêtes réservées (GER) des RGPP, pour recruter ses informateurs et favoriser les confessions des suspects me choquent. Il ne s'agit pas d'un procédé que l'on devrait utiliser dans notre milieu. Toutefois, on parle quand même de la technique dite de « l'arrachage » puisqu'on contraint une personne à effectuer un travail par la violence. Quand on pousse des hommes à utiliser ce procédé, il n'est pas étonnant d'assister à de malencontreux dérapages.

Les révélations de Dufourg sur une scandaleuse machination destinée à piéger un ministre et un responsable de l'audiovisuel perturbent l'opinion publique. Non seulement elles paraissent fausses pour les cas cités, mais la plupart des médias se sont empressés de colporter les noms des victimes supposées, au mépris de la protection de la vie privée. En revanche, il faut malheureusement le reconnaître, de telles pratiques semblent plausibles : *Le Canard enchaîné* n'a-t-il pas révélé au début du mois de novembre 1990 que deux députés avaient fait les frais de manœuvres semblables ?

Il est certes très tentant pour un enquêteur de s'immiscer dans la vie privée des personnes qu'il épie, mais un minimum d'amour-propre suffirait à empêcher de telles pratiques.

Je sais que d'aucuns n'hésitent pas à envoyer aux familles de certaines personnalités des photos, truquées ou non, des incartades ou des infidélités de leurs proches. Il m'est arrivé de voir circuler dans nos services de tels clichés. Je me suis toujours vivement élevé contre leur emploi. Quand l'occasion s'est présentée, je ne me suis pas privé de faire savoir aux victimes de ce genre de procédé mon désaccord et ma désapprobation.

Convaincu que la moralité collective d'un service repose sur la morale individuelle de ses membres, je sais qu'il faut savoir refuser l'inadmissible. Un policier républicain, spécialement s'il est chargé de missions délicates, doit savoir se tenir sur cette fragile ligne de crête : assez discipliné pour être apprécié, il doit être suffisamment indiscipliné pour ne pas violer sa propre éthique personnelle, fondée sur le respect des lois. D'autant que la section II du Code pénal traitant des attentats à la liberté (article 114 et suivants) protège, dans une certaine mesure, les fonctionnaires qui refuseraient un ordre illégal.

Mon ami et maître le contrôleur général André Groéné surnommait ces dispositions « les baïonnettes intelligentes » et la faculté de droit « les baïonnettes obéissantes ». En l'occurrence, il s'agit pour un fonctionnaire de pouvoir refuser un ordre de ses supérieurs, jusqu'au plus haut niveau, si l'exécution comporte un acte arbitraire ou attentatoire à la liberté individuelle [1].

J'affirme que tout au long de ma carrière, je n'ai jamais reçu d'ordres que je ne pouvais accepter. Si dans certains cas, je fus l'objet de sollicitations (« vous serait-il possible ? »), en aucune façon ma hiérarchie ne me donna d'instructions contraires à ma morale.

Un de mes directeurs, sachant que j'exerçais des fonctions mutualistes et que je me trouvais en relations suivies avec les syndicats au cours de réunions informelles au sein d'un « comité d'entente », me pria de lui fournir des informations sur les intentions des organismes sociaux : il se heurta à un refus catégorique dont il ne me tint pas rigueur puisque je demeurai à mon poste.

Ainsi un policier, quel que soit son niveau, peut refuser d'exécuter un ordre qui pourrait lui occasionner quelque désagrément ou difficulté morale. En outre, un chef responsable évitera de tenter une opération suicidaire en exigeant de ses collaborateurs qu'ils transgressent lois et règlements, ne serait-ce que pour ne pas devenir leur otage.

Par ailleurs, dans la police, les possibilités de carrière ne manquent pas. Un fonctionnaire qui recevrait un commandement verbal contraire à ses convictions peut, avec les mêmes possibilités d'avancement, continuer sa carrière dans une activité sédentaire, à l'abri des remous

1. Le paragraphe 2 précise : si l'exécutant « justifie qu'il a agi par ordre de ses supérieurs, pour des objets du ressort de ceux-ci sur lesquels il leur était dû l'obéissance hiérarchique, il sera exempt de la peine, laquelle sera, dans ce cas, appliquée seulement aux supérieurs qui auront donné l'ordre ».

de la politique... ce qui ne résoudra pas pour autant le problème de son successeur. N'oublions pas, enfin, le rôle important des syndicats dans la fonction publique (ils existent depuis 1945 dans la police nationale). Tout ordre contraire à la bienséance et rapporté par un fonctionnaire mandaté entraînerait immédiatement de leur part une levée de boucliers.

On l'aura compris : si je suis hostile à la dissolution des RG, qui ne sont pas une « police politique » au sens où l'entend le plus grand nombre, je ne serais pas opposé à l'adoption de dispositions susceptibles de moraliser leur fonctionnement.

Moins l'institution offrira de prises à la rumeur et aux fantasmes, moins le dérapage de quelques-uns entachera de soupçons le travail légitime de tous les autres. En démocratie, la transparence est le meilleur gage de survie, sauf en matière de terrorisme où le secret demeure le plus sûr garant de la réussite.

Mais les dispositions légales ne sont pas le fond du problème. Il faut que chacun comprenne que l'individu ne doit pas coller complètement à la fonction. Les meilleurs fonctionnaires des RG sont ceux qui ont su demeurer des hommes.

ANNEXES

ORGANIGRAMME DE LA POLICE EN 1967

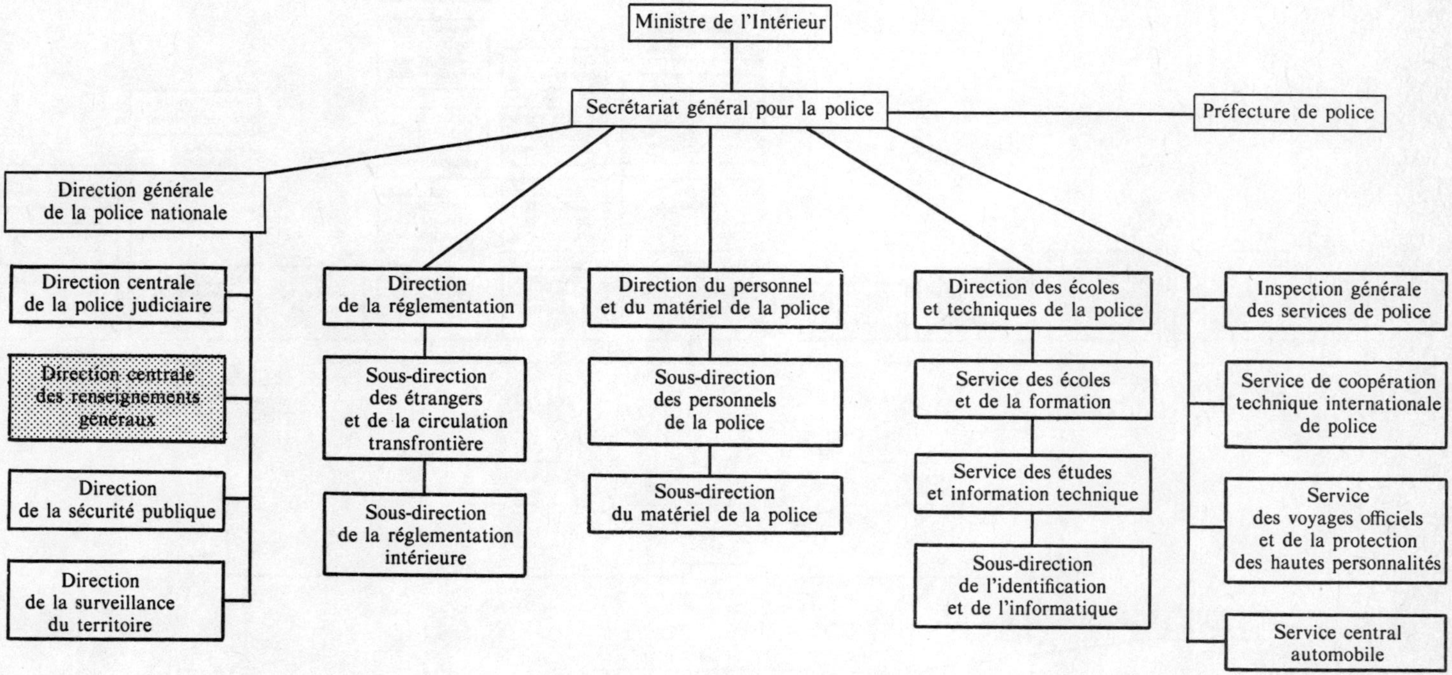

Arrêté du 14 mars 1967 regroupant tous les services de police dans un organisme central.

ORGANIGRAMME DE LA POLICE EN 1978

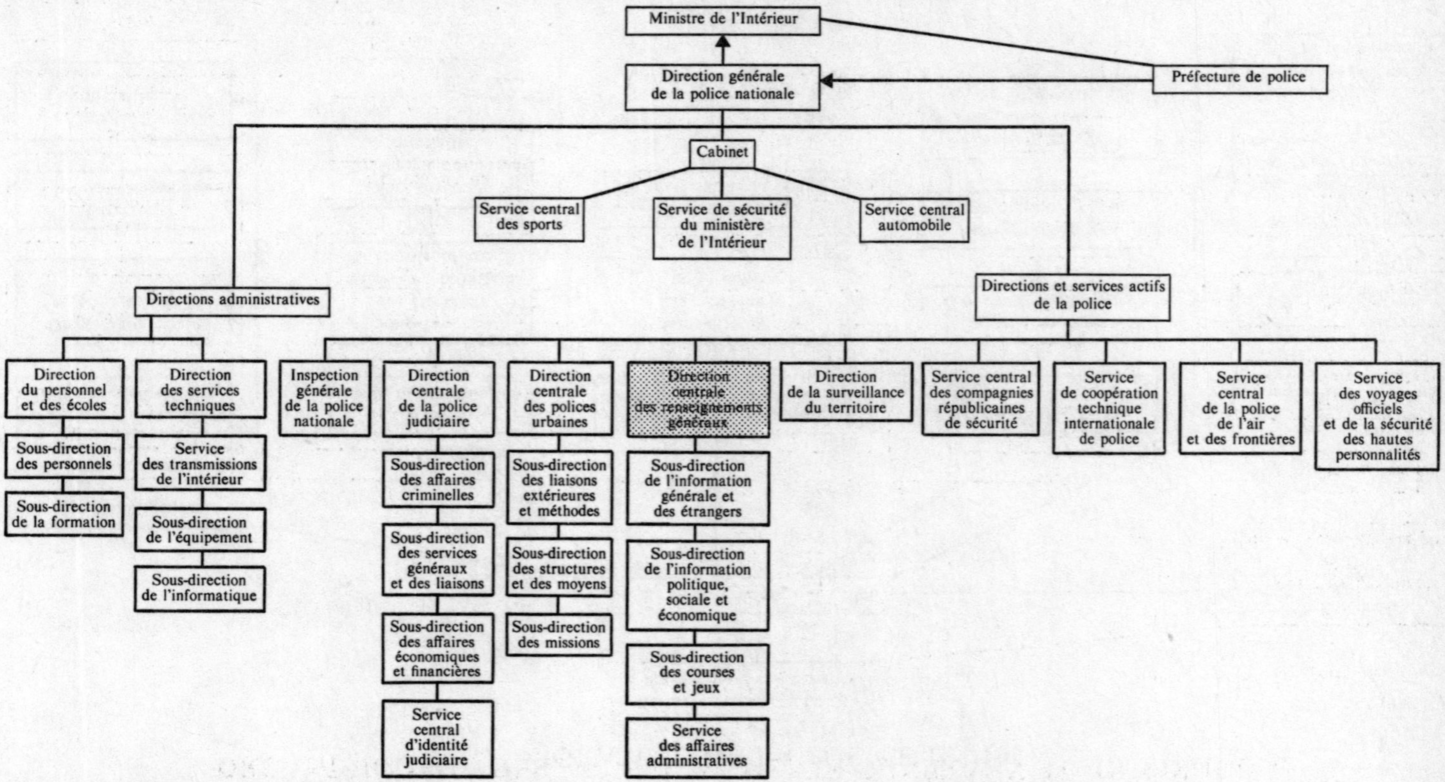

Arrêté du 7 novembre 1978 relatif à l'organisation de la direction générale de la police nationale.

ORGANIGRAMME DES RENSEIGNEMENTS GÉNÉRAUX AUJOURD'HUI

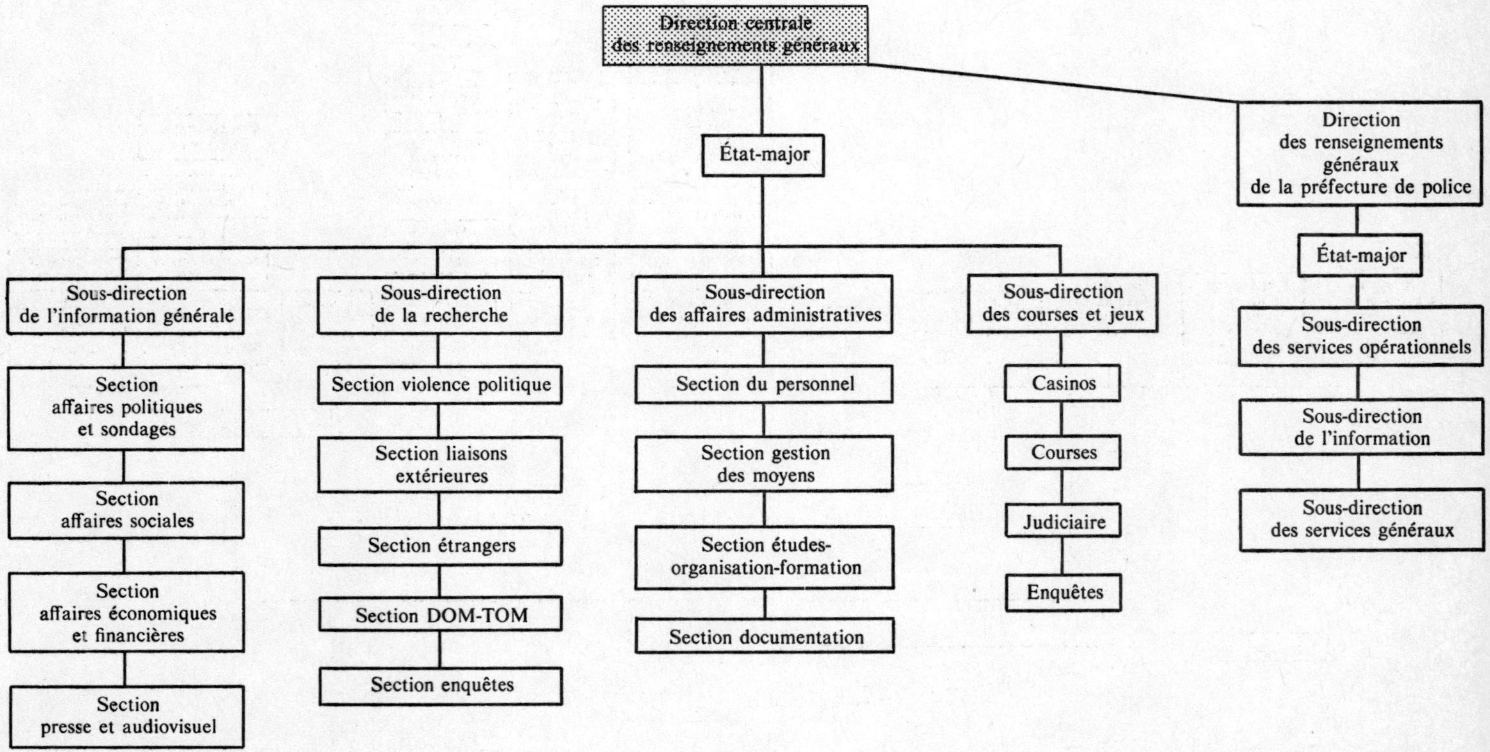

INDEX

CET OUVRAGE
A ÉTÉ COMPOSÉ
ET ACHEVÉ D'IMPRIMER SUR ROTO-PAGE
PAR L'IMPRIMERIE FLOCH À MAYENNE
EN MARS 1991
(30497)
POUR LE COMPTE DES
ÉDITIONS CALMANN-LÉVY, 3, RUE AUBER
PARIS-9e – No 11692/01
DÉPÔT LÉGAL : MARS 1991